똑똑한 지리책

1

똑똑한 지리책

김진수 지음
이주희·임근선 그림

1
자연지리

자연과 사람이
어우러져 살아요

초대하는 글

똑똑!
넓은 세상으로 가는 문을 열어 볼까?

최근 수산물 시장을 찾는 손님이 뚝 끊겼다고 해. 일본에서 수입하는 식품과 생활용품의 매출도 크게 줄어들었다고 하지. 방사능 오염에 대한 텔레비전 뉴스와 신문 기사가 자주 등장하면서, 사람들의 걱정과 불안도 커지고 있어. 이에 우리 정부는 일본산 수산물 수입을 엄격히 관리하고, 남태평양산 참치와 노르웨이산 고등어의 수입량을 늘렸다고 해.

왜 이런 변화가 생겨난 걸까? 그건 바로 2011년 3월, 일본 동북부를 강타한 초대형 지진과 지진 해일 때문이야. 일본에서 발생한 지진이 어떻게 우리의 식탁까지 바꾸어 놓았을까?

지리를 알면 그 이유를 명확히 이해할 수 있어. 세계 지진대의 분포, 지진 해일의 발생 원리, 원자력 발전소의 위치, 방사능 물질과 해양 오염, 일본과 노르웨이의 위치, 멕시코 만류의 성질, 고등어의 생태, 자유 무역 협정 등 다양한 지리 지식을 알고 나면 일본의 지진과 우리 식탁 사이의 관계에 대한 궁금증이 풀린단다.

서로 동떨어져 보이는 현상들도 알고 보면 매우 다양한 방식으로

연결되어 있어. 우리가 먹는 햄버거와 지구 온난화 현상 사이에도, 필리핀산 바나나의 값이 국산 과일 값보다 싼 이유에도 모두 '지리'로 통하는 고리가 이어져 있단다. 따라서 지리를 안다는 것은 세상의 여러 현상을 하나로 엮는 튼튼한 도구를 갖는 거라고 할 수 있어. 또한 나를 둘러싼 세상을 한눈에 볼 수 있는 큰 문을 여는 것이기도 하단다.

하지만 흔히 '지리' 하면 복잡한 지도와 도표, 어려운 축척 계산법, 생소한 지명과 지형 등을 떠올려. 그동안 지리를 딱딱하고 어려운 교과서와 시험을 대비한 암기 위주의 수업으로만 만나 왔기 때문이야.

잠시 주위를 둘러볼래? 보이는 사물, 들려오는 소리, 풍겨오는 냄새 등은 모두 지리와 연관되어 있어. 네가 지구 상에 존재하는 한 이동하고 머물며 숨 쉬는 모든 공간이 바로 지리로 이어진 세상이란다.

우리는 왜 지리를 알아야 할까? 지리를 모르면 내비게이션의 도움 없이는 아무 데도 갈 수 없고, 여름 방학 때 멋진 장소를 다녀오고도 그곳이 어디에 있는지 알지 못해. 왜 친구들이 베트남에서 만든 신발을 신고 있는지, 왜 에티오피아 사람들이 달리기를 잘하는지, 왜 파키

스탄에서 온 노동자가 길거리에서 기도를 하는지도 알지 못하지. 심지어 인도네시아와 인도를 같은 나라로 오해하기도 해. 무엇보다 지리를 모르면 내가 세상 속 어디에 있는지, 또 길을 잃었을 때 어디로 가야 할지 알 수 없어.

　20년이 넘게 학교에서 지리를 가르치면서 늘 시험을 위한 지리가 아닌, 더 멋진 삶을 위한 지리를 알려 주고 싶었어. 중·고등학교 교과서와 EBS 교재, 대안 교과서를 집필할 때도 그 점을 염두에 두었지만 '살아 있는 지리'에 대한 목마름을 채울 순 없었단다. 게다가 중학교에서 지리를 배우면서 어려운 개념 때문에 고생하는 아이들과 그것을 염려하는 부모님들을 보면서 쉽고 재미있는 지리책을 써야겠다고 생각했어. 교과서 속 내용을 정확히 짚어 주면서도 그보다 더 재미있는 세상 이야기를 지리 선생님인 아빠가 들려준다면, 많은 어린이가 지리를 좀 더 쉽게 만날 수 있을 거라고 생각했단다.

　그래서 아이들이 꼭 알아야 할 지리 지식과, 교과서에 다 못 실었던 흥미로운 이야기를 《똑똑한 지리책》에 담았어. 이 책을 통해 세상에 존재하는 숨은 이야기들과 멋진 장소를 알려 줄 거야.

　《똑똑한 지리책》은 자연과 사람의 이야기이자 세상 구경이란다. 이 이야기에 귀 기울이며 책장을 한 장 한 장 넘기다 보면 마치 여행을 하는 듯한 기분이 들 거야.

　중학교에 가기 전 미리 읽어 두거나, 중학생이 된 후 지리 때문에 답답할 때 읽어도 좋아. 아마 골치 아픈 '사회'가 쉬워지는 행복한 경험을 하게 될 거야.

　지금부터 세상 속 다채로운 이야기를 따라가 볼까? 자연과 사람, 사람과 사람, 사람과 공간이 서로 어떻게 연관되어 있는지를 잘 알려 주는 '똑똑한 지리'를 통해서 말이야. 자연과 사람이 함께 살아가는 방법과, 사람과 사람이 더불어 만들어 가는 세계를 만나 보자.

　똑똑! 이제 지리 열쇠로 세상의 문을 열어 볼까?

2014년 1월
김진수

차례

초대하는 글 ... 4

1 지리, 세계의 문을 열다

지금, 너는 어디에 있니? ... 12
- 등고선을 그려 볼까? ... 26

위치에 따라 사는 모습도 달라 ... 28
- 완벽한 지도가 없는 이유 ... 42

이렇게나 똑똑한 지리 정보라니! ... 44
- 누리꾼들이 지도를 만들었다고? ... 56

2 풍요로운 땅의 사람들

어디에서 살고 싶니? ... 60
- 다산 과학 기지에서 온 편지 ... 75

그곳에는 왜 사람이 많이 살까? ... 76
- 유럽을 풍요롭게 만든 수운 ... 92

지금 사는 곳도 변하고 있어 ... 94
- 뉴질랜드의 초원 이야기 ... 110

3 극한의 땅에 사는 사람들

다양한 생명의 땅, 열대 우림 지역 ... 114
- 팜유 농장과 열대림 파괴 ... 126

덥고 메마른 땅, 건조 지역 ... 128
- 블루오션을 개척한 낙타 ... 139

혹독한 추위의 땅, 툰드라 지역 ... 140
- 알래스카 배로에서 온 편지 ... 150

4 자연으로 떠나는 여행

기후로 떠나는 여행 — 154
- 오스트레일리아의 오지, 아웃백에서 온 편지 — 166

지형으로 떠나는 여행 — 168
- 우리나라의 지형 속으로 떠나 볼까? — 183

우리나라의 매력적인 풍경 속으로 — 186
- 매력적인 습지, 우포늪 — 199

5 엄청난 자연재해의 위력

자연은 때때로 예고 없이 화를 내지 — 202
- 조선 시대의 청계천 — 215

자연의 분노에 대비하는 방법 — 216
- 점점 더워지는 도시, 이대로 괜찮을까? — 231

우리에게 익숙한 자연의 횡포 — 232
- 봄의 불청객, 황사 — 242

6 지구를 위한 우리의 자세

한정된 자원, 끝없는 소비 — 246
- 유럽의 난방이 러시아 손에 달렸다고? — 261

몸살을 앓는 지구 — 262
- 하딘이 전하는 공유지의 비극 — 273

자연과 손잡고 함께 살아가는 법 — 274
- 생수는 안전한 물일까? — 286

찾아보기 — 288
사진 자료 제공 — 291

1 지리, 세계의 문을 열다

지금, 너는 어디에 있니?
위치에 따라 사는 모습도 달라
이렇게나 똑똑한 지리 정보라니!

지금, 너는 어디에 있니?

위치를 표현하는 여러 방법

너는 지금 어디에서 이 책을 읽고 있니? 아빠는 서재에서 이 글을 쓰고 있단다. 사람은 누구나 지구 상의 한 지점을 차지하고 있어. 너는 주로 낮에는 학교와 학원에 갔다가 밤이 되면 집으로 돌아오지. 네가 크면 때로 멀리 여행을 가기도 할 테고, 그곳에서 오래 머무르기도 할 거야. 하지만 네가 어디에 있든 그 어느 곳도 지구 표면이 아닌 곳은 없어. 너는 언제나 지구 표면의 한 지점에 위치하고 있는 거야.

사람이 어디엔가 머문다는 것은 그 공간과 어울리는 일을 하고 있다는 뜻이야. 네가 서점에 있다면 책을 고르기 위해서일 테고, 수학 학원에 있다면 수학 공부를 하기 위해서겠지. 이와 같이 위치는 많은 것을 설명해 준단다.

얼마 전 이사하던 날 생각나니? 새집의 구조에 맞춰 가구를 배치했지. 아빠는 대충 아무 데나 놓아도 된다고 생각했는데, 네 엄마는 이것저것 고려하는 것이 많더구나. 옷장과 책상은 어디에 놓을지, 네가 어디에서 자면 좋을지, 출입문과 창문은 효율적으로 사용할 수 있는지 등 말이야.

　방 하나에 가구를 배치하는 데도 고려해야 할 것이 많았어. 보기 좋으면서도 편리하게 이용할 수 있도록 하나하나 세심하게 신경을 썼지. 이를테면 빛이 잘 들어오도록 창문 앞에는 높은 가구를 놓지 않고, 책상과 책장은 편의를 고려해 가깝게 두었어.

　범위를 넓혀서 우리 동네와 도시로 시선을 옮겨 볼까? 네가 도시 계획가라고 생각해 보자. 도시에는 무엇이 있어야 할까? 집, 빌딩, 공장, 도로, 공원, 관공서, 마트 등이 있어야 할 거야.

　이 시설물들을 도시에 효율적으로 배열하려면 어떻게 해야 할까? 시각적으로 아름답게 보이는 것뿐 아니라 각 시설물의 기능과 시설물

간의 관계, 산, 구릉, 하천 등 지형적 요소까지 고려해서 배열해야 해. 여러 시설물을 어디에 설치할지 구상하다 보면, 위치가 지닌 의미를 깨달을 수 있을 거야.

위치는 어떻게 나타낼까?

우리는 일상생활에서 위치에 관한 질문을 많이 주고받아. 엄마가 전화를 해서 "지금 어디야?"라고 묻는가 하면, 물건을 주문할 때 "어디로 보내 드릴까요?"라는 질문을 받기도 해. 친구를 만날 때 "어디서 만날까?" 친구가 특이한 운동화를 신었을 때 "네 운동화 어디서 샀어?"라고 묻기도 하지.

이때 우리는 "도서관에 있어." "양천구 목동동로 ○○아파트로 배달해 주세요." "△△극장 앞에서 만나!" "동대문 시장에서 샀어."라고 대답해. 우리는 이렇게 상황에 따라 다양한 방식으로 위치를 표현해.

위치를 표현하는 방법은 크게 두 가지로 나눌 수 있어. 사물을 이용하는 방법과 숫자나 문자를 이용하는 방법이야. 교실 안 네 자리의 위치를 말해 볼까? 사물을 이용할 경우에는 "내 자리는 출입문 앞이야." 하고 말하면 되고, 숫자를 이용할 경우에는 "내 자리는 3분단 여섯 번째 줄이야." 하고 말할 수 있지.

말하는 사람과 듣는 사람이 같은 공간에 있을 때는 '시계 방위법'을 사용하는 것이 좋아. 이는 어떤 대상의 위치를 설명할 때 시계 방향을 적용하는 방법이야. 함께 바라보는 정면을 12시 방향으로, 뒤쪽을

6시 방향으로 정하는 거지. 예를 들어 정면에서 조금 오른쪽 방향에 소방서가 있다면, "1시 방향에 소방서가 있어."라고 표현할 수 있어.

랜드마크를 이용해 볼까?

랜드마크(landmark)란 주위 경관 가운데 눈에 잘 띄는 건물이나 구조물을 말해. 서울의 랜드마크는 무엇일까? 서울타워, 63빌딩, 국회의사당, 광화문의 세종대왕 동상 등을 꼽을 수 있을 거야.

세계 여러 도시의 랜드마크

랜드마크는 도시의 상징이 될 수도 있어. 뉴욕의 자유의 여신상, 파리의 에펠탑, 시드니의 오페라하우스, 리우데자네이루의 예수상 등은 각 도시를 상징하는 대표적인 랜드마크야.

랜드마크는 눈에 잘 띠면서도 한자리에 고정되어 있기 때문에 위치를 표현할 때 매우 유용해. 친구와 약속 장소를 정할 때 "광화문에서 보자!"라고 하기보다, "광화문에 있는 세종대왕 동상 앞에서 보자!"라고 랜드마크를 구체적으로 말하면 더 쉽게 찾아갈 수 있지.

커다랗고 유명한 건물만 랜드마크가 될까? 그렇지는 않아. 같은 동네에 사는 아이들에게는 집 앞의 작은 놀이터도 랜드마크가 될 수 있어. 시장이나 도서관, 학교도 모두 랜드마크가 될 수 있지. 이렇듯 사람들이 서로 함께 알고 있는 건물이나 위치를 쉽게 파악할 수 있는 시설물은 무엇이든 랜드마크가 될 수 있단다.

랜드마크로 이루어진 우리 동네 약도

랜드마크를 가장 흔히 활용하는 예는 약도야. 약도는 실제 공간을 간단히 줄여 중요한 요소들만 그린 지도란다. 약도의 '약(略)'이라는 글자는 '줄인다'는 뜻이거든.

왼쪽의 약도에서 우리 집을 찾아보자. 우리 집을 바라보고 섰을 때 서쪽에는 우체국이 있고, 남쪽에는 방송국이 있네. 집에서 우리 학교까지 가는 길을 랜드마크를 이용해서 설명해 볼까? "우리 집에서 북쪽으로 가다가 소방서 앞에 이르면 서쪽으로 방향을 틀어. 그러면 남쪽에는 병원이 있고, 북쪽에는 교회가 있을 거야. 거기에서 직진으로 더 가면 사거리가 나오는데, 그 사거리를 건너면 우리 학교가 나오지." 하는 식으로 말이야.

숫자를 이용해 볼까?

극장이나 비행기의 좌석은 문자와 번호로 위치가 표시되어 있어. 예를 들어 ○○문화회관은 1층과 2층이 각각 A에서 E까지 다섯 개 구역으로 나뉘어 있고, 구역별로 좌석 번호가 정해져 있지. '2층 D27'이라고 적혀 있는 좌석 배치표를 보면 네 좌석이 어딘지 쉽게 찾을 수 있을

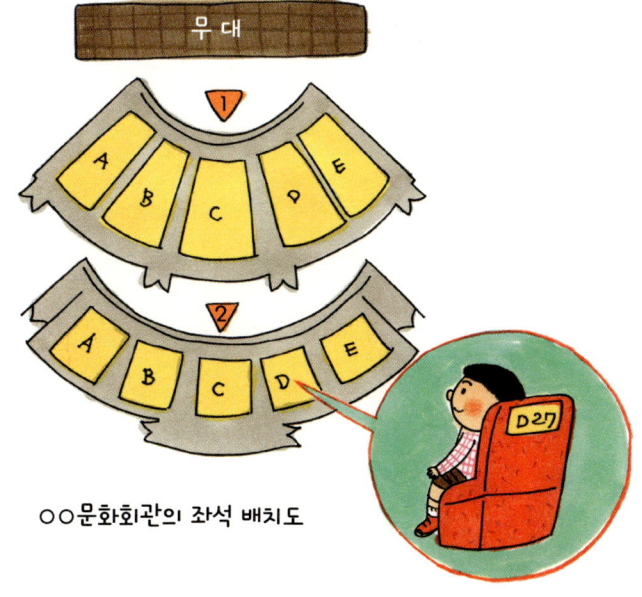

○○문화회관의 좌석 배치도

거야. 좌석 배치도는 기차나 배 같은 교통수단, 운동 경기장, 도서관 열람실 등에서도 볼 수 있어.

도로명이나 번지수에도 숫자를 사용해. 서울 시청의 위치를 검색하면, 두 가지 유형의 주소가 나와. 하나는 지금까지 많이 사용해 온 지번(번지) 주소로 '서울시 중구 태평로 1가 31'이고, 다른 하나는 도로명 주소로 '서울시 중구 세종대로 110'이야. 모든 건물이나 장소에는 위치를 나타내는 주소가 정해져 있어. 주소를 보면 해당 시설물이 어느 지역에 위치하는지 알 수 있지.

주소 외에도 위치를 알 수 있는 방법이 있어. 서울 시청의 위치는 '37°33′58.35″N, 126°58′40.30″E'라고도 나타낼 수 있어. 이는 '북위 37도 33분 58점 35초, 동경 126도 58분 40점 30초'라고 읽는단다. 이 암호 같은 표현은 무엇을 뜻하는 걸까?

지구 위의 위치 좌표, 위도와 경도

위도와 경도는 지구 위 어느 특정 지점의 위치를 나타내는 좌표가 돼. 위선은 지구 위의 위치를 나타내는 좌표축 중에서 가로로 된 것을 말하고, 경선은 세로로 된 것을 말해. 어느 지점에서나 하나의 위선과 경선이 만나고, 모든 지점은 그 지점 고유의 위도와 경도 좌표를 가지고 있어.

그렇다면 위도와 경도는 무엇일까? 북극과 남극에서 같은 거리의 지점을 연결한 선이 적도인데, 적도는 지구의 허리에 해당해. 위도는

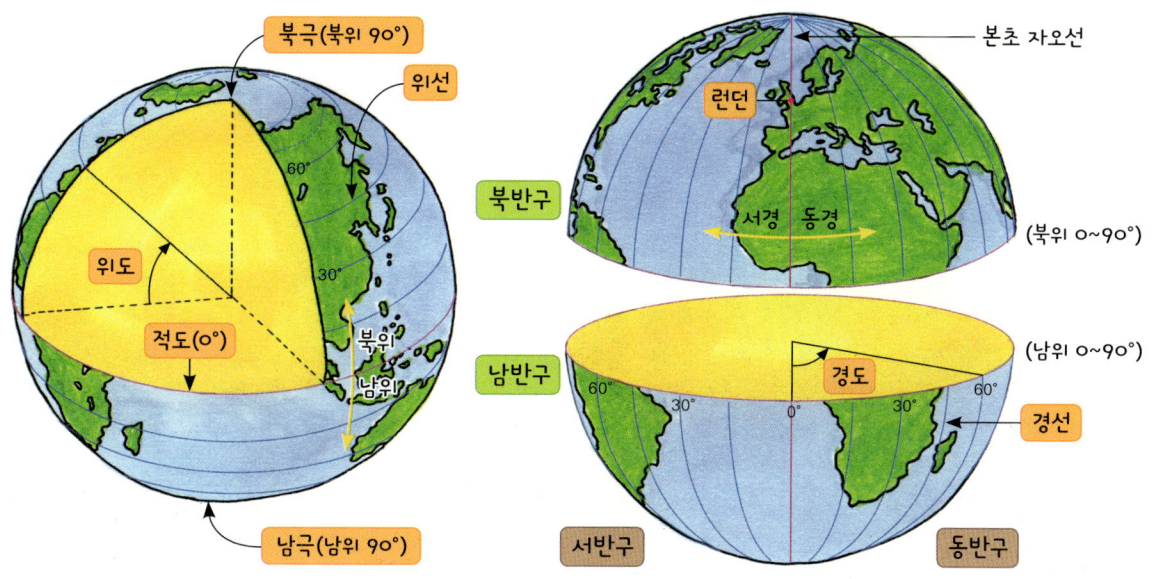

위도와 경도 위도는 적도에서 양극으로 갈수록 수치가 커지고, 경도는 본초 자오선을 중심으로 동쪽과 서쪽으로 갈수록 수치가 커져.

지구의 허리선인 적도에서 북극과 남극 쪽으로 얼마만큼 떨어진 곳에 위치하는가를 나타낸 거야.

정확하게 말하면 위도는 특정 지점이 지구 중심에서 적도면(적도를 따라 자른 면)과 이루는 각도를 말해. 예를 들어 북위 20° 지점에서 지구 중심을 향해 커다란 바늘을 찔렀을 때, 적도면과 바늘이 이루는 각도는 20°가 돼. 같은 논리로 북극에서 지구 중심을 향해 바늘을 찌르면 바늘은 적도면과 90°를 이루기 때문에 북극은 북위 90°가 되고, 남극은 남위 90°가 되는 거야.

적도에 가까워 위도의 수치가 작은 곳을 위도가 낮다고 말하고, 북극이나 남극에 가까워 위도의 수치가 큰 곳을 위도가 높다고 말하지. 흔히 저위도, 중위도, 고위도라는 표현을 사용해. 우리나라는 북반구 중위도에 위치한다고 말할 수 있어.

그리니치 천문대 영국의 그리니치 천문대를 지나는 선이 경도 0°의 본초 자오선에 해당해.

본초 자오선

경도는 지구촌 사람들이 약속을 통해 정한 거야. 북극과 남극을 지표면을 따라 연결하는 선을 '자오선'이라고 해. 수박 꼭지를 북극, 수박 배꼽을 남극이라고 할 때, 수박에 그어져 있는 여러 선이 자오선에 해당하지. 무수한 자오선 가운데 하나의 기준을 정하는 데는 오랜 시간이 걸렸어.

경도 0° 선을 '본초 자오선'이라고 불러. '본초(本初)'란 '근본과 기준'이라는 뜻이야. 1884년 미국에서 열린 만국 지도 회의에서 경선의 기준인 본초 자오선을 영국의 그리니치 천문대를 지나는 선으로 결정했단다.

본초 자오선이 지나는 곳이 경도 0°이고, 본초 자오선에서 멀어질수록 경도 값이 높아지면서 각각 동경 180°와 서경 180°에 이르게 돼.

본초 자오선을 0°로 하여 동쪽으로 180°까지의 경선을 동경이라고 하고, 서쪽으로 180°까지의 경선을 서경이라고 해.

본초 자오선 반대쪽에는 경도 180° 선이 지나는데, 이 선을 중심으로 해서 날짜 변경선이 설정되어 있어. 날짜 변경선은 지구 상에서 날짜를 구분하기 위해 편의상 만든 기준이야. 날짜 변경선은 경도 180°에 위치하지만 태평양 한가운데를 지나기 때문에 한 국가에서 서로 다른 날짜를 사용하는 혼란을 일으키지 않아.

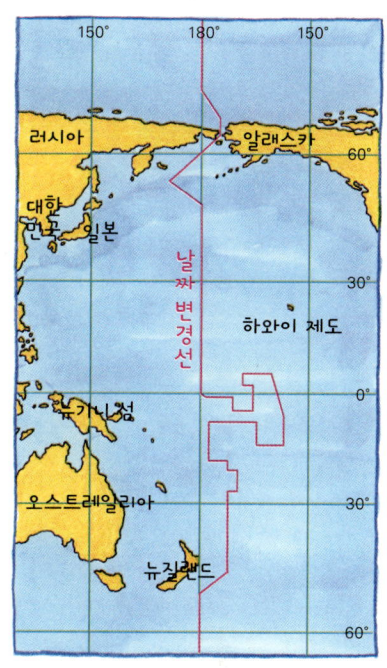

날짜 변경선

그런데 왜 위도와 경도를 알아야 할까? 우리가 태평양을 건너는 뗏목 여행을 떠났다가 조난을 당해 무인도에 도착했다고 상상해 보자. 전화로 위치를 설명해야 할 때 우리가 있는 곳의 정확한 경위도를 모른다면, 아마 구조되기 쉽지 않을 거야. 하지만 GPS 장치를 이용하여 우리가 위치한 곳의 위도와 경도를 알 수 있다면, 쉽게 위기를 극복할 수 있지. 지구 상의 모든 지점은 위도와 경도 좌표를 지니고 있기 때문이야.

위도와 경도로 나타낸 위치를 '수리적 위치'라고 해. 우리나라의 수리적 위치는 33~43°N, 124~132°E야. 우리나라는 북위 33°에서 43°, 동경 124°에서 132°에 위치한다는 뜻이야. 북위 33°는 적도 쪽이고, 43°는 북극 쪽이야. 그리고 동경 124°는 본초 자오선 쪽, 132°는 날짜 변경선 쪽이지.

우리나라 땅의 동쪽 끝에 있는 지점을 동단, 서쪽 끝을 서단, 남쪽 끝을 남단, 북쪽 끝을 북단이라고 해. 그리고 이들 지점을 합하여 4극이라고 불러. 다음 지도는 우리나라의 4극과 주변국 일부를 보여 주고 있어. 독도가 우리나라 동쪽 끝이고, 마라도가 남쪽 끝인 것은 너도 잘 알고 있지?

자, 그럼 지도에서 서울의 위치를 찾아보자. 서울의 수리적 위치는 북위 37° 34′, 동경 127° 00′이야. 경위도의 기본 단위인 1°는 60′으로 더 자세히 나눌 수 있어. 이제 이웃 나라의 수도인 베이징과 도쿄의 위치도 찾아보자. 베이징은 북위 39° 55′, 동경 116° 23′에 위치해. 도쿄는 북위 35° 41′, 동경 139° 41′에 위치하지. 경위도 값만 알면 지구 상의 어떤 도시든 정확한 위치를 파악할 수 있어.

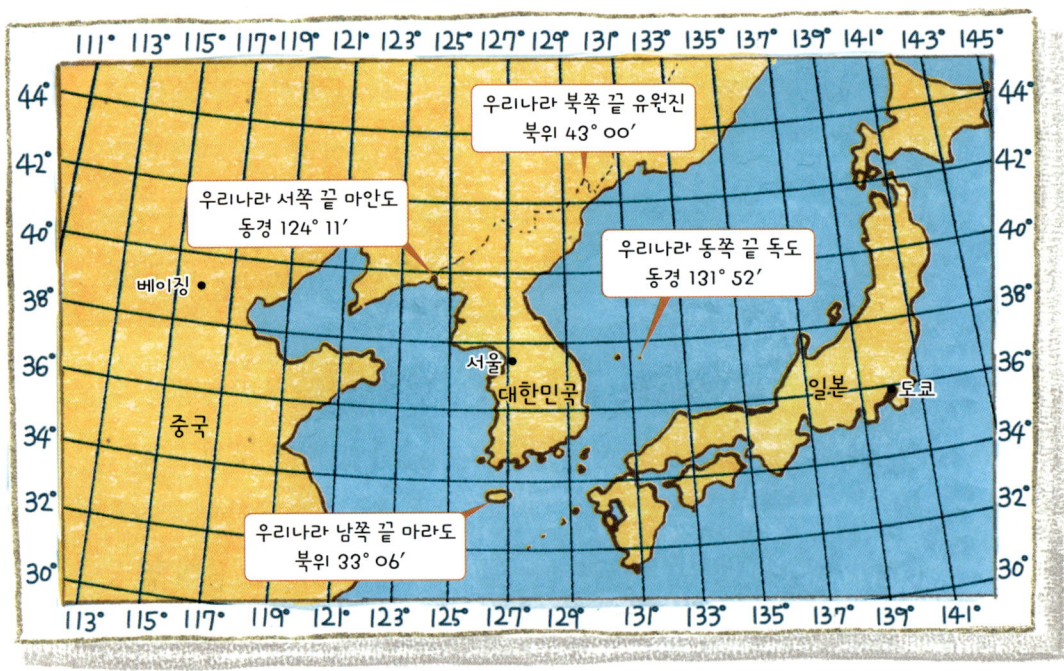

우리나라와 주변 지역의 위도와 경도

위대한 위치 알리미, 지도

지도는 지구 표면의 상태를 일정한 비율로 줄여 이를 약속된 기호로 평면에 나타낸 거야. 지도를 만든 이유는 넓은 공간을 한눈에 잘 보기 위해서지. 세포같이 아주 작은 대상은 현미경으로 확대해야 잘 볼 수 있지만, 시야에 모두 담을 수 없는 넓은 현실 공간은 지도로 축소해야 잘 볼 수 있어.

지도는 저마다 목적과 내용에 따라 축소 정도가 달라. 지도에서의 거리와 지표에서의 실제 거리 비율을 '축척'이라고 해. 축척은 지

지도에 표시된 축척

도 위의 거리와 실제 거리를 1:N의 형태로 나타낸 거야. 예를 들어 1:50,000 지도는 실제 거리를 5만 배 줄인 지도지.

지도에서의 거리와 축척만 안다면 실제 거리를 알 수 있어. 1:50,000 지도에서 1cm는 실제 거리로 50,000cm를 뜻해. 곧 500m가 되는 거지. 그렇다면 2cm로 표현되는 거리는 실제로 몇 km일까? 1cm가 50,000cm니까 2cm는 100,000cm가 되지. 100,000cm는 1km이니까 1:50,000 지도에서 2cm는 1km가 되는 거야.

축척은 분수로 $\frac{1}{50,000}$, 비례식으로 1:50,000, 줄임자로 ┣━━━┫ 라고 표시할 수 있어. 이 중 가장 흔히 이용하는 것은 줄임자 방식이야. 지도의 한구석에는 대개 줄임자가 있어.

땅의 넓이를 조금만 줄여서 상세한 내용을 많이 담고 있는 지도는 대축척 지도, 많이 줄여서 간략한 지도는 소축척 지도라고 해. 실제 공간을 많이 줄이면 지도에 더 넓은 지역을 담을 수 있고, 적게 줄이면 좁은 지역을 더 자세히 담을 수 있어.

만약에 네가 미국에서 뉴욕의 위치를 파악하려고 한다면, 이때는 미국 땅 전체가 한 장의 종이 안에 나타나 있어야 해. 다시 말해 미국 땅을 많이 축소한 지도, 곧 소축척 지도가 필요한 거야. 반면 자유의 여신상이 어디에 있는지를 알고 싶다면, 상대적으로 큰 축척의 자세한 지도를 살펴봐야겠지.

아빠와 함께 구글 지도를 이용해서 뉴욕이 어디에 있는지 찾아보자. 오른쪽 컴퓨터 화면 가득 담긴 미국 지도는 소축척 지도야. 이 지도에서는 알래스카와 하와이를 제외한 미국의 모든 주와 주요 도시의 위치를 파악할 수 있어.

구글로 본 미국 지도와 자유의 여신상 항공 사진

 이제 자유의 여신상을 찾아볼까? 그러려면 지도를 점점 확대해서 자세히 봐야 해. 축척을 키워서 대축척 지도로 만들면 화면에 미국 동부 지역이 나타나고, 이어 뉴욕 주가 나타나고, 뉴욕 시가지가 나타날 거야. 자유의 여신상은 뉴욕항 입구에 있는 리버티 섬에 위치해. 축척을 더 크게 해서 항공 사진을 보면 횃불을 들고 있는 자유의 여신상이 보이지.

등고선을 그려 볼까?

 아빠, 지도 안에는 또 하나의 작은 세상이 담겨 있는 것 같아요. 작은 종이에 넓은 땅과 도로, 건물 들이 다 들어 있으니까요. 그런데 우리가 사는 땅은 실제로 산이나 언덕이 있어서 높이가 다르잖아요. 지도는 평평한데, 이러한 땅의 높이는 지도에 어떻게 나타내나요?

평면 지도에 입체적인 땅의 모양을 어떻게 담아내냐고? 그건 주로 등고선으로 나타내지. 등고선은 같은 높이의 지점들을 하나의 선으로 연결한 거야. 일정한 해발 고도마다 등고선을 그리므로, 등고선의 개수가 많을수록 높은 산이 된단다.

 등고선으로 땅이 기울어진 정도도 표현할 수 있나요?

응, 등고선의 간격이 좁으면 경사가 급한 곳이고, 등고선의 간격이 넓으면 경사가 완만한 곳이야. 주변 지역에 비해 등고선의 간격이 좁으면서 산의 정상 쪽으로 등고선들이 휘어져 있다면 골짜기에 해당하지. 고구마를 이용해 등고선을 그려 볼까?

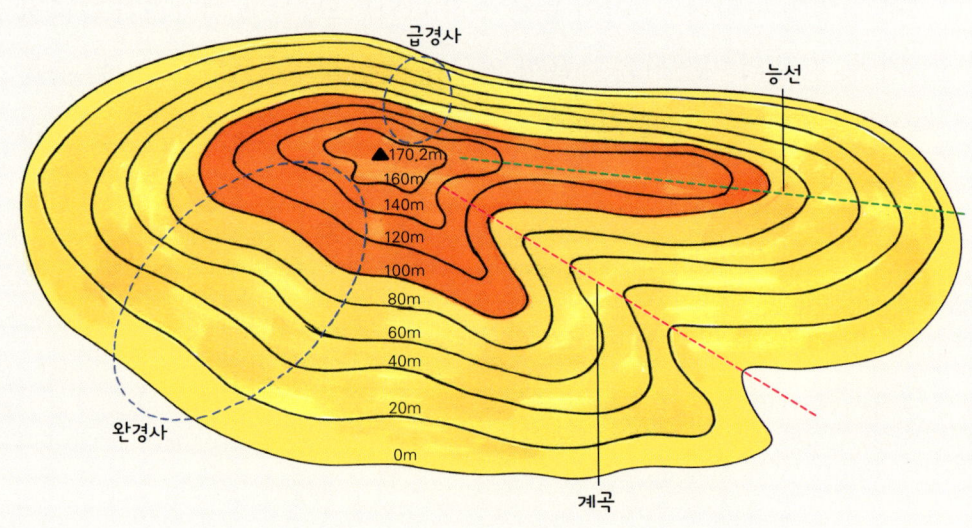

위치에 따라 사는 모습도 달라

지구 위에 그려진 그물망

남아메리카에는 '에콰도르'라는 나라가 있어. 에콰도르는 에스파냐어로 '적도'를 뜻해. 국토의 동서로 적도가 통과한다고 해서 나라 이름을 에콰도르라고 짓게 된 거야.

에콰도르에는 적도 기념비가 있어. 수도인 키토의 북방 23km 지점에 위치하는데, 그곳의 해발 고도는 2,483m나 돼. 해발 고도란 바닷물의 표면인 해수면을 기준으로 해서 잰 높이를 말해.

적도 기념비 주변에는 많은 사람이 살고 있어. 적도 지역은 지구 상에서 가장 덥지만, 적도 기념비 주변은 해발 고도가 높기 때문에 1년 내내 선선한 기후가 나타나거든.

적도 기념비 앞에는 적도선이 있어. 중앙의 노란색 선인 적도선을 사이에 두고 N자가 적힌 곳이 북반구, S자가 적힌 곳이 남반구란다. 적도선 양쪽에 발을 벌려 서면, 몸이 북반구와 남반구에 걸쳐 있게 되는 거야. 적도선에 위치한 집들도 북반구와 남반구에 걸쳐 있는 셈이지.

적도 기념비 에콰도르에 있는 적도 기념비를 중심으로 N쪽은 북반구, S쪽은 남반구야.

적도를 따라 여행한다면 어떨까? 싱가포르에서 출발을 한다면, 보르네오의 정글을 지나고 여러 섬을 거쳐 태평양으로 나오게 돼. 태평양은 세계에서 가장 넓은 바다야. 바다를 거치면서 매일 아침 6시에는 멋진 일출을 보고, 저녁 6시에는 멋진 석양을 감상할 수 있어. 적도에 위치한 바다에서는 바람이 거의 없어서 바닷물도 잔잔하지.

태평양을 건너면 남아메리카에 닿아. 에콰도르에서는 수천 미터의 안데스 산지를 넘어야 해. 안데스 산지를 넘은 다음에는 무시무시한 아마존 분지가 기다리지. 아마존 분지에서는 밀림 때문에 이동하는 것도 힘들고, 모기와 해충 때문에 잠드는 것도 쉽지 않아. 낯선 원주민들을 만날 수도 있지.

아마존 여행이 끝나면 대서양에 이르게 돼. 대서양을 건너 아프리카를 지날 때는 콩고 분지의 밀림을 거쳐야 해. 어쩌면 고릴라를 만나 한바탕 소동을 치러야 할지도 몰라. 아프리카 동부의 고원 지대에서는 편안한 휴식을 취할 수 있어. 이곳은 해발 고도가 적당해서 온화한 기후가 나타나거든. 아프리카를 벗어나면 다시 드넓은 인도양을 건너고, 인도네시아의 수마트라 섬을 거쳐 출발지인 싱가포르에 닿게 될 거야.

아프리카 나라들은 왜 동계 올림픽에 약할까?

올림픽은 세계인의 스포츠 축제야. 올림픽 메달 하나를 따기 위해 선수들은 수년 동안 땀을 쏟고, 메달을 획득한 선수는 국가적인 영웅이 되기도 하지. 올림픽에서 따는 메달의 개수가 한 국가의 국력을 보여 준다고 생각하기 때문에 각국의 정부는 선수들에게 막대한 지원을 하기도 해.

올림픽은 여름에 열리는 하계 올림픽과 겨울에 열리는 동계 올림픽이 있어. 하계 올림픽과 동계 올림픽은 계절의 특성을 반영해서 경기 종목이 달라. 동계 올림픽은 주로 눈이나 얼음 위에서 경기가 펼쳐지지. 역대 동계 올림픽에서는 어느 국가가 메달을 많이 땄을까?

주로 북아메리카와 유럽의 국가들이 메달을 가져갔어. 우리나라도 스피드 스케이팅, 피겨 스케이팅, 쇼트 트랙 등의 종목에서 금메달을 많이 땄지. 반면 아프리카와 남아메리카의 국가들은 성적이 좋지 않았어. 자칫 그 이유를 경제력의 차이 때문이라고 생각할 수도 있지만,

올림픽과 지구 상 위치의 관계 적도를 중심으로 남반구에는 고위도 지역에 육지가 거의 없어. 따라서 동계 올림픽의 메달은 북반구 고위도 지역 국가들이 독차지하지.

 그 때문만은 아니야. 하계 올림픽에서 자메이카가 단거리 육상 종목에 강하고, 에티오피아가 마라톤에 강세라는 점 등을 생각해 봐.
 동계 올림픽에서 북아메리카와 유럽의 국가들이 메달을 많이 딴 진짜 이유는 지구 상의 위치 때문이야. 아프리카와 남아메리카는 적도를 끼고 저위도 지역에 주로 위치해. 세계 지도에서 적도를 지나는 선은 아프리카의 콩고 강과 남아메리카의 아마존 강을 통과해. 두 대륙 중 남위 40°보다 더 고위도에 위치한 땅은 남아메리카의 칠레와 아르헨티나 일부 지역에 불과해. 그만큼 남반구에는 눈이 내리고 얼음이 어는 지역이 적다는 뜻이야.

반면 북반구는 대부분의 지역이 북위 40°보다 고위도에 위치하고, 북위 60°보다 위도가 높은 곳에 위치한 땅도 많아. 그래서 동계 올림픽은 눈이 내리고 추운 북반구에 위치한 나라들의 잔치가 될 수밖에 없는 거지.

지구와 태양이 만나는 위치가 중요해

지구에서 필요한 에너지는 모두 태양에서 나와. 바람이 부는 데 필요한 에너지, 파도가 치는 데 필요한 에너지, 나무나 사람이 자라는 데 필요한 에너지도 모두 태양에서 비롯되지. 태양이 없다면 지구 상의 생물체는 존재할 수 없을 거야. 마치 플러그를 뺀 진공청소기가 작동하지 않는 것처럼 말이야.

열대 우림 적도 지역에 있는 열대 우림은 태양 에너지를 많이 받아 기온이 높아.

남극 대륙 적도와 멀리 떨어져 있는 극지방은 태양 에너지를 적게 받아 기온이 낮아.

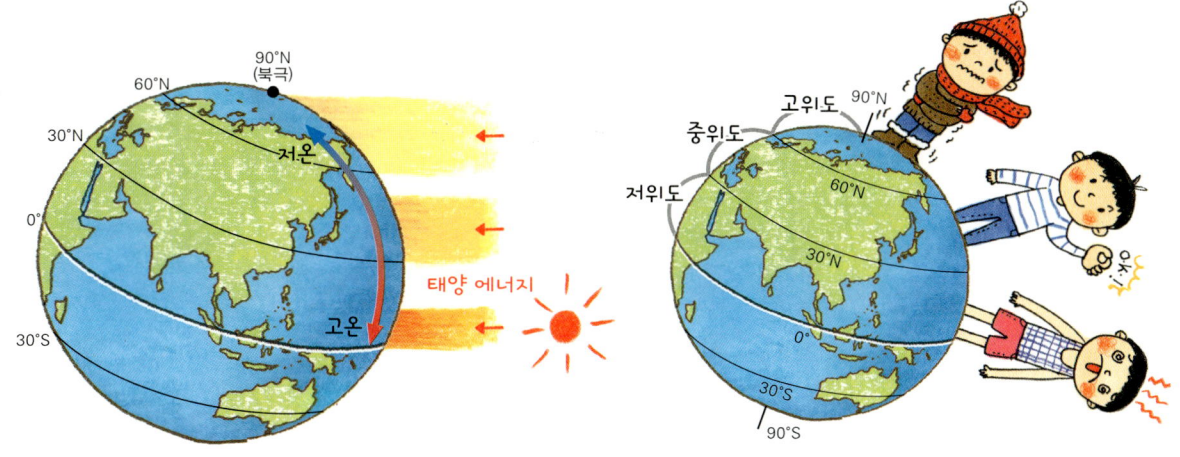

위도대별 일사량의 차이 저위도 지역은 태양 에너지를 거의 수직으로 받아 좁은 지역에 열이 집중되는 반면, 고위도로 갈수록 태양 에너지가 넓은 지역으로 분산돼.

위도에 따라 다른 기후 저위도에서 고위도로 갈수록 기온이 낮아지기 때문에 저위도 지역은 1년 내내 덥고, 중위도 지역은 대체로 온화하며, 극지방은 1년 내내 추워.

그런데 태양은 지구 표면에 똑같은 양으로 비추지 않아. 적도 지역에 열대 우림이 형성되고, 남극 대륙이 빙하로 덮여 있는 것도 태양 에너지가 지구 상에 고루 미치지 않기 때문이야. 지구는 공 형태의 구체인데, 태양은 적도 쪽을 주로 비추고 있어. 적도에는 태양이 수직으로 비추어 열이 집중되는 반면, 극지방에는 태양이 비스듬하게 비추어 열이 넓은 지역으로 분산돼.

따라서 적도에서 극지방으로 갈수록 기온이 낮아져. 위도에 따라 태양의 복사 에너지가 땅에 닿는 양인 일사량에 차이가 있기 때문이지. 북반구 중위도에 위치한 우리나라는 남쪽으로 갈수록 태양의 고도가 높아지면서 기후가 온화해져.

그렇다면 남반구 쪽은 어떨까? 남반구에서는 남쪽으로 갈수록 남극에 가까워지기 때문에 춥고, 북쪽으로 갈수록 적도에 가까워지기 때문에 따뜻하단다.

펭귄이 북극곰을 만날 수 없는 이유

펭귄은 주로 남극 지역에 살고, 북극곰은 주로 북극 지역에 살아. 북극에는 펭귄이 없고, 남극에는 북극곰이 없지. 남극과 북극은 똑같이 추운데 왜 북극곰과 펭귄이 어울려 살 수 없는 걸까?

　동물의 몸은 특정한 자연 조건에 익숙해 있어. 펭귄과 북극곰을 열대 지방에 데려다 놓으면 더워서 살 수 없어. 만약 네가 펭귄인데 북극곰을 만나러 여행을 떠난다고 가정해 봐. 북쪽으로 이동하다가 적도 가까이 이르면 엄청난 더위를 느끼게 될 거야. 북극곰을 만나러 더 북쪽으로 이동하다가는 일사병이나 열사병에 걸려 죽게 되겠지. 북극곰이 펭귄을 만나러 남쪽으로 이동한다고 해도 같은 운명에 처할 수밖에 없을 거야.

　펭귄과 북극곰 이야기를 하는 이유는 위도의 중요성을 설명하기 위해서야. 지구 상에는 같은 위도대를 따라 비슷한 기후가 나타나. 펭귄과 북극곰이 만나기 위해 이동하려면 적도 주변의 열대 기후로 이루어진 커다란 띠를 통과해야 하는데, 열대 기후가 이루는 띠가 엄청난 장벽 역할을 하는 거지.

　포도와 커피 이야기를 해 볼까? 포도나무와 커피나무는 같은 지역에서 함께 재배하기가 어려운 작물이야. 커피나무는 주로 열대 지방에서 자라고, 포도나무는 주로 온대 지방에서 자라기 때문이야.

　포도나무는 북위 25~50°, 남위 25~40° 지역에서 주로 재배되는데, 이 지역을 '와인 벨트'라고 불러. 와인은 포도주를 말해.

　반면 커피나무는 월 평균 기온 20°C 정도의 연교차가 크지 않은 기

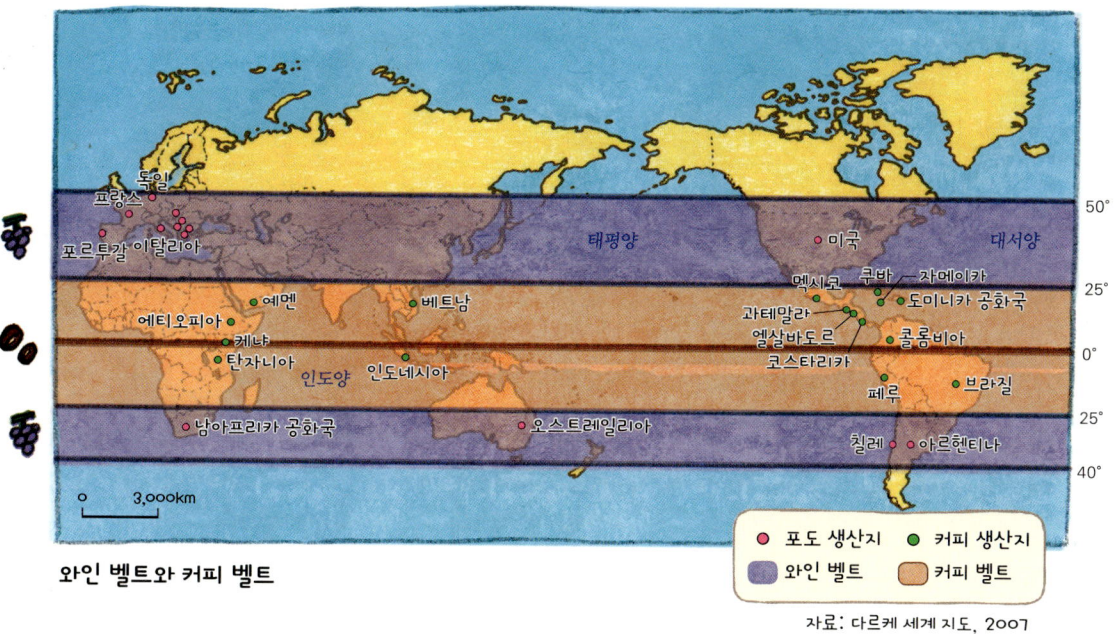

와인 벨트와 커피 벨트

자료: 다르케 세계 지도, 2007

후에서 잘 자라. 커피의 재배 한계선은 남북위 25° 선과 일치하는데, 커피가 재배되는 이 지역을 '커피 벨트'라고 불러. 세계에는 적도를 중심으로 하나의 두꺼운 커피 벨트가 나타나고, 그 위와 아래로 각각 와인 벨트가 자리 잡고 있어.

기후와 계절에 큰 영향을 미치는 위도

자연환경을 이루는 요소 중 하나는 기후이고, 기후를 결정하는 데 가장 큰 영향을 미치는 요인은 위도야. 위도는 기후에 영향을 미치고 기후는 인간 생활에 영향을 미치므로, 한 지역의 위도와 해발 고도를 알면 그곳 주민의 생활을 짐작할 수 있어.

적도 상에 위치한 인도네시아의 이리안자야에 가면 원시 부족인 다

다니족(왼쪽)과 이누이트족(오른쪽) 옷차림에서 다니족은 더운 기후에, 이누이트족은 추운 기후에 살고 있다는 것을 알 수 있어.

니족을 만날 수 있어. 그들은 남녀 할 것 없이 특별히 옷을 입지 않고 성기만 가리고 살고 있어. 1년 내내 날씨가 매우 덥기 때문이야. 반면 북극권은 매우 춥기 때문에 그곳에 거주하는 이누이트족은 동물의 가죽이나 털로 만든 옷을 입고 생활해. 이렇게 위도에 따라 사람들의 생활 모습도 다르단다.

미국의 지리학자 재레드 다이아몬드 교수는 《총, 균, 쇠》라는 책에서 세계의 문명이 남북 방향이 아닌 동서 방향으로 전파된 이유를 위도 및 기후대와 관련지어 설명하고 있어. 비슷한 위도 상의 나라들은 기후도 비슷하기 때문에 같은 기후대인 동서 방향으로 활발한 교류가 이루어졌다는 거지.

고조선의 비파형 동검, 신라의 금관에 영향을 미친 고대 문명은 스키타이 문명이야. 스키타이 문명은 흑해 북쪽에서 발달한 고대 문명인데, 어떻게 우리나라까지 전파되었을까? 스키타이 문명은 유라시아 초원 지대를 따라 아시아 대륙의 동쪽으로 전파된 거야. 동서 방향으로 길게 펼쳐진 스텝 기후의 초원을 따라 유목민이 이동한 거지. 칭

기즈 칸이 유라시아 대륙의 동쪽과 서쪽으로 나갈 수 있었던 것도 몽골과 비슷한 기후가 동서로 펼쳐졌기 때문이야.

반면 아프리카 대륙의 경우는 남북으로 이동하려면 열대 우림·사바나·스텝·사막 기후 등을 거쳐야 하는데, 우거진 밀림과 황량한 사막 등은 사람들이 이동하는 데 장애가 되었어. 그래서 아프리카에서는 문명의 전파가 어려웠단다.

사람들과 달리 철새들은 남북 방향으로 주로 이동해. 철새들은 계절에 따라 가장 적합한 기후를 찾아다니거든. 기러기는 여름에 서늘한 시베리아 지역에서 지내다가 시베리아 땅이 얼어붙기 전에 우리나라로 날아오고, 제비는 따뜻한 동남아시아 등지에서 살다가 봄이 되면 우리나라를 찾지.

계절의 변화가 생기는 것도 위도와 관련이 있어. 규칙적으로 계절이 바뀌는 건 지구가 기울어진 상태로 태양 주변을 공전하기 때문이야. 지구는 지금 이 시간에도 태양의 둘레를 주기적으로 돌고 있어. 우리나라는 하지(6월 21일경) 때 낮이 가장 길고, 동지(12월 22일경) 때 밤이 가장 길어. 그리고 춘분(3월 21일경)과 추분(9월 21일경) 때는 낮과 밤의 길이가 같아. 이와 같이 낮과 밤의 길이가 달라지는 것은 계절에 따라 태양이 지구를 비추는 각도, 즉 입사각이 변하기 때문이야. 춘분과 추분 때는 적도에서 태양의 입사각이 $90°$를 이루는 반면, 하지 때는 북위 $23.5°$, 동지 때는 남위 $23.5°$에서 입사각이 $90°$를 이루지.

지구가 공전하면서 태양은 적도, 북반구의 $23.5°$, 다시 적도, 남반구의 $23.5°$, 적도의 순서로 위치하게 돼. 태양이 적도를 떠나 북반구와 남반구를 거쳐 오면 1년이 지나는 거야.

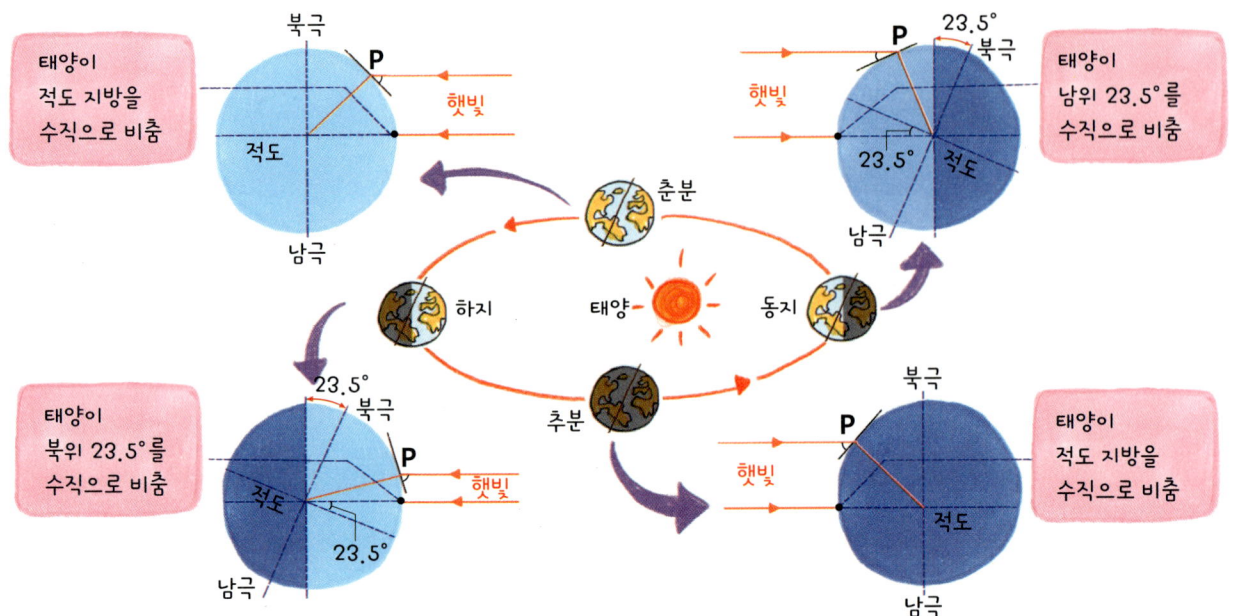

태양의 회귀와 계절 변화 북반구에 위치한 우리나라를 기준으로 할 때, 태양이 북반구 쪽을 비추면 여름, 남반구 쪽을 비추면 겨울, 적도 지역을 비추면 봄이나 가을이야. P는 북반구 중위도의 한 지점을 뜻해.

태양이 북쪽으로 갈 수 있는 끝 지점인 북위 23.5°를 연결한 선을 북회귀선이라 하고, 남쪽으로 갈 수 있는 끝 지점인 남위 23.5°를 연결한 선을 남회귀선이라고 해. 회귀(回歸)란 돌아간다는 뜻이야. 태양이 이동하다가 회귀선을 만나면 다시 적도를 향해 돌아가야 한다는 거지. 마치 좌우로 움직이는 시계추처럼 말이야. 태양의 놀이터가 북회귀선과 남회귀선 사이라고 생각하면 돼.

태양의 회귀 현상에 따라 일사량이 달라지기 때문에 북반구와 남반구의 계절은 정반대가 돼. 북반구가 겨울이면 남반구는 여름이고, 북반구가 여름이면 남반구는 겨울이 되는 거지. 그래서 겨울 방학에 남반구의 오스트레일리아로 여행을 간다면 수영복과 선글라스를 챙겨야 한단다.

나라마다 시간은 어떻게 다를까?

서울이 밤 10시일 때, 런던은 오후 1시야. 넌 잠자리에 들 시간이지만, 영국에 사는 친구는 한창 활동할 시간이야. 왜 서울이 런던보다 9시간이나 빠른 걸까?

한 국가나 지역에서 동일하게 사용하는 시간을 '표준시'라고 해. 영국의 표준시는 GMT(Greenwich Mean Time)라고 불러. 그리니치 표준시 또는 그리니치 평균시라는 뜻이지. 앞서 말했듯 세계 경도의 기준이 되는 본초 자오선이 영국 런던의 그리니치 천문대를 지나는 자오선과 일치하기 때문이야. 본초 자오선을 지나는 지역이 세계 표준시의 기준이 되는 그리니치 표준시를 갖게 되는 거지.

여기서 잠깐 퀴즈! 둥근 지구는 360°, 하루는 24시간, 그렇다면 경도 몇 도마다 1시간씩 차이가 날까? 맞았어. 360°를 24시간으로 나누면 되니까 15°마다 1시간씩 차이가 나. 한편 해가 동쪽에서 뜨니까 동쪽이 서쪽보다 표준시가 빠르지.

영국의 그리니치 천문대를 지나는 곳이 경도 0°이고, 이를 기준으로 동쪽으로 180°까지, 서쪽으로 180°까지 있다고 말했어. 지구는 둥그니까 동경 180°는 곧 서경 180°와 같아. 동경 지역은 영국보다 표준시가 빠르고, 서경 지역은 영국보다 표준시가 늦어. 180° 지역은 영국보다 표준시가 12시간 빠르거나 늦은 곳이지. 그래서 날짜 변경선을 지나면서 하루가 빨라지거나 하루가 늦어지는 현상이 생기는 거야.

표준시를 정하는 경선을 '표준 경선'이라고 하는데, 우리나라의 표준 경선은 동경 135°야. 동경은 영국보다 시간이 빠르고, 135°를 15°로 나누면 9가 되니까, 우리나라의 표준시는 영국보다 9시간 빨라. 서경 120° 지역에 위치하는 로스앤젤레스의 표준시는 어떻게 될까? 서경이니까 영국보다 표준시가 늦고, 120°를 15°로 나누면 8이 되니까, 로스앤젤레스의 표준시는 영국보다 8시간 늦어.

서울과 로스앤젤레스의 표준시를 비교하면 서울이 17시간 빨라. 지금 서울이 1월 1일 낮 12시라면, 로스앤젤레스는 몇 시일까? 서울이 17시간 빠르니까 로스앤젤레스는 12월 31일 저녁 7시이지. 로스앤젤레스 표준시를 기준으로 생각하면, 우리는 미국 사람들에 비해 내일 혹은 미래를 살고 있는 거야.

아래 지도는 우리나라와 세계 여러 지역의 표준시 차이를 나타낸 거야. 지도를 보면 우리나라와 세계 다른 지역 사이의 시간 차를 알 수 있어.

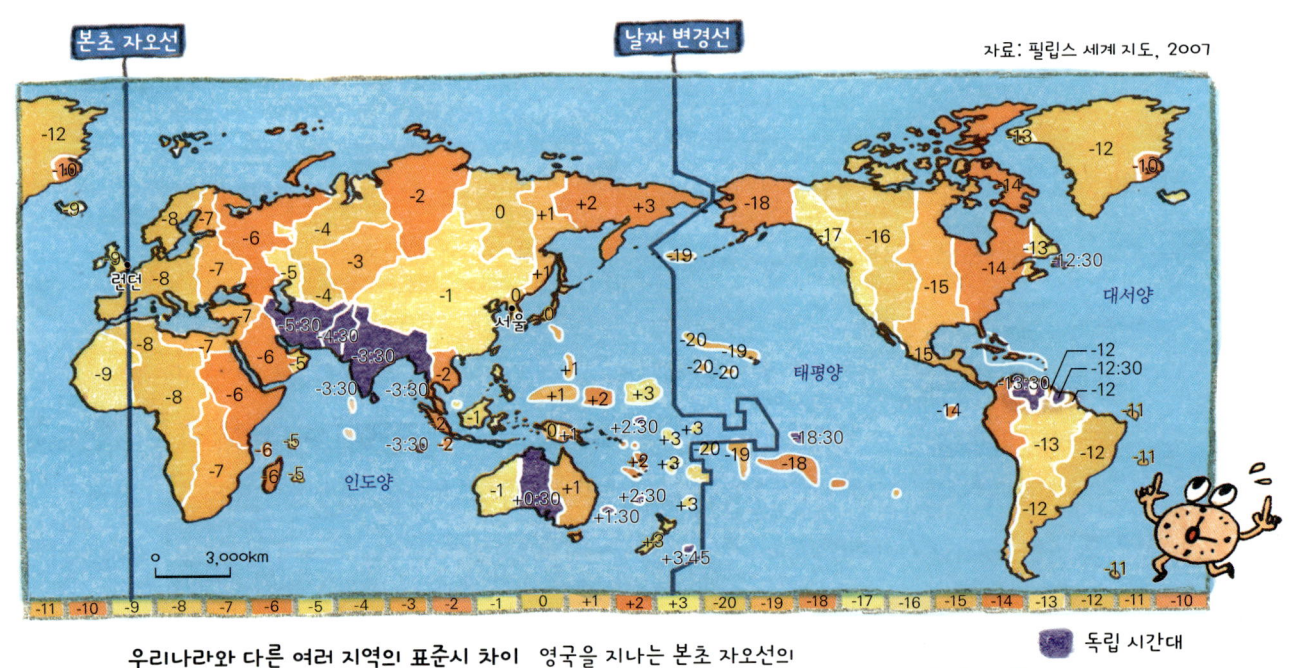

우리나라와 다른 여러 지역의 표준시 차이 영국을 지나는 본초 자오선의 동쪽은 15°마다 1시간씩 빨라지고, 서쪽은 15°마다 1시간씩 늦어져.

40

국가 간, 지역 간의 시간 차이는 우리가 한곳에 머물러 있거나 천천히 이동할 때엔 큰 영향을 미치지 않아. 예를 들어 유럽까지 자전거를 타고 여행을 한다면, 이동하는 동안의 시간 차이가 크게 느껴지지 않을 거야. 이동하면서 때때로 시곗바늘을 조정해 주면 되지. 하지만 비행기로 유럽 여행을 간다면 이야기가 달라져. 짧은 시간에 여러 표준 시간대를 거치게 되니 시차의 영향이 크게 나타나지.

한편 먼 거리를 여행하더라도 남쪽이나 북쪽으로 이동을 하면, 표준시가 크게 달라지지 않아. 가령 오스트레일리아를 여행할 때 비행 시간은 10시간이 넘지만, 오스트레일리아가 우리나라의 남쪽에 위치하기 때문에 시차는 크게 발생하지 않지. 우리나라와 오스트레일리아는 계절이 정반대일 뿐, 시차는 크지 않아.

올림픽이나 월드컵 경기가 열렸던 때를 생각해 봐. 2012년 영국에서 열린 하계 올림픽 때 우리나라 사람들은 쉽게 잠들지 못했어. 잠자리에 들 만하면 우리나라 선수들의 메달 소식이 이어졌거든. 일부 경기는 새벽까지 중계되기도 했어. 런던 올림픽이 우리나라에서 한밤중에 중계된 건 시차 때문이야. 우리나라가 한밤중일 때 영국은 오후 시간이었으니까.

세계화 시대에 접어들면서 시차를 적극적으로 활용하는 경우도 많아. 미국의 다국적 기업이 인도에 자회사를 두고 소프트웨어 프로그램을 개발한다고 생각해 봐. 미국에서 연구하던 프로그램을 퇴근할 때 인도로 전송하면 인도에서는 업무 시간에 다시 연구를 진행할 수 있어. 반대로 인도에서 연구하던 내용을 퇴근할 때 미국에 전송하면, 두 나라 간에 쉼 없이 연구를 진행할 수 있는 거지.

완벽한 지도가 없는 이유

지도의 종류는 아주 다양해.

　오른쪽 지도는 중세 유럽에서 만들어진 TO지도야. 지도에 알파벳 T와 O가 있기 때문에 그렇게 불리지. 이 지도에서는 세계를 원형으로 나타냈고, 그 중심에 예루살렘을 표시했어. 아시아의 끝에는 낙원(파라다이스)도 그려져 있어. 중세 유럽의 크리스트교 세계관을 바탕으로 세상을 그린 거지. 이 지도에는 객관적이고 사실적인 정보가 아닌, 지도를 제작한 사람들의 가치관과 생각이 담겨 있어. 중세 유럽에 살던 사람들은 예수님이 당연히 세계의 중심에서 태어났다고 생각한 거야.

　아래 두 지도를 비교해 보렴. 어느 지도가 더 정확할까?

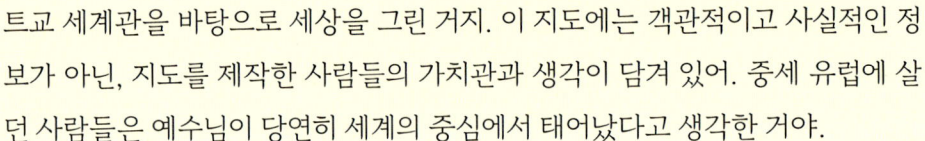

❶

❷
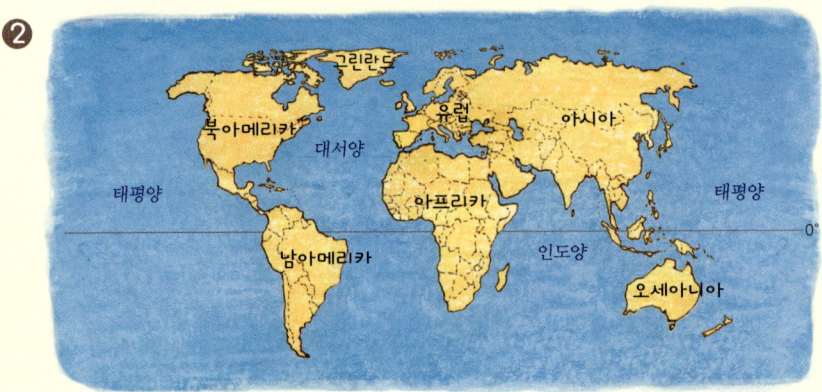

우리는 우리나라가 지도의 중심에 위치한 ❶번 지도를 많이 사용하지. 하지만 유럽이나 아프리카, 아메리카 사람들은 자기네 나라가 구석진 곳에 위치한 ❶번 지도보다 ❷번과 같이 자기네 나라가 중심에 있는 지도를 사용해. 두 지도를 자세히 보면 그린란드 섬의 크기가 달라. ❶번이 ❷번 지도보다 더 크게 그려져 있어. ❶번 지도는 방위가 좀 더 정확한 지도이고, ❷번 지도는 면적이 좀 더 정확한 지도인데, 고위도에 위치한 국가들은 ❶번과 같이 자기네 나라의 국토가 더 커 보이는 지도를 선호한단다.

지구는 오렌지같이 둥글게 생겼어. 오렌지 껍질을 까서 탁자 위에 평평하게 펼친다고 생각해 봐. 펼치는 과정에서 눌리고 찢기며 제 형태를 잃게 될 거야. 그래서 둥근 지구를 평면의 종이에 표현할 때는 욕심을 버려야 해. 각도, 면적, 형태, 거리 중 한두 가지만 정확성을 추구하고 나머지는 과감히 포기해야 한단다.

완벽한 지도가 없는 이유를 이제 알겠지? 그럼, 여러 가지 방법으로 그려진 세계 지도를 구경해 볼까?

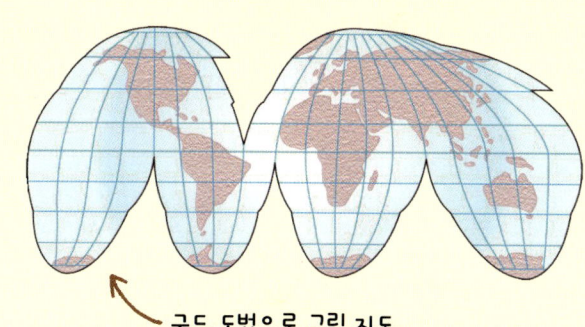

구드 도법으로 그린 지도
지도를 적당히 찢어 면적과 형태를 실제와 가깝게 만든 지도야.

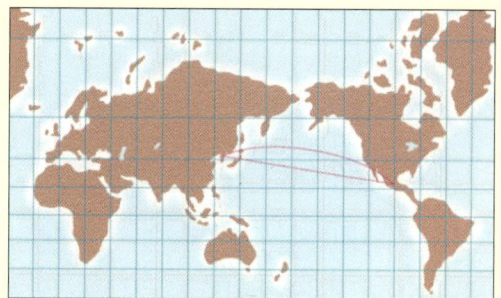

메르카토르 도법으로 그린 지도
방위각이 정확해서 항해도에 많이 사용돼. 극과 가까운 지방이 더 커져 보이는 특성도 있어.

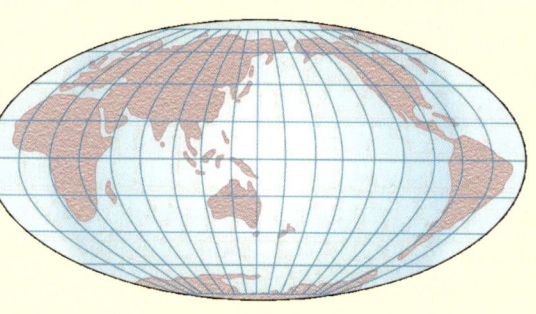

몰바이데 도법으로 그린 지도
면적이 정확하게 표현된 지도야. 극지방에 위치한 땅의 형태가 많이 왜곡되는 단점이 있지.

이렇게나 똑똑한 지리 정보라니!

지리 정보 기술의 활용

어떤 학문이 세상에서 가장 오래되었을까? 많은 사람이 수학, 철학 등을 꼽을 거야. 하지만 이 질문에 자신 있게 답할 수 있는 사람은 아무도 없어. 사람들은 "하느님이 아담의 갈비뼈로 이브를 만들었으니 의학이 가장 오래된 학문이다!"라고 농담처럼 말하기도 하지. 그런데 지리학의 역사가 수학, 철학 등의 역사보다 결코 뒤지지 않는다는 사실을 알고 있니?

지리학은 세계 여러 지역을 종합적으로 연구하는 학문이야. 지리학은 '저 산 너머, 저 바다 건너에는 무엇이 있을까?' 하는 외부 세계에 대한 사람들의 호기심에서 시작되었어. 산 너머 세상, 바다 건너 세상을 다녀온 사람들이 남긴 기록이 바로 '지리학'의 시작이 된 거지. 지리학은 영어로 '지오그래피(Geography)'라고 해. 'geo'는 땅이라는 의미이고, 'graphy'는 서술 혹은 표현이라는 의미란다. 낯선 땅에 대한 상세한 기록을 일컬어 지리학이라고 불렀던 거지.

지리학은 오랜 역사를 가지고 있지만 낡은 학문은 아니야. 지금도 활발히 연구되며 매우 유용하게 쓰이는 학문이거든. 지리학이 얼마나 과학적이고 현대적 학문인지 알아볼까?

공간, 속성, 관계로 살피는 지리 정보

'현대 사회는 정보의 홍수다.'라는 말을 들어 봤니? 최근 1년 동안 새로 생겨난 정보의 양이 17세기의 100년 동안 생겨난 정보의 양보다 많다고 해. 세상의 모든 정보 가운데 70%는 공간과 관련된 거야. 다시 말하면 세상의 정보 중 70%는 '지리 정보'라고 할 수 있지. 지리 정보는 다른 정보와 어떤 차이가 있을까?

지리 정보는 공간(위치) 정보, 속성 정보, 관계 정보로 구성되어 있어. 공간 정보는 '어디에 있나?', 속성 정보는 '특성이 어떠한가?', 관계 정보는 '다른 지리 정보와 어떤 관련성이 있나?' 하는 내용을 담고 있어.

식탁 위에 있는 컵을 보고 공간 정보, 속성 정보, 관계 정보를 파악해 볼까? 컵의 공간 정보는 '식탁 위'가 되고, 속성 정보는 '보라색 꽃무늬 모양이 새겨져 있고, 손잡이가 달려 있음'이 되겠지. 관계 정보는 '우유나 물을 담음' 정도가 될 거야.

마라도와 대한민국 최남단 표지석

특정한 지역의 지리 정보도 이와 같이 분석해 볼 수 있어. 예를 들어 마라도는 우리나라에서 가장 남쪽에 위치한 작은 섬이야. 마라도의 지리 정보를 공간·속성·관계 정보의 측면에서 어떻게 설명할 수 있을까?

마라도의 공간 정보는 수리적 위치나 주소로 설명할 수 있어. 마라도의 수리적 위치는 '북위 33° 06′, 동경 126° 16″'이야. 주소는 '제주특별자치도 서귀포시 대정읍 마라리'지. 마라도의 속성 정보는 '화산섬, 섬의 둘레는 4.5km, 관광업과 어업 발달, 타원형의 납작한 섬' 등으로 말할 수 있어. 관계 정보는 '서귀포시에 부속된 섬, 모슬포항에서 배로 30~40분 정도 걸리는 섬' 등이 돼.

이제 어떠한 지역의 정보를 말할 때 공간·속성·관계 정보로 설명할 수 있겠지? 그렇다면 친구에게 우리 집의 지리 정보에 대해 한번 설명해 보렴.

지리 정보, 어떻게 활용할까?

우리는 일상생활에서 지리 정보를 많이 활용하고 있어. 우리 가족이 ○○월드라는 놀이공원에 처음 놀러 간다고 생각해 보자. 무엇부터 해야 할까?

먼저 그곳의 위치를 파악해야 해. ○○월드의 홈페이지에 들어가서 어디에 위치하는지와 교통편을 살펴봐야겠지. 그런 다음 인터넷 지도로 그곳의 정확한 위치를 다시 한 번 점검한다면 헤매지 않고 갈 수 있을 거야.

놀이공원에 도착해서도 지리 정보가 필요해. 공간이 넓고 복잡한 데다 놀이 기구와 사람이 많아서 자칫 길을 잃을지 모르거든. 이때 필

요한 건 뭘까? 바로 안내도야. 안내도를 보면 어떤 놀이 기구가 어디에 있는지 쉽게 파악할 수 있어. 이렇게 인터넷 지도와 안내도에는 우리에게 유용한 지리 정보가 담겨 있어.

그 밖에 자동차 내비게이션, 쇼핑센터의 안내도, 도로의 이정표, 버스 노선도 등도 우리가 일상에서 흔히 활용하는 지리 정보지.

다른 국가나 다른 지역을 여행할 때, 기차역이나 버스 터미널에서 제공하는 관광 안내도도 지리 정보를 쉽게 이용할 수 있도록 도와줘. 외국을 여행할 때는 알파벳 소문자로 'ⓘ'라고 표시된 곳을 찾아가면 관광지와 명소에 대한 안내도를 얻을 수 있단다.

지리 정보는 다양한 형태를 지니고 있어. 그중에서 통계 수치를 표, 그래프, 지도로 나타낸 형태가 많아. 통계청 사이트(www.kostat.go.kr)에 들어가면 수많은 지리 정보를 볼 수 있는데, 모두 숫자로 이루어진 통계 자료야. 이 통계 자료를 그래프나 지도로 나타내면 한눈에 내용을 파악할 수 있어.

다음 표 ❶에 제시된 자료는 경상북도 문경시의 행정 구역별 인구를 나타낸 거야. 꼼꼼히 살핀다면 지역 간의 차이를 파악할 수 있지만, 시간이 조금 걸리지. 이때 표를 그래프 ❷로 나타내면 각 지역의 인구를 쉽게 비교할 수 있어.

그래프의 종류는 매우 다양해. 흔히 원그래프나 막대그래프를 사용하는데, 필요에 따라 다른 유형의 그래프를 사용하기도 해.

통계 자료는 ❸처럼 지도로도 나타낼 수 있어. 그래프로만 나타낸 자료와 비교할 때 지도와 그래프를 함께 나타낸 통계 지도를 보면, 각 지역의 위치와 인구 차이를 한눈에 파악할 수 있단다.

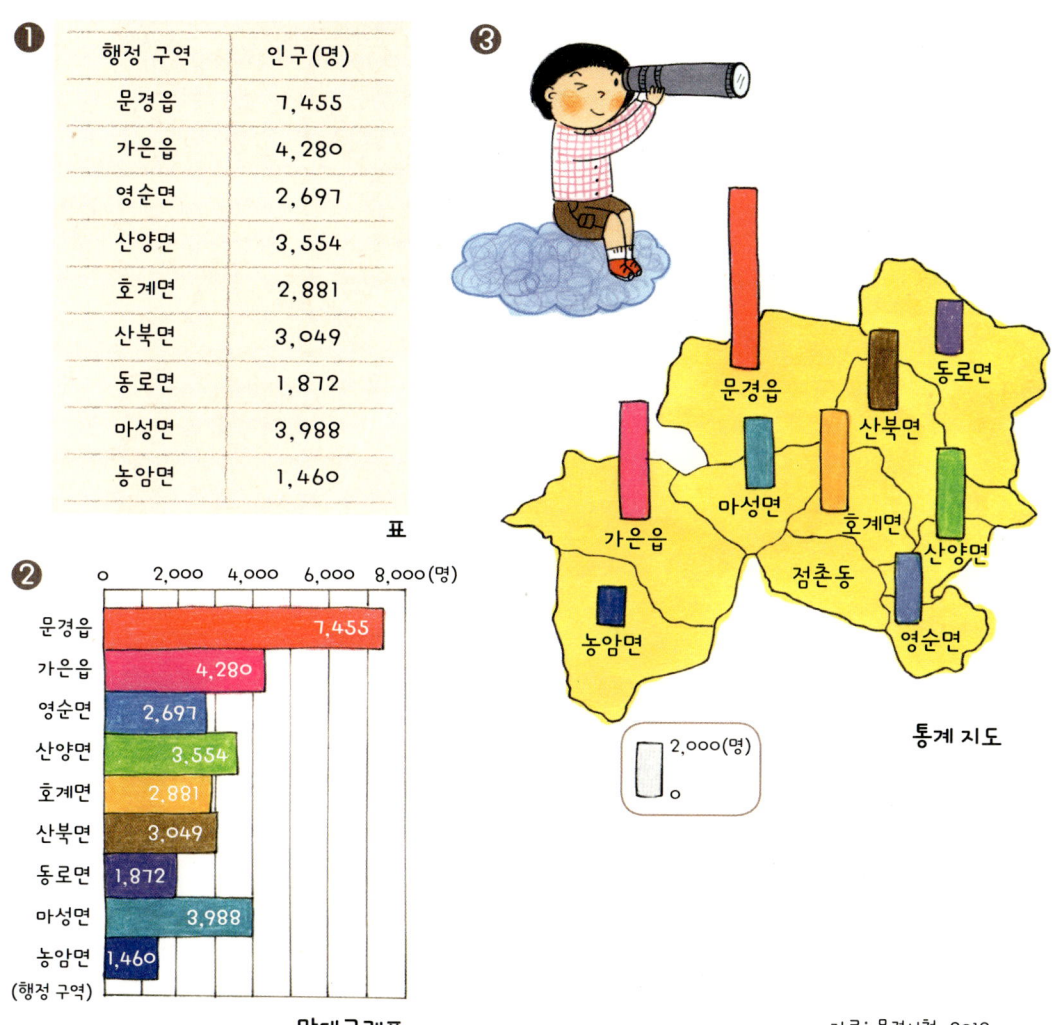

만능 해결사, GIS

GIS라는 용어를 들어 본 적 있니? GIS는 'Geographic Information System'의 약자로, 지리 정보 체계를 말해. 지리 정보 체계는 여러 지리 정보를 컴퓨터에 저장한 뒤, 이를 필요에 따라 사용하는 기술이야.

지리 정보가 늘면서 지리학에서도 컴퓨터를 사용하고 있어. 컴퓨터의 저장 능력과 연산 능력을 활용하는 거지. 지리 정보 체계는 컴퓨터에 지리 정보를 입력하는 것에서 시작해. 여러 수치 자료, 측량 자료, 지도, 도표, 인공위성 자료 등을 컴퓨터에 먼저 입력해 두고 사용자의 필요에 따라 이용하는 거야.

GIS를 이용하면 학교, 파출소, 공장 등 여러 시설물을 어디에 세울지 정할 수 있어. 어느 도시에 소방서를 만든다고 생각해 봐. 인근에 소방서가 없고, 화재 발생이 많으며, 큰 도로에 접해 있어야 해. 컴퓨터에 '지금 있는 소방서에서 2km 이상 떨어진 지역을 찾아라!', '동별

지리 정보 체계의 구성

정보 수집 ➡ 입력·저장 ➡ 분석·종합 ➡ 출력

지리 정보 체계 활용 GIS는 지리 정보를 효율적으로 저장하고 관리하며 적절히 이용할 수 있어. 공공 기관이나 여러 시설물의 적합 지역을 찾는 데 흔히 이용돼.

로 한 해 평균 10건 이상의 화재가 발생한 지역을 찾아라!', '4차선 이상의 도로에 접한 지역을 찾아라!' 등의 조건을 입력하면, 모든 조건에 맞는 지역을 컴퓨터가 알려 주지. 지리 정보 체계로 소방서의 후보지를 찾아내는 거야. 그리고 나서 여러 후보지 가운데 주민들의 의견을 물어 소방서를 세우면 돼.

지리 정보 체계가 활용되는 곳은 매우 다양해. 지리 정보 체계로 홍수, 산사태, 산불 등을 예방할 수도 있고, 토양의 특성에 따라 어떤 작물을 심는 것이 좋은지를 찾아낼 수도 있지. 또한 각 지역에 묻혀 있는 수도관, 가스관 등 지하 매설물을 효과적으로 관리할 수도 있어.

우리에게 친숙한 지리 정보 체계

최근에는 자동차를 운전할 때 내비게이션을 이용하는 사람이 많아. 내비게이션 기기가 알려 주는 대로 가면 처음 가는 장소도 쉽게 찾을 수 있거든.

내비게이션은 어떤 원리로 작동하는 걸까? 내비게이션은 GIS와 GPS(Global Positioning System, 위치 확인 시스템)의 결합으로 작동해. GIS로 만든 상세한 지도에 인공위성을 이용하여 파악한 자동차의 위치 정보를 결합한 것이 내비게이션이야. 내비게이션을 이용하면 자동차가 어느 경로를 따라 이동하는 것이 좋은지, 자동차가 달리고 있는 도로의 규정 속도는 얼마인지, 가까운 주유소는 어디에 있는지, 목적지까지의 거리와 소요 시간은 얼마인지 등도 알 수 있어.

인터넷 상의 전자 지도를 이용하는 것도 지리 정보 체계를 활용한 예야. 인터넷 지도를 검색하면 찾고자 하는 건물의 위치를 파악할 수 있을뿐더러 항공 사진, 위성 영상, 거리 사진 등도 볼 수 있어. 심지어는 음식점의 내부도 살펴볼 수 있단다. 아빠는 심심할 때 인터넷 지도로 우리나라와 세계 곳곳의 거리 모습을 살펴보곤 해.

인터넷 상의 전자 지도에서 제공하는 로드뷰 서비스

지리 정보 체계의 활용과 관련해 통계청은 재미있는 GIS 서비스를 제공하고 있어. 여러 통계 자료를 통해 지역마다 특성을 분석하고 어느 지역에 가게를 열면 유리한지를 알려 주는 거야. 이를 '블루슈머' 서비스라고 해. 예를 들어 우리나라 20대의 49.7%(370만 8,000명)가 아침밥을 거르는데, 그중에서 20대 여성이 많이 거주하는 지역이 어딘지를 보여 주는 식이지. 이러한 지역에서는 다른 사업보다 생식용 두부점, 커피 전문점, 모닝 세트 전문점 등을 창업하는 것이 유망하다

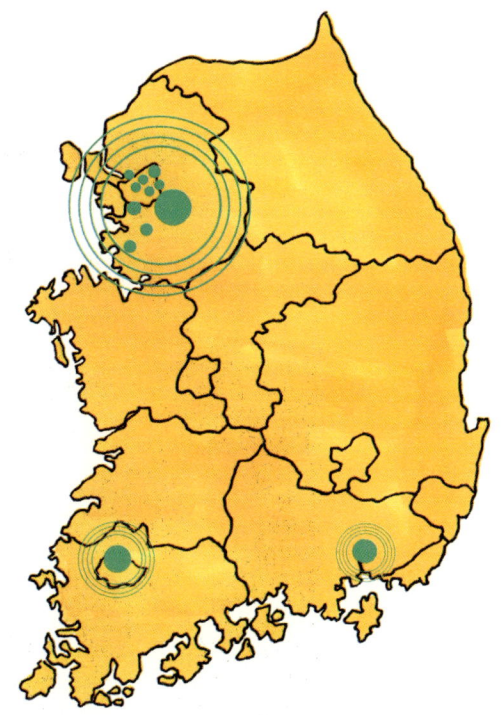

통계청 지리 정보 시스템에서 찾아낸 블루슈머 지역

는 내용을 전달하고 있어. 이처럼 앞으로는 지리 정보 체계가 우리 삶에 더 밀접하고 다양하게 활용될 거야.

멀리서 보면 더 잘 보이는 원격 탐사

지리 정보 기술 중에는 측정하려는 대상과 직접적 접촉 없이 멀리서 정보를 얻어 내는 기술도 있어. 이를 '원격 탐사'라고 하고, 영어로 '리모트 센싱(Remote Sensing)'이라고 해. '리모트'란 '멀다'는 뜻이고, '센싱'은 '안다'는 뜻이야. 보통 가까이에서 봐야 잘 알 수 있다고 생각하는데, 지구의 지리 정보는 먼 곳에서 관찰해야 잘 보이는 경우도 많아.

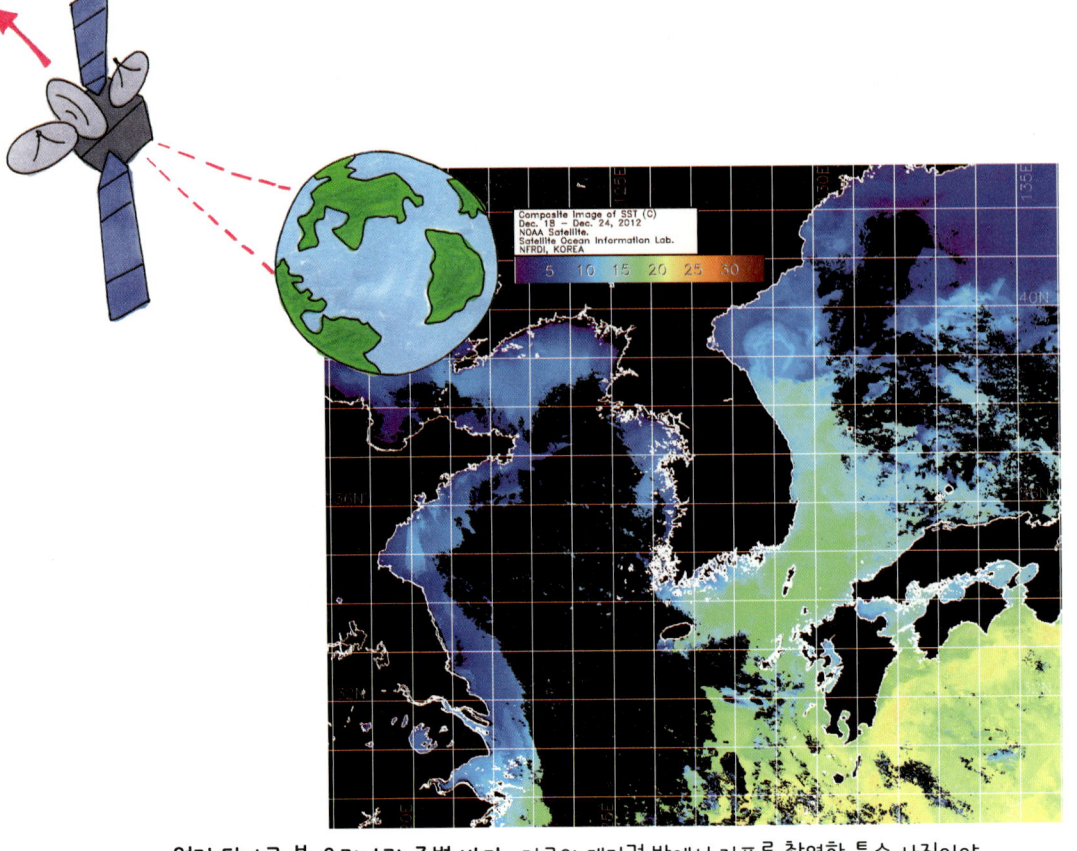

원격 탐사로 본 우리나라 주변 바다 지구의 대기권 밖에서 지표를 촬영한 특수 사진이야.

요즘 널리 이용되는 원격 탐사 방법은 인공위성에서 지구를 보는 거야. 좀 더 정확히 말하면, 인공위성에서 지표를 촬영한 뒤 이를 분석해 내는 거지.

인공위성에서 지표를 촬영할 때는 특수한 사진을 찍어. 우리 몸속을 촬영할 때 엑스레이 사진을 찍듯이, 지구 표면을 촬영할 때는 적외선 사진 등 과학적 방법을 이용해.

한반도와 주변 바다를 나타낸 사진은 인공위성에서 찍은 거야. 평범한 카메라로 찍었다면 바다가 온통 푸른색으로만 보일 텐데, 특수한 방법으로 찍었기 때문에 해역별로 다른 수온이 나타나지. 보라색을 띨수록 차가운 바다이고, 붉은색을 띨수록 따뜻한 바다야. 이 사진은 12월에 찍은 영상인데, 아마 여름에 찍었다면 주로 붉은색과 주황색, 그리고 노란색이 나타났을 거야.

이 밖에도 인공위성에서 촬영한 사진을 분석하면, 지하에 어떤 자원이 매장되어 있는지, 토양에 소금기가 얼마나 많은지, 숲의 나무들이 얼마나 건조한 상태인지 등을 파악할 수 있어.

원격 탐사는 사람이 닿을 수 없는 바닷속이나 밀림 속의 정보를 파악할 수 있고, 넓은 지역을 쉽게 살펴볼 수 있는 장점이 있어. 인공위성에서 일정한 주기를 두고 반복적으로 지표를 촬영할 수 있기 때문에 지표의 여러 변화를 빠르게 파악할 수 있는 장점도 있지. 그래서 세계 각국은 인공위성을 쏘아 올리기 위해 경쟁하고 있어.

우리나라는 1992년 8월에 최초의 국적 위성이자 과학 인공위성인 우리별 1호를 쏘아 올렸어. 이후 지속적으로 인공위성을 쏘아 올려 세계 각지에 대한 위성 영상을 확보해 분석하고 있지. 2010년에 천리안이라는 이름으로 쏘아 올린 통신 해양 기상 위성은 우리나라 주변의 태풍, 집중 호우, 황사, 바다 안개, 해수 온도 등을 파악하는 중이야. 우리나라에서도 점차 인공위성을 통해 국토 및 지역 개발, 자연재해 방지 등 원격 탐사 기술을 이용하는 분야가 확대되고 있단다.

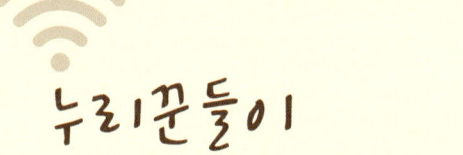
누리꾼들이 지도를 만들었다고?

2011년 7월 27일, 서울에는 강남 지역을 중심으로 집중 호우가 내렸다. 많은 사람이 트위터, 페이스북 등 SNS를 통해 실시간으로 자신이 있는 곳의 상황을 알렸다.

 올림픽대로는 승용차가 거의 물에 잠겨 있는 상황

우성아파트 사거리도 무릎까지 물에 잠겨 대부분의 사람이 걸어서 출근 중

 강남역 엘리베이터에 물이 새고 있다. 2호선 지하철 연착 중

이렇게 사람들은 도로가 침수된 지역의 정보와 함께 사진을 찍어 스마트폰으로 알려 주었다. 사진에는 올림픽대로가 침수되어 자동차들이 뒤엉켜 있는 모습, 강남역 부근 사거리에서 시민들이 운전을 포기한 차량들이 지붕만 드러낸 채 멈춰 선 모습 등이 담겨 있었다.

또한 사람들은 침수 현장을 스마트폰으로 찍어 인터넷 지도에 올렸다. 인터넷 지도에 접속하면 누구나 실시간으로 침수 상황을 알 수 있었다. 침수 현장 사진이 점차 많아지면서 강남 일대의 상황을 정확히 알 수 있게 되었다.

누리꾼들은 인터넷 지도를 이용해 '침수 지도'를 만들었다. '중부 지방 폭우 사

2011년 7월, 집중 호우로 침수된 올림픽대로

진'이라는 제목의 인터넷 지도에는 서울의 침수 지역 40여 곳이 표시되어 있었고, 강남역, 대치역, 우면산 일대의 침수 모습을 보여 주는 사진도 실려 있었다.

　침수 지도는 시민들이 서울 시내의 침수 지역 현장을 실시간으로 촬영해 만든 것이다. 수많은 시민이 사진을 올리면 그 위치가 인터넷 지도에 표시되고, 사진을 클릭하면 해당 지역의 침수 상황을 볼 수 있었다.

　이날 서울을 비롯한 중부 지방에는 시간당 100mm가 넘는 폭우가 내려서 사망자와 실종자가 속출했는데, 누리꾼들이 만든 침수 지도 덕분에 많은 사람이 위험을 피하고 불편을 줄일 수 있었다.

누리꾼들이 만든 침수 지도

2 풍요로운 땅의 사람들

어디에서 살고 싶니?
그곳에는 왜 사람이 많이 살까?
지금 사는 곳도 변하고 있어

어디에서 살고 싶니?

거주 공간으로서의 지구

아프리카의 에티오피아에는 "거미줄을 모으면 사자도 잡을 수 있다." 라는 속담이 있어. 아프리카의 속담에는 유독 사자가 자주 등장하지. 반면 우리나라에는 "하룻강아지 범 무서운 줄 모른다." "호랑이 굴에 들어가야 호랑이 새끼를 잡는다." "호랑이 담배 피우던 시절이다."처럼 호랑이가 등장하는 속담이 무척 많아. 왜 이런 차이가 있는 걸까?

왜냐하면 아프리카에는 사자가, 우리나라에는 호랑이가 많이 살았기 때문이야. 남한에서 호랑이가 마지막으로 발견된 해가 1924년이라고 하니, 그 전에는 호랑이를 심심치 않게 볼 수 있었던 거야. 전국 곳곳에는 호랑이에게 잡아먹힌 사람의 돌무덤인 '호식총(虎食塚)'이 남아 있단다.

다음의 지도는 각각 호랑이와 사자의 분포를 나타낸 거야. 지도를 보니 우리나라에는 왜 호랑이와 관련된 속담이 많고, 사자와 관련된 속담이 적은지 알 수 있겠지?

호랑이와 사자의 분포 호랑이와 사자는 자연 상태에서는 만날 수 없어. 서식 지역이 서로 다르기 때문이야.

호랑이는 남아시아 지역과 시베리아 지역에 걸쳐 살고, 사자는 아프리카 지역에 살아. 그렇다면 사람들은 어디에서 살까? 사람들이 많이 사는 곳은 어디고, 적게 사는 곳은 어딜까? 지금부터는 사람들이 사는 공간으로서의 지구에 대해 이야기해 줄게.

별빛만큼 많은 불빛

캄캄한 밤에 빛나는 불빛들을 지구 바깥에서 보면 어떤 모습일까? 사진은 미국항공우주국(NASA)이 인공위성에서 촬영한 여러 장의 사진을 편집해서 만든 거야. 지구촌 전체가 한꺼번에 밤이 될 수는 없으니 각 지역이 밤이었을 때의 모습을 합성한 거지.

2 풍요로운 땅의 사람들 61

우주에서 본 지구 야경 지구촌의 야경을 보면 사람이 많이 사는 곳이 어딘지 대략 파악할 수 있어.

　사진에서 밝게 빛나는 부분은 사람이 많이 살고 경제 수준이 높은 곳이야. 반면 어두운 부분은 사람이 적게 사는 곳, 그리고 사람이 많이 살아도 경제 수준이 낮은 곳이지. 밝게 빛나는 지역은 미국 동부 지역, 유럽 지역, 우리나라와 일본 등의 동아시아 지역이야. 인도, 오스트레일리아 동부, 남아메리카의 일부, 서남아시아 지역도 조금 밝은 편이지. 아프리카에는 꽤 많은 사람이 살고 있지만 불빛은 적어.

　적도를 중심으로 사진을 보면 적도 부근과 그 남쪽 지역은 불빛이 어두운 반면, 북반구의 중위도 일대는 매우 밝은 것을 알 수 있어. 이로써 북반구 중위도 지역에 많은 사람이 살면서 경제 수준도 높다는 것을 짐작할 수 있지.

아프리카 등 일부 지역은 사람이 많이 거주하지만 불빛이 밝지 않아. 경제 수준이 낮은 나라는 전력 사정이 좋지 않기 때문이야. 북한도 마찬가지야. 북한은 남한에 비해 불빛이 어두운데, 이는 북한의 어려운 경제 사정을 보여 준단다.

사람들은 어디에서 살까?

사람이 한 지역에 오래 머물러 살기 위해서는 그 지역에서 먹을 것을 쉽게 구할 수 있어야 해. 그래서 오래전부터 사람들은 농사를 짓거나 가축을 길러 지속적으로 식량을 생산할 수 있는 곳에 모여 살았지.

농사를 지으려면 농경지가 필요하고, 많은 가축을 기르려면 넓은 초원이 필요해. 농경지나 초원은 매우 추운 곳이나 사막이 펼쳐진 곳, 그리고 급경사의 산지에서는 볼 수 없어. 기후가 온화하고, 비가 적당히 내리며, 지면의 경사가 급하지 않은 곳이어야 농사를 짓거나 가축을 기르기에 좋지.

자연환경은 사람이 거주하는 데 많은 영향을 미쳐. 인간이 살 수 있는 거주 지역을 '외쿠메네(Okumene)', 살지 못하는 비거주 지역을 '아뇌쿠메네(Anokumene)'라고 해. 인류의 거주 공간인 외쿠메네는 인구 증가와 과학 기술의 발달로 점차 확대되었어. 현재 지구 상에 있는 육지의 6분의 5 정도가 외쿠메네고, 나머지는 아뇌쿠메네에 해당해. 하지만 최근에는 외쿠메네 중 일부 지역이 훼손되어 아뇌쿠메네로 바뀌고 있단다.

지형은 크게 거주하기 좋은 평지와 구릉지, 거주하기 어려운 산지로 나눌 수 있어. 해발 고도가 높은 산지 지역은 땅의 경사도 심하고 기후 환경도 까다롭기 때문에 사람이 많이 살지 않아. 반면 범람원, 삼각주 등 하천이 만든 평야 지형은 평탄하고 토양이 비옥해서 많은 사람이 살아가기에 유리해.

기후는 지형보다 거주 환경에 더 큰 영향을 미치는 요인이야. 기후는 한 장소에서 오랜 기간 동안 나타나는 기온, 강수량, 바람 등을 평균한 상태를 말해.

독일의 기후학자 쾨펜은 다양한 세계의 기후를 다섯 가지로 나누는 구분법을 만들었어. 먼저 세계의 기후를 나무가 자랄 수 있는 기후와 나무가 자랄 수 없는 기후로 구분했어.

그중 나무가 자랄 수 있는 기후를 기온의 차이에 따라 열대 기후, 온대 기후, 냉대 기후로 나누었어. 열대 기후는 1년 내내 여름만 지속되는 기후이고, 온대와 냉대 기후는 봄, 여름, 가을, 겨울의 사계절이 나타나는 기후야. 온대 기후는 냉대 기후보다 기온이 높아 따뜻한 것이 특징이야. 열대, 온대, 냉대 기후는 모두 연 강수량이 500mm를 넘는 곳이야. 비가 어느 정도 내려야 나무가 자랄 수 있거든.

나무가 자랄 수 없는 기후는 어떤 기후일까? 비가 지나치게 적게 내리거나 추운 곳에서는 나무가 자랄 수 없어. 비가 적게 내려 나무가 자랄 수 없는 기후는 건조 기후이고, 추워서 나무가 자랄 수 없는 기후는 한대 기후야. 건조 기후는 연 강수량이 500mm가 되지 않을 정도로 수분이 부족한 기후이고, 한대 기후는 가장 더운 달의 기온이 0°C를 조금 넘을 정도로 추운 기후야.

나무가 자랄 수 있는 기후	열대 기후	매우 더운 기후
	온대 기후	온화하면서 사계절이 뚜렷한 기후
	냉대 기후	사계절이 뚜렷하나 온대 기후보다 추운 기후
나무가 자랄 수 없는 기후	건조 기후	매우 건조한 기후
	한대 기후	매우 추운 기후

쾨펜의 기후 구분 쾨펜은 세계의 기후를 나무가 자랄 수 있는 기후와 자랄 수 없는 기후로 나누었어.

그런데 나무가 자라기 어렵다고 해서 풀도 자랄 수 없는 건 아냐. 건조 기후 중 연 강수량이 250mm가 넘는 스텝 지역이나 한대 기후 가운데 여름철에 지표가 녹는 툰드라 지역에서는 풀이 자라.

스텝은 초원 지대로 러시아와 아시아의 중위도 부근 등 사막 주변에 분포해. 툰드라는 북극해 연안에 분포하는 넓은 벌판이지. 스텝과 툰드라는 초식 동물이 살 수 있는 곳이면서 사람도 살 수 있는 곳이야. 나무도 풀도 자라지 않아서 사람이 살기 어려운 곳은 연 강수량 250mm 이하의 사막 기후 지역, 1년 내내 땅이 얼어 있는 빙설 기후 지역이란다.

넓게 펼쳐진 세계의 기후 지도를 보면, 적도 가까이에는 열대 기후가 나타나고, 북쪽과 남쪽으로 가면서 건조 기후, 온대 기후, 냉대 기후, 한대 기후가 순서대로 나타나. 그리고 해발 고도가 높은 지역에서는 고산 기후가 나타나지. 건조 기후와 고산 기후를 제외하면 같은 기후가 동서 방향으로 펼쳐져. 그래서 열대, 온대, 냉대, 한대와 같이 기후 이름에 '띠'를 의미하는 '대(帶)' 자를 쓴단다.

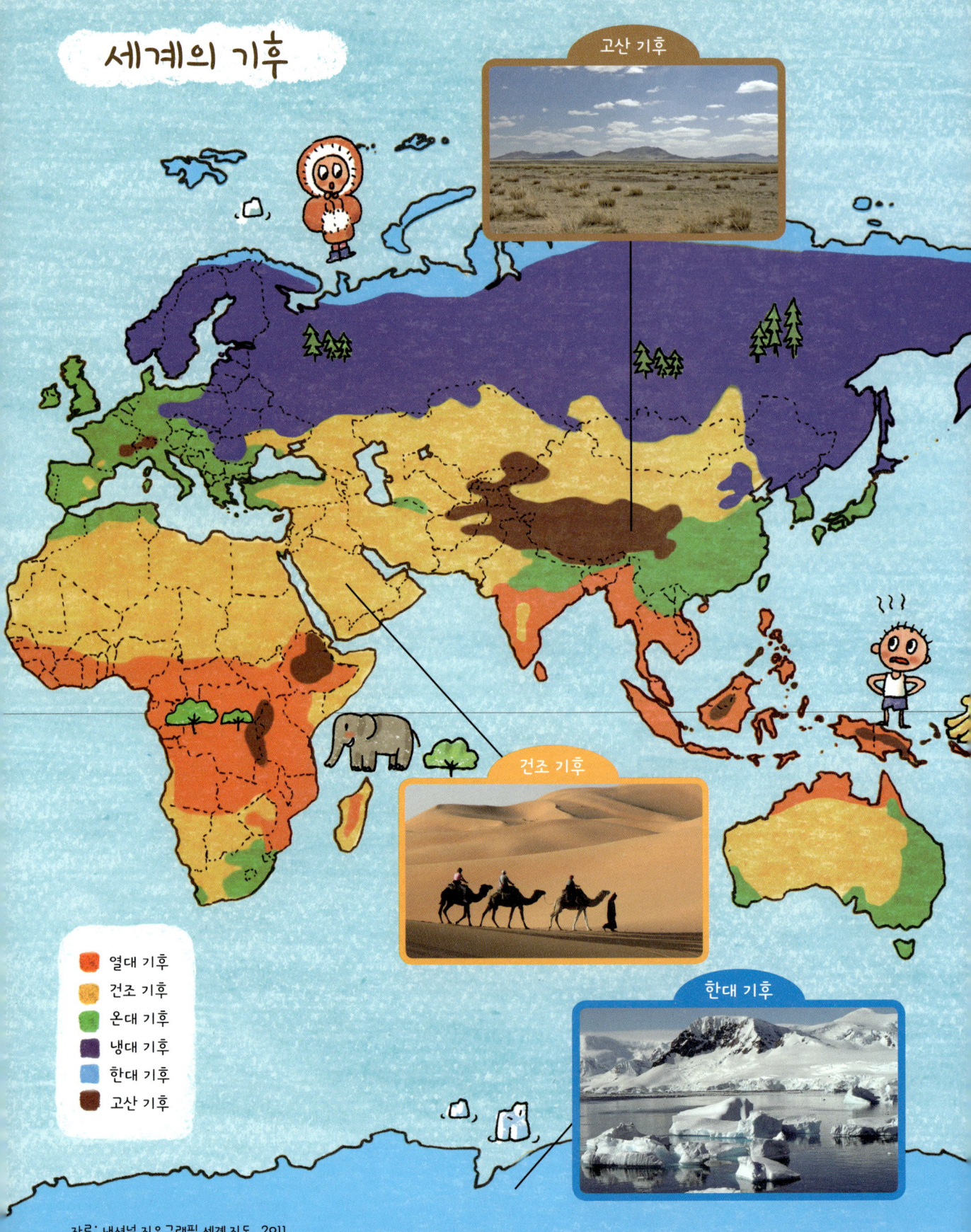

사람이 살기에 좋은 기후

기후 지도를 인구 분포 지도와 겹쳐 보면 어느 기후 지역에 사람이 많이 거주하는지를 알 수 있어.

아래 지도를 볼까? 지도의 점 하나는 10만 명을 가리켜. 점이 많을수록 사람이 많이 사는 곳이지. 유럽, 동부 및 동남아시아, 미국 동부, 인도 힌두스탄 평원 일대에 점이 많이 찍혀 있는 것을 볼 수 있어. 기후로 보면 온대 기후 지역에 점이 가장 많고, 러시아를 중심으로 한 냉대 기후 일부 지역, 인도와 기니만 연안 등지의 열대 기후 지역에도 점이 많아. 반면 건조 기후, 냉대와 한대 기후 지역 중 위도가 높은 지역에는 사람이 많이 살지 않는 곳이라 점이 적지.

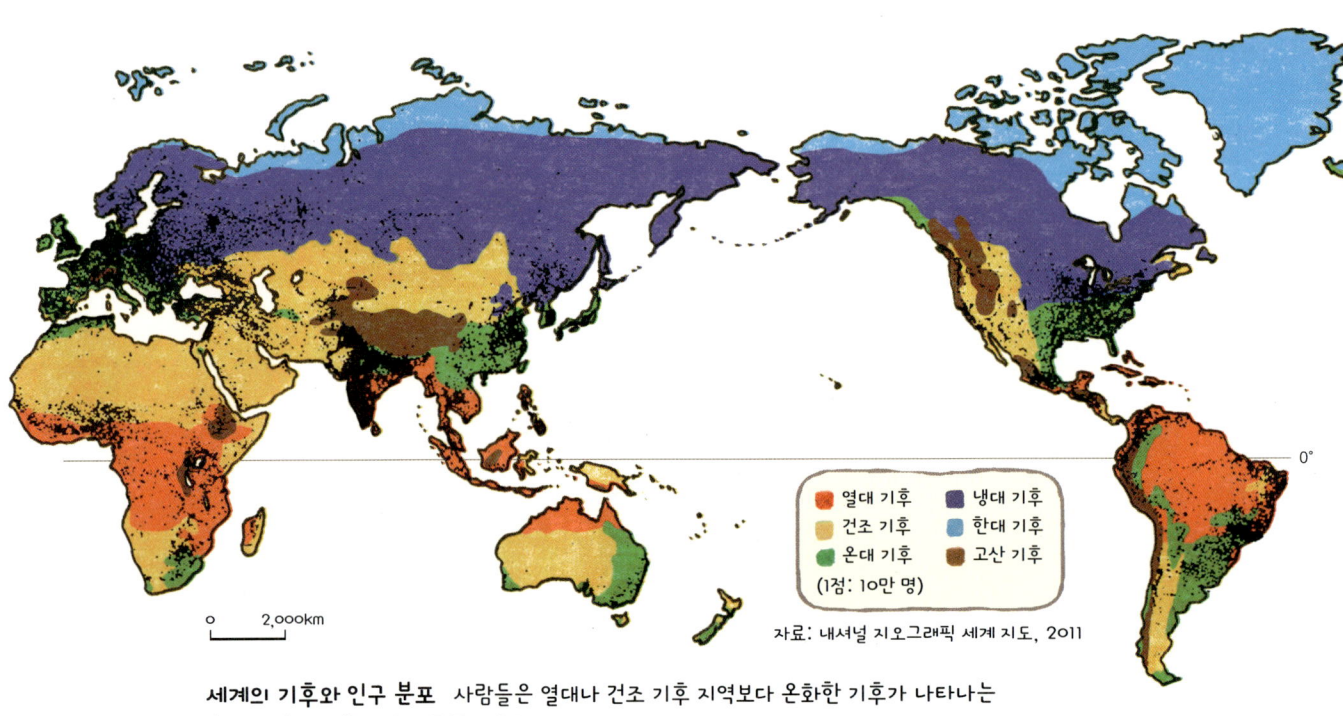

세계의 기후와 인구 분포 사람들은 열대나 건조 기후 지역보다 온화한 기후가 나타나는 온대나 냉대 기후 지역에 주로 거주해.

온대 기후 지역에 사람이 많이 거주하는 이유는 무엇일까? 온대 기후 지역은 기온이 따뜻하고 강수량이 충분한 편이야. 이 지역의 날씨는 농업 활동에 유리할 뿐 아니라, 상공업과 도시가 발달하는 데도 이로운 점이 많지.

저위도 지역 중 인구 밀도가 높은 곳은 크게 세 가지 유형으로 나눌 수 있어. 계절풍이 불어 벼농사가 유리한 지역, 상업적 농업이 발달한 해안 지역, 그리고 해발 고도가 높아 봄과 같은 온화한 날씨가 나타나는 지역이야. 계절풍은 계절에 따라 풍향과 특성이 다르게 나타나는 바람이야. 벼는 무럭무럭 자라는 시기에 고온 다습한 기후 환경을 필요로 하는데, 계절풍이 부는 지역은 여름에 기온이 높고 비가 많이 내려 벼농사에 유리하단다.

에콰도르의 키토

콜롬비아의 보고타

저위도 지역 중 해발 고도가 높은 곳은 기후가 선선해. 그래서 사람들이 살기에 적합하단다. 사람이 많이 사는 곳은 안데스 산지, 아프리카의 에티오피아, 동남아시아의 일부 고산 도시야. 저위도 저지대의 기후가 1년 내내 여름 같다면, 저위도의 해발 고도가 높은 지역에서는 1년 내내 봄이 지속돼. 특히 안데스 산지에 위치한 보고타, 키토는 기후 환경 덕분에 대도시로 발달했어. 필리핀의 바기오와 인도네시아의 반둥도 서늘한 기후 환경을 바탕으로 사람들이 많이 찾는 휴양지가 되었지.

사람이 살기에 좋은 지형

세계에서 인구가 가장 많은 나라는 중국이야. 2013년 1월을 기준으로 세계 인구는 약 71억 명인데, 그중 12억 명 정도가 중국인이라고 해. 세계인의 5~6명 중 1명이 중국인인 셈이지.

그렇다면 인구가 많은 중국은 어딜 가나 사람들로 붐빌까? 중국의 인구 분포를 나타낸 지도를 보면 조금 놀랄 거야. 지역마다 인구 분포의 차이가 크거든. 지도에서 붉은색에 가까울수록 인구 밀도가 높은 지역이야. 대체로 중국의 동부 지역은 인구 밀도가 높은 반면, 노란색으로 표시된 서부 지역은 인구 밀도가 낮아. 특히 신장웨이우얼 자치구, 네이멍구 자치구, 시짱(티베트) 자치구와 칭하이 성은 인구 밀도가 매우 낮아.

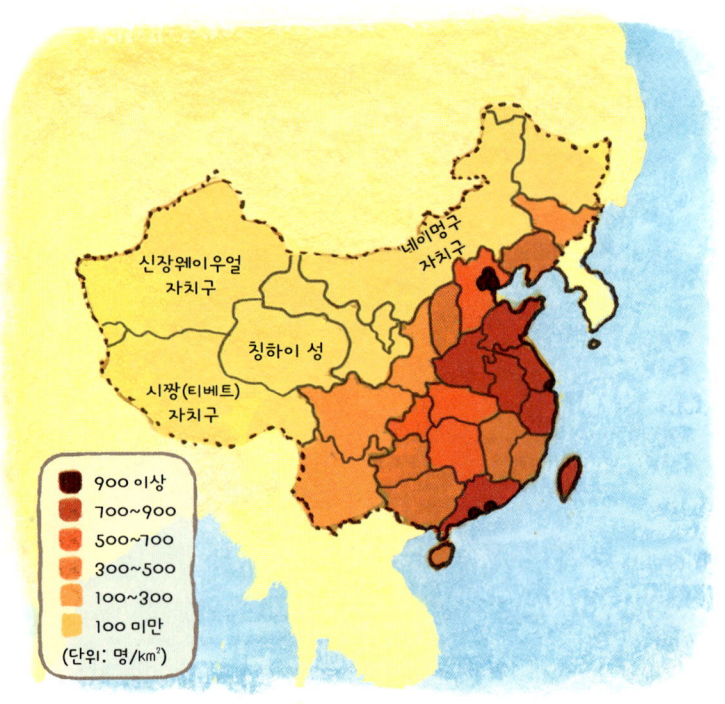

중국의 지역별 인구 분포

중국의 지역별 인구 밀도는 지형과 관련이 있어. 중국의 지역별 고도 분포 지도를 보면 서부에 히말라야 산맥, 톈산 산맥, 알타이 산맥과 같은 높은 산지가 위치해. 동부에는 둥베이 평원, 화베이 평원 등 넓은 평야가 나타나. 지도를 비교해 보면 산지보다는 평야 쪽에 사람이 많이 모여 산다는 것을 알 수 있지.

이처럼 지형은 인구 분포에 큰 영향을 미치는 요소야. 특히 하천이 만든 평야 지역은 농업 활동에 유리하기 때문에 사람이 많이 살아.

중국에서 큰 강을 두 개만 꼽는다면 황허 강과 양쯔 강이야. 티베트 고원에서 발원한 두 하천은 주변의 작은 물길과 합쳐져 하류로 흘러가면서 커다란 강이 됐어. 그리고 하천이 운반한 토양은 하류 지역 및 하구에 쌓여 비옥한 평야를 만들었어. 황허 강과 양쯔 강 같은 큰 강은 넓은 들판을 통해 많은 사람을 먹여 살려.

세계의 고대 문명은 큰 강을 중심으로 발달했어. 강은 밥줄이자 젖줄인 셈이야. 각종 용수를 제공하는 하천과 넓은 농경지를 바탕으로 농업이 활발히 이뤄지고, 그 생산물을 바탕으로 도시와 문명이 발전한 거지.

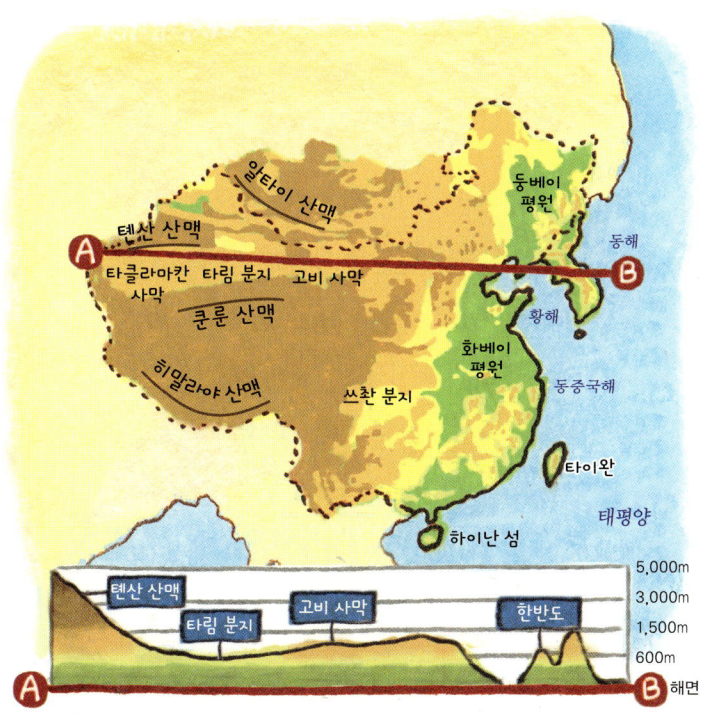

중국의 고도 분포와 지형 단면

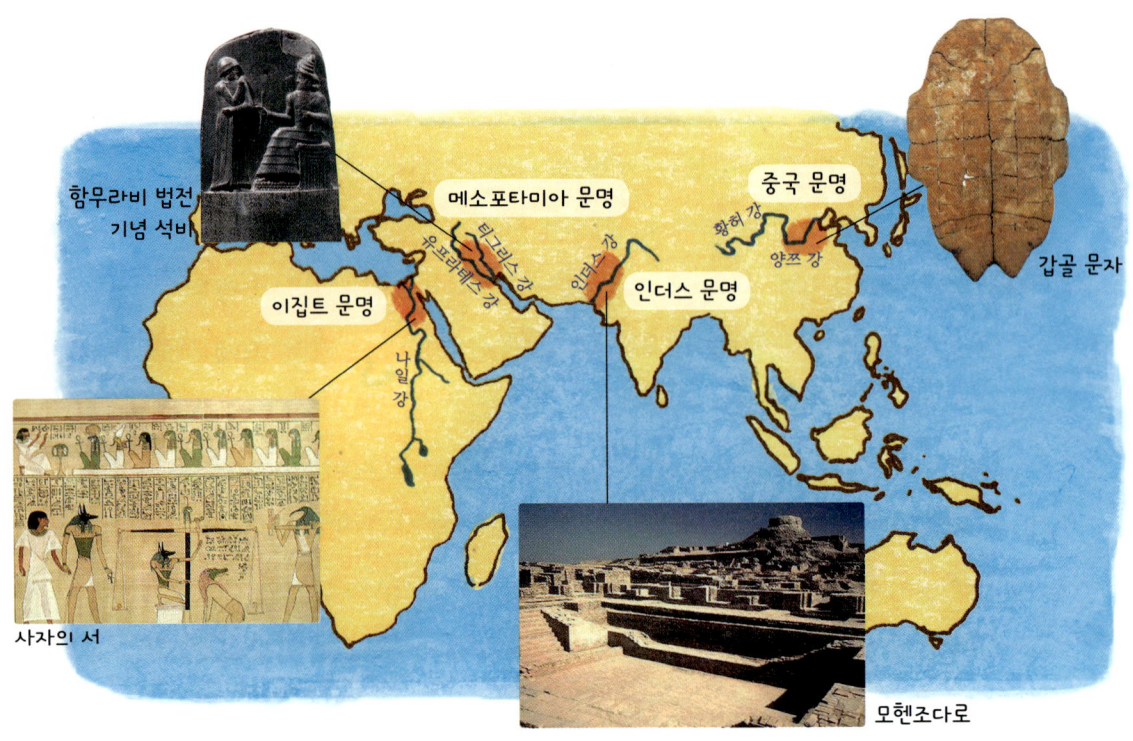

세계 4대 문명 세계에서 가장 먼저 발달한 4개의 문명은 큰 강 유역에서 발생했어.

 황허 강 중류 지역에는 황토 고원 지대가 펼쳐지는데, 이곳에서는 기원전 2000년부터 중국 문명이 탄생했어. 중국 문명은 이집트 문명, 메소포타미아 문명, 인더스 문명과 함께 세계 4대 문명에 속한단다.

 메소포타미아 문명과 이집트 문명은 유럽의 문명 형성에 커다란 영향을 미쳤어. 메소포타미아 문명은 유프라테스 강과 티크리스 강 사이의 평원에서 시작되었는데, 이곳에서 함무라비 법전과 쐐기 문자 등이 탄생했어. 나일 강을 따라서 형성된 이집트 문명에서는 피라미드와 미라, 사후 세계의 이야기를 담은 《사자의 서》 등이 탄생했지. 인더스 강에서 탄생한 인도 문명에서는 모헨조다로와 하라파 등의 도시 유적을 볼 수 있어.

바다를 끼고 발달한 세계의 도시

산지와 평지가 만나는 곳, 육지와 바다가 만나는 곳처럼 서로 다른 지형이 맞닿는 곳은 사람들이 거주하기에 유리해. 산지와 평지가 만나는 곳에서는 임산물과 농산물을 구하기 쉽고, 육지와 바다가 만나는 바닷가에서는 농산물과 해산물을 구하기 쉽지. 바닷가는 농업과 어업을 모두 할 수 있어 인구 밀도가 높단다.

바다가 사람들에게 주는 이로움을 좀 더 구체적으로 살펴볼까? 우선 바다는 먹을거리를 제공해 줘. 바다에서는 물고기뿐 아니라 다양한 해산물을 채취할 수 있지. 바다는 오랫동안 교통로 역할도 해 왔

미국의 뉴욕

네덜란드의 로테르담

일본의 도쿄

중국의 상하이

어. 항해술이 발달하고 지역 간 경제 교류가 늘면서 바다의 교통 기능은 더욱 확대되고 있어. 그래서 세계적 도시는 바다를 끼고 발달한 경우가 많아. 뉴욕, 상하이, 도쿄 등이 모두 항구를 끼고 있는 도시들이고, 네덜란드의 로테르담도 바닷가에 위치하기 때문에 세계적인 무역항으로 성장할 수 있었지.

바닷가는 지형적으로 볼 때도 사람들이 거주하기에 매우 좋은 조건을 갖추었어. 내륙 지역에 비해 낮고 평평한 땅이 넓게 펼쳐지기 때문이야. 특히 하천을 끼고 있는 바닷가 지역은 비옥한 농경지를 구하기가 쉽단다. 이런 장점 때문에 세계 인구 중 3분의 2는 바다에서 500km 이내에 살고, 4분의 3은 바다에서 1,000km 이내 지역에 살고 있어. 우리나라의 경우는 삼면이 바다로 둘러싸여 있고 국토가 넓지 않기 때문에 모든 사람이 바다로부터 500km 이내 지역에 살고 있단다.

다산 과학 기지에서 온 편지

안녕? 아저씨는 다산 과학 기지에서 근무하고 있는 과학자야.

우리나라의 과학 기술이 발전하고 국력이 강해지면서 북극까지 진출해 활발하게 연구 활동을 하고 있단다.

다산 기지의 '다산'은 조선 후기 실학자 정약용의 호에서 가져온 거야.

다산 기지는 북극 가까이의 노르웨이 땅, 스발바르 군도에 있어. 다산 기지가 위치한 뉘올레순은 북위 78° 지역에 해당해.

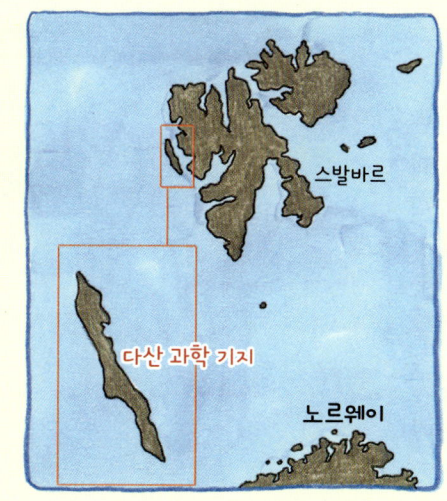

스발바르 군도에는 노르웨이, 영국, 일본 등을 비롯해 11개국의 과학 기지가 몰려 있어. 이곳의 과학 기지는 식당과 체육관 같은 편의 시설도 갖추고 있단다.

그런데 왜 과학자들이 차가운 칼바람을 맞으면서 다산 기지에 있냐고? 그건 바로 북극해 일대의 경제 가치 때문이야. 전 세계 석유와 천연가스 매장량의 25%가 북극해에 묻혀 있을 것으로 추정되거든. 또한 북극해를 이용한 새로운 바닷길이 열리는 일에도 대비할 수 있고, 빙하와 관련한 지구 기후 변화 등도 관찰할 수 있지.

어때? 다산 과학 기지에 한번 와 보고 싶지 않니?

스발바르 군도의 뉘올레순에 위치한 다산 과학 기지

그곳에는 왜 사람이 많이 살까?

인구가 밀집한 동남아시아와 서유럽

세계에서 가장 행복한 이들은 어느 나라 사람들일까? 가장 힘이 센 나라 미국? 가장 땅이 넓은 나라 러시아? 국가별 행복 지수를 보면 예상외로 남아시아의 부탄이나 중앙아메리카의 코스타리카 같은 작은 나라의 행복 지수가 높아.

가난한 방글라데시도 늘 상위권이야. 방글라데시는 남아시아의 인도 동쪽에 있는 나라야. 방글라데시에는 전기, 수도, 통신 등의 시설이 제대로 갖추어져 있지 않단다. 전기가 부족해서 초를 켜야 할 때가 많고, 때론 특급 호텔에서조차도 랜턴을 사용해야 해. 수시로 정전이 되니 냉장고의 음식도 마음 놓고 먹을 수 없지.

방글라데시의 도시 인구 중 절반은 빈민이야. 빈민촌의 집들이 비좁은 골목길을 따라 끝도 없이 이어져 있어. 하수 시설이 없기 때문에 길거리는 시궁창 냄새가 진동하지. 집 한 채에 여러 개의 방이 있고, 좁은 방 하나에 대여섯 명의 사람이 함께 지내. 하나의 화장실을 수십

방글라데시의 수도 다카 방글라데시와 같은 개발 도상국에서는 주택, 도로, 상하수도 등의 시설이 미비한 상태에서 농촌 인구가 몰려 들어와 도시가 매우 복잡해.

명이 공동으로 사용하고, 씻을 물은 물론 마실 물도 부족한 곳이 많아.

방글라데시는 국토 면적이 15만km² 정도로 남한의 1.5배밖에 되지 않지만, 인구는 약 1억 6,300만 명으로 러시아보다도 많아. 방글라데시는 세계에서 아홉 번째로 인구가 많은 나라란다. 좁은 땅덩어리에서 수많은 사람이 북적이며 살아가고 있지.

방글라데시를 비롯한 남아시아와 동남아시아의 국가들은 국토 면적에 비해 인구가 많은 편이야. 그 이유가 뭘까?

계절풍 때문에 인구가 많다고?

한여름 지하철을 타면 에어컨 덕분에 시원하지? 에어컨은 객실 내 어디에 설치되어 있을까? 그래, 천장이야. 천장에서 나온 찬바람은 무겁기 때문에 자연스럽게 바닥 쪽으로 내려와. 그래서 지하철 내부를 골고루 시원하게 만들지. 반면 겨울에는 난방기가 가동돼. 난방기는 에어컨과 반대로 좌석 아래쪽에 설치되어 있어. 따뜻한 바람은 상대적으로 가볍기 때문에 위쪽으로 올라가.

이처럼 더운 공기는 상승하고, 차가운 공기는 하강하면서 일어나는 공기의 흐름을 '대류 작용'이라고 해. 지하철의 냉난방도 대류 작용의 원리를 이용한 거야.

바람은 늘 공기의 밀도가 높은 고기압에서 공기의 밀도가 낮은 저

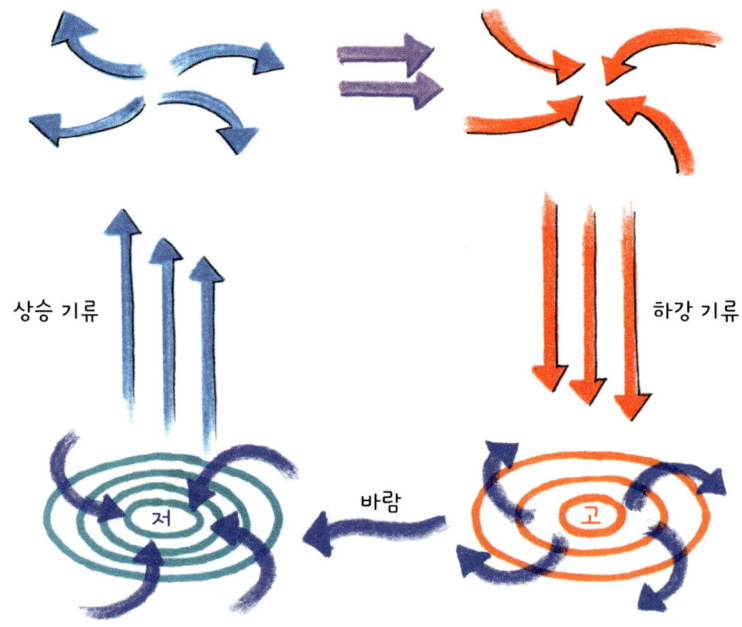

바람의 발생 하강 기류가 발생하는 지역에서는 고기압이 형성되고, 상승 기류가 발생하는 지역에서는 저기압이 형성돼. 바람은 고기압에서 저기압으로 불어.

기압 쪽으로 불어. 기압은 대기의 압력을 말해. 풍선이 뻥 하면서 터질 때를 생각해 봐. 풍선 속에 빽빽하게 들어 있던 공기는 상대적으로 공기가 적은 바깥쪽으로 급격히 빠져나가지. 풍선 속이 고기압이고 풍선 바깥쪽이 저기압인 셈이야.

세계 각지에서 부는 바람은 방향이나 성질, 세기 등에 따라 그 종류가 다양해. 하지만 바람의 기본 원리는 '나눔'과 '평형'이야. 바람을 따라 공기가 많은 곳에서 적은 쪽으로 이동하면서 두 지역 간에 평형이 이루어지는 거야. 바람이 불면서 지역 간의 기압과 온도가 비슷해지는 거지.

계절풍은 계절에 따라 방향과 성격이 바뀌는 바람이야. 여름에는 바다에서 육지를 향해 불고, 겨울에는 육지에서 바다를 향해 불지. 왜 여름에는 바다에서, 겨울에는 육지에서 바람이 불어오는 걸까?

여름철에 땅과 바다 중 더 빨리 가열되는 곳을 생각해 봐. 여름에는 육지가 바다보다 빨리 데워져. 따라서 여름철에는 육지에서 상승 기류가 발생하고, 바다에서 하강 기류가 발생해. 육지는 저기압, 바다는 고기압이 되는 거야. 그래서 여름철 바람은 바다에서 육지를 향해 불게 되지.

겨울이 되면 가열되었던 땅과 바다가 모두 식는데, 이번에는 육지가 바다보다 빨리 식어. 바다가 상대적으로 따뜻하기 때문에 바다에서는 상승 기류가 발생하고 육지에서는 하강 기류가 발생해. 따라서 바람은 육지에서 바다 쪽으로 불게 된단다.

우리나라는 여름에 태평양 쪽에서 대륙 쪽으로 남풍과 남동풍이 불고, 겨울에는 대륙에서 바다 쪽으로 북서풍이 불어.

여름 계절풍과 겨울 계절풍 여름에는 바다에서 육지로, 겨울에는 육지에서 바다로 계절풍이 불어.

계절풍은 대륙 동쪽의 육지와 바다의 경계 지역에서 뚜렷하게 나타나. 우리나라가 위치한 동아시아, 타이와 베트남 등이 있는 동남아시아, 그리고 인도와 방글라데시가 있는 남아시아 지역처럼 말이야.

계절풍은 영어로 '몬순(monsoon)'이라고 해. 몬순이 부는 동부·동남·남부 아시아 지역을 '몬순 아시아 지역'이라고 불러. 이 지역 사람들은 계절풍과 함께 산다고 할 수 있어. 그리고 계절풍은 많은 사람이 거주하는 이유와 관련이 있지.

계절풍과 벼농사의 찰떡궁합

쌀은 밀, 옥수수와 함께 세계 3대 곡물에 해당해. 쌀은 고온 다습한 기후에서 잘 자라. 벼는 생장 시기에는 고온 다습해야 하지만, 알곡이 영그는 시기에는 비가 적고 일조량이 많아야 해. 이런 조건을 잘 갖춘 곳이 바로 동남아시아 지역이야.

　동남아시아는 겨울철 육지에서 바다 쪽으로 바람이 부는데, 이때가 건기(1년 중 비가 많이 오지 않는 시기)에 해당해. 건기에는 비가 내리지 않는 날이 많고, 우기(1년 중 비가 많이 오는 시기)에 비해 기온이 다소 낮아. 건기에는 우리나라 초여름 정도의 날씨가 나타나는데, 다만 기온은 우리나라 초여름 때보다 더 높단다.

　남반구 쪽으로 갔던 태양이 적도를 넘어 북반구 쪽으로 이동해 오면 우기가 시작돼. 우기에는 땅이 뜨끈뜨끈해지기 시작하면서 기온이 올라가고 소나기가 자주 내려. 열대 지방에서 세차게 퍼붓듯 내리는 소나기를 '스콜(squall)'이라고 하지.

　비가 잦아지면 본격적인 농사철이 시작돼. 타이에서는 이즈음에 송끄란이라는 물 축제가 열려. 사람들은 축복을 기원하는 뜻으로 물 뿌리는 놀이를 해. 해마다 4월 13일부터 15일까지 열리는 송끄란은 우기를 맞으며 한 해 농사의 시작을 알리는 축제야. 송끄란은 타이의 설날이기도 해.

타이의 송끄란 축제 우기가 시작되는 시기에 열리는 송끄란은 농사의 풍요를 기원하는 물 축제야.

　동남아시아 지역은 우리나라보다 벼가 무럭무럭 잘 자라기 때문에

1년에 벼를 두 번 수확하는 이기작이 이루어져. 논밭에 물을 대는 관개 시설을 갖춘 곳에서는 건기에도 벼를 수확할 수 있어 1년에 세 번까지 벼를 수확하기도 해. 아빠는 동남아시아를 여행하면서 본 들판의 색깔을 잊을 수 없어. 초록빛과 황금빛 들판이 동시에 어우러져 있는 모습이 무척 인상적이었단다.

동남아시아를 이끄는 힘, 쌀

쌀은 재배 조건이 까다롭기 때문에 재배할 수 있는 지역이 그리 넓지는 않아. 하지만 밀에 비해 같은 넓이의 땅에서 수확할 수 있는 알곡의

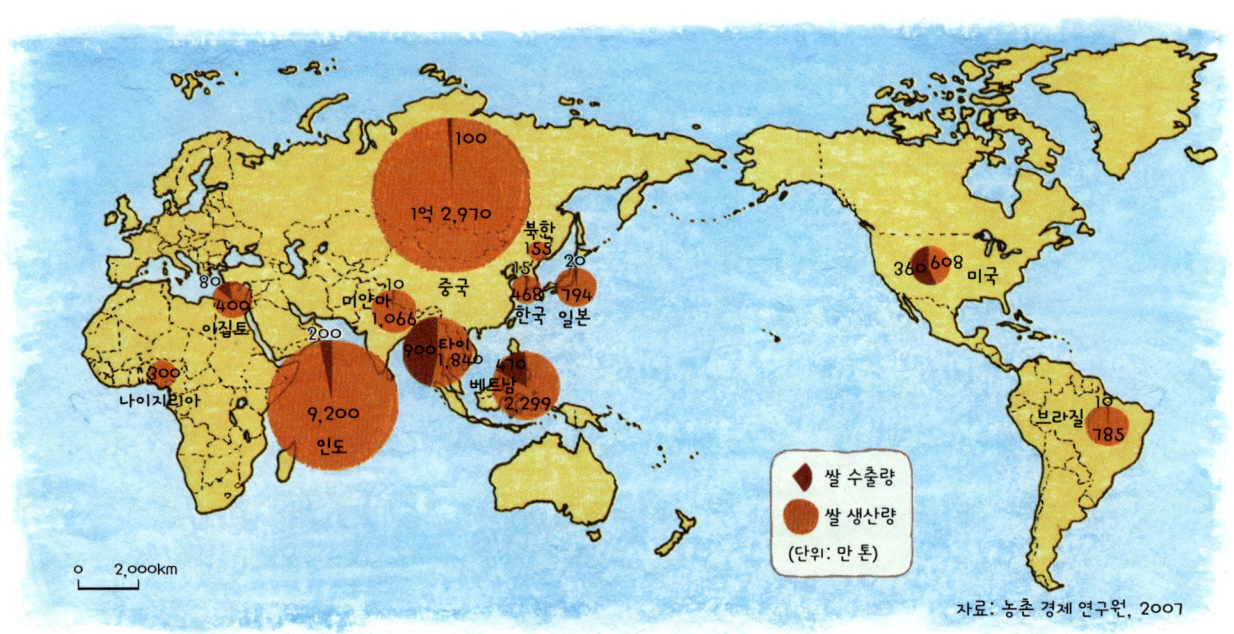

국가별 쌀 생산량 벼농사는 계절풍이 부는 동아시아, 동남아시아, 남아시아 지역에서 활발하게 이루어져.

베트남의 포

타이의 팟타이

인도네시아의 나시고렝

양이 많아서 많은 사람을 먹여 살릴 수 있는 아주 유용한 곡물이야.

동남아시아, 동아시아, 남아시아 등지에서 인구 밀도가 높게 나타나는 것은 쌀의 힘 때문이야. 우리나라 역시 계절풍 덕분에 벼농사가 발달해서 국토 면적에 비해 인구가 많은 편이란다.

동남아시아 사람들도 우리처럼 쌀을 주식으로 해. 우리는 쌀로 밥을 지어 반찬과 함께 먹는 것이 일반적이지만, 동남아시아 사람들은 쌀로 면을 만들어 고기나 채소와 함께 볶아서 먹는 경우가 많아.

아빠가 동남아시아에서 먹어 본 쌀 요리 중에는 인도네시아의 나시

인디카종

자포니카종

고렝, 베트남의 포, 그리고 타이의 팟타이 등이 있어. 고유의 향신료와 재료로 맛을 낸 각 나라의 대표 음식들이지. 최근에 갔던 필리핀의 패스트푸드점에서는 아침 메뉴로 밥과 닭고기를 팔고 있었어. 빵 대신 밥을 이용하여 만든 햄버거도 있었지. 이처럼 동남아시아 사람들은 우리만큼 쌀을 즐겨 먹어.

그런데 동남아시아 사람들이 먹는 쌀은 우리나라 쌀과는 조금 달라. 우리나라 쌀은 찰기가 많은 자포니카종이고, 동남아시아 사람들이 먹는 쌀은 찰기가 적은 인디카종이야. 인디카종은 우리나라 쌀보다 가늘고 길게 생겼지. 종류는 다르지만 둘 다 지역 주민의 삶을 지탱하고 풍요롭게 하는 소중한 식량이자 고마운 자원이란다.

동남아시아 사람들에게 쌀은 먹을거리 이상의 존재이기도 해. 타이 북부와 라오스에 걸쳐 사는 라오족은 쌀을 신으로 간주하고, 벼농사하는 행위를 종교적인 차원으로 받아들이고 있어.

근대 문명의 시작, 서유럽

이제 시선을 돌려 유럽 쪽으로 가 볼까? 동남아시아뿐 아니라 서유럽에도 많은 사람이 살고 있어.

서유럽은 어디를 말할까? 보통 유럽을 나눌 때 알프스 산맥을 기준으로 북쪽은 서유럽과 북유럽이라고 하고, 그 남쪽은 남유럽, 동쪽은 동유럽이라고 해. 알프스 산맥의 북쪽 지역 중 스칸디나비아 반도 등을 제외한 지역을 서유럽이라고 할 수 있어.

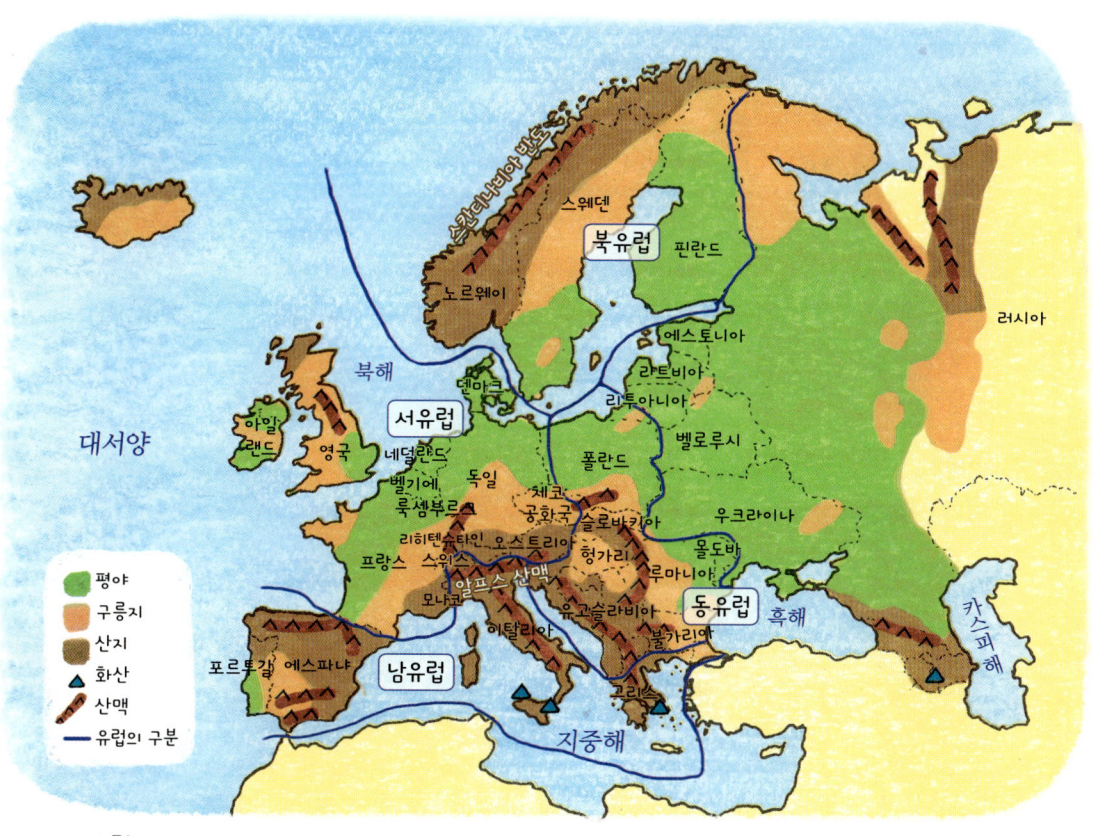

유럽의 여러 나라

2 풍요로운 땅의 사람들 85

서유럽에는 영국, 프랑스, 독일 등 영토가 비교적 넓은 나라와 네덜란드, 벨기에, 룩셈부르크 등 작은 나라가 있어. 알프스 산지에 위치한 스위스와 오스트리아도 서유럽에 속하지.

세계에서 서유럽이 차지하는 면적은 넓지 않지만, 인류에게 미친 영향은 막대해. 근대 문명을 이루는 산업 혁명과 시민 혁명이 서유럽에서 시작되었거든. 영국에서 시작된 산업 혁명은 대량 생산을 가능하게 했고, 그 결과 자본주의를 탄생시켰어. 또한 영국의 명예 혁명과 프랑스 혁명은 신분 사회를 무너뜨리고 자유와 평등을 누릴 수 있는 사회로 나아갈 수 있게 했지.

서유럽의 자연환경은 어떨까?

서유럽은 유럽 대평원을 끼고 있어. 대서양과 북해 연안 지역은 평야로 이루어져 있고, 남쪽의 알프스 산지를 향해 가면서 구릉지가 나타나. 구릉지는 산지와 평지의 중간 형태인 지형을 말해. 서유럽은 전체적으로 사람들이 농사를 짓고 산업 활동을 하며 살기에 좋은 지형 조건을 갖추고 있어.

서유럽의 자연환경에서 주목해야 할 것은 기후야. 서유럽은 우리나라와 같이 사계절이 뚜렷한 온대 기후 지역이란다. 하지만 우리나라와 달리 연중 강수량이 고르고, 여름철과 겨울철의 기온 차도 작은 편이지.

서유럽은 '서안 해양성 기후'가 나타나는데, 이 기후는 편서풍의 영향을 크게 받아. 편서풍은 중위도 지역에서 1년 내내 서에서 동으로 부는 바람이야. 편서풍은 바다에서 불어오기 때문에 온화하면서 습도가 높아.

서유럽의 기후가 온화한 데는 북아메리카의 멕시코 만에서 시작되어 북동쪽을 향해 흐르는 북대서양 해류의 영향도 매우 커. 따뜻한 북대서양 해류가 흐르고 편서풍이 불기 때문에 영국과 프랑스는 위도가 높음에도 겨울철 기온이 우리나라보다 7~8°C 정도 높단다. 서유럽은 바다에서 불어오는 편서풍 때문에 연중 비가 고르게 내려. 서유럽에서는 맑고 화창한 날이 적기 때문에 사람들은 해만 나면 일광욕을 즐겨. 맑은 날 공원이나 강둑을 산책하다 보면, 윗옷을 벗고 풀밭에 누워 있는 사람들을 흔히 볼 수 있어.

서유럽에는 초원이 많아. 이 지역의 연중 온난 습윤한 기후는 풀이 자라기에 유리해. 땅의 많은 부분이 풀로 덮여 있어서 신발에 흙이 묻지 않을 정도야. 그래서 서유럽 사람들은 집 안에서도 신발을 신은 채 생활하지. 영국의 스코틀랜드 지역에서는 넓은 초원 위에서 하는 운동인 골프가 발달했어. 이 밖에 축구, 크리켓, 테니스 같은 운동 경기도 초원이 많은 영국에서 시작되었다고 해.

서유럽은 1년 내내 비가 고루 내려서 풀이 자라기에는 좋지만, 일조량이 부족해서 곡물 농사를 짓는 데는 다소 불리해. 우리나라에서 재배하는 벼를 서유럽에 심는다면 질 좋은 쌀을 수확하기 어려워. 서유럽에서는 서늘한 기후에 잘 견디는 밀과 보리 등을 재배하고, 풍부한 풀을 이용해 소나 양을 길러. 이처럼 곡물 농사와 가축 사육을 함께 하는 것을 '혼합 농업'이라고 해.

서유럽의 혼합 농업 곡물 농사와 가축 사육을 함께 하는 혼합 농업은 서유럽의 대표적인 농목업 형태야.

　서유럽에서는 가축을 많이 사육했기 때문에 일찍이 육식 문화가 발달했어. 우리나라는 가축을 뜻하는 단어와 고기를 뜻하는 단어를 따로 쓰지 않지만, 영국에서는 cow/beef(소/소고기), pig/pork(돼지/돼지고기), sheep/mutton(양/양고기)과 같이 가축과 식용 고기를 가리키는 단어가 달라. 그만큼 육식 문화가 발달했다는 이야기야.

　서유럽 사람들의 식탁을 보면, 대체로 접시에 고기가 올려져 있고 접시 옆에 칼과 포크가 놓여 있어. 이처럼 그 지역 사람들의 식사와 식사 도구는 해당 지역의 기후와 밀접한 관련이 있단다.

서유럽의 고풍스러운 도시 경관

고대 유럽의 건축물 중에는 위풍당당한 모습을 지닌 유적이 많아. 검투사들의 삶과 죽음의 공간이었던 콜로세움, 전쟁에서의 승리를 기리기 위해 세운 개선문, 로마의 신들을 모시기 위해 지은 판테온이 대표적이야.

고대 유럽의 문명은 그리스와 이탈리아 등지의 남유럽을 중심으로

이탈리아 로마의 판테온

프랑스 파리의 개선문

독일 쾰른의 쾰른 대성당

이탈리아 로마의 콜로세움

발달했지만, 이 지역에서 발달한 건축 및 토목 기술은 서유럽에도 전파되었어. 고대 로마의 정치가 율리우스 카이사르가 정복한 갈리아 지방(오늘날의 프랑스, 벨기에, 스위스, 독일 등)은 물론 멀리 바다 건너 영국까지 뛰어난 건축술이 전해졌단다.

당시에 로마인들이 만든 도로는 오늘날의 도로에 견주어도 손색이 없을 정도로 견고해. 특히 도시에 수돗물을 공급하기 위해 만든 수도교는 실용성을 갖춘 토목 시설이면서 로마 문명의 위대함을 보여 주는 예술품이란다.

중세 유럽에는 도시를 둘러싼 성이 곳곳에 만들어지고, 그 성 안에 교회 같은 공공건물과 영주 및 기사들이 거주하는 건물들이 세워졌어. 특히 교회는 도시의 중심에 위치하면서 웅대하고 멋진 위용을 과시했지.

우리나라는 특정 지역을 제외하고는 오래된 건물이 그리 많지 않아. 옛 도읍이던 서울, 경주, 공주, 부여 등지에서만 역사의 향기를 조

금 느낄 수 있을 따름이야. 반면 유럽의 도시는 번화가에도 중세의 성곽과 근대의 건축물이 옛 모습 그대로 잘 보전되어 있어. 건물의 벽과 벽 사이의 거미줄 같은 전차선과 도로에 깔린 포석들을 보면 현대 도시에서는 느끼기 어려운 고풍스러운 아름다움을 느낄 수 있단다.

유럽의 건물들이 오늘날까지 옛 양식을 간직할 수 있었던 이유는 무엇일까? 이는 건축 소재와 밀접한 관련이 있어. 우리나라에서는 전통 가옥 재료로 흙이나 나무를 많이 사용했지만, 유럽에서는 돌을 많이 사용했어. 돌은 다루기는 어려워도 풍화에 잘 견디는 소재이기 때문에 쉽게 부식되지 않아. 그래서 유럽의 건축물들은 원형을 잘 간직한 경우가 많단다.

유럽을 여행하게 된다면 오래된 성이나 성당, 고택, 미술관, 박물관 등을 잘 둘러보렴. 오랜 역사를 간직한 아름다운 건축물에서 유럽의 문명이 만들어 낸 향기를 충분히 느낄 수 있을 거야.

유럽을 풍요롭게 만든 수운

런던 브리지와 템스 강

영국 런던에는 템스 강이 흐르고, 런던 브리지가 있다. 런던 브리지는 다리 상판의 일부를 들어 올릴 수 있다. 이는 과거 템스 강의 수운이 활발했음을 의미한다. 수운이란 하천이나 강의 물길을 따라 사람이나 물건을 실어 나르는 일이다.

상판을 들어 올린 런던 브리지

  런던의 템스 강변에 '○○워프(-wharf)'라는 지명이 많은 것도 이 때문이다. 워프란 배를 댈 수 있는 '부두'를 의미한다.

  알프스 산지에서 시작되어 독일과 네덜란드를 통과한 후 북해로 빠져나가는 라인 강에서도 수운이 활발하게 이용된다. 라인 강에서는 작은 부두와 여러 크기의 화물선이 지나다니는 모습을 쉽게 볼 수 있다.

서유럽에서 이와 같이 수운이 발달한 것은 지역의 기후 환경과 밀접한 관련이 있다. 서안 해양성 기후는 연중 강수량이 고르기 때문에 하천의 유량도 일정한 편이다. 따라서 일찍이 하천을 이용한 수운이 발달했으며, 라인 강 하류 지역에서는 이를 이용해 공업이 발달하기도 했다.

서유럽의 하천은 대체로 남쪽에서 북쪽을 향해 흐른다. 남쪽이 북쪽보다 해발 고도가 높기 때문이다. 남쪽의 알프스 산지에서 발원한 하천은 북유럽 평원을 거쳐 북해로 흘러든다.

이들 하천에 건설된 운하는 화물 수송에 큰 역할을 하는 것은 물론, 오늘날 관광 목적으로도 사용되고 있다.

라인 강에 위치한 항구의 모습

지금 사는 곳도 변하고 있어

거주 공간의 변화

아빠는 오래전 타이를 방문한 적이 있어. '북방의 꽃'이라 불리는 치앙마이 여행을 마치고, 방콕으로 돌아가는 길에 수코타이에 들렀단다. 13세기 무렵 번성했던 타이족 최초의 통일 국가였던 수코타이 왕국의 모습이 어떠했는지 보고 싶었거든.

건기인데도 수코타이는 지독하게 더웠어. 그래서 아침 일찍 서둘러 수코타이 유적을 감상하기로 했어. 유적지가 워낙 넓어 자전거를 타고 다녔지. 한적한 유적지를 자전거로 돌아보는 경험은 타이 여행 중 최고의 선물이었어.

방콕의 분주함과 화려함, 치앙마이의 소박함과 꽃들이 만발한 풍경도 좋았지만, 수코타이 유적의 아련함이 아직도 마음에 남아 있어. 수코타이 유적은 약간 방치되어 있는 듯했어. 우리는 문화재가 훼손되면 옛 모습대로 복원하려고 하는 편인데, 타이는 폐허를 그대로 보존하더구나.

수코타이의 유적

　폐허가 된 유적지를 둘러보면서 아빠는 생각했어. 오래전 이곳도 화려하고 번창한 한 왕국의 중심지였을 텐데 이제는 모든 것이 사라져 버렸구나 하는 생각에 조금 씁쓸했지.

　이처럼 인류의 거주 공간은 오랜 세월 속에서 끊임없이 변해 왔어. 세계 곳곳에는 많은 사람이 살다가 흔적만 남기고 사라진 곳, 사람이 살지 않다가 나중에 사람들이 터를 잡고 살아가게 된 곳이 많단다.

　아프리카 대륙 알제리 남부에 위치한 타실리 나제르 고원은 달의 표면과 같은 모습을 지닌 곳이야. 사하라 사막 한가운데 위치하여 연중 강렬한 태양 볕이 내리쬐고 거센 바람이 불어. 그래서 사람이 거주하기 어려운 것은 물론, 풀 한 포기도 자라기 힘든 곳이지. 그런데 이곳에서 선사 시대의 것으로 추정되는 암벽화가 발견되었어.

2 풍요로운 땅의 사람들　95

1만 5,000여 점의 암벽화 가운데 가장 오래된 것은 지금으로부터 약 8,000년 전에 만들어진 것으로 추정돼. 암벽화에는 코끼리, 물소, 하마, 기린, 영양 등이 등장하는데, 이들은 오늘날의 사하라 사막에서는 찾아볼 수 없는 동물들이야. 그래서 고고학자들은 과거 알제리 남부 지역과 사하라 사막 일대에 열대 초원이 펼쳐졌을 거라고 보았단다.

암벽화에는 야생 동물과 가축뿐 아니라 사람의 모습도 담겨 있어. 암벽화를 그린 이들은 사하라 사막이 열대 초원이었던 시절 그곳에서 유목과 채집을 하며 살아가다가 기후 변화로 인해 사하라 남쪽 지역으로 이동한 반투족으로 추정돼.

타실리 나제르 고원 알제리 북동쪽에 위치한 해발 고도 1,500~2,000m의 고원이야. 선사 시대의 유적과 암벽화가 있는 곳으로 알려져 있어.

타실리 나제르 고원의 암벽화 타실리 나제르 고원의 동굴에는 오래전 사하라 사막이 습윤했던 무렵에 반투족이 그린 것으로 추정되는 그림이 있어.

과거 사하라 사막에 열대 초원이 형성되었던 이유는 아직 정확히 밝혀지지 않았어. 하지만 기후 변화가 인간 생활에 많은 영향을 미친다는 사실만은 암벽화를 통해 다시 한 번 확인할 수 있었지. 오늘날의 사하라 사막 기후에서는 대부분의 생명체가 살지 못하니까 말이야.

춤추는 기후

지질 시대는 지구가 만들어진 이후부터 오늘날까지의 시대를 뜻해. 크게 선캄브리아대, 고생대, 중생대, 신생대로 나뉘는데, 현재 우리는 신생대에 살고 있어. 신생대는 약 6,500만 년 전부터 현재까지의

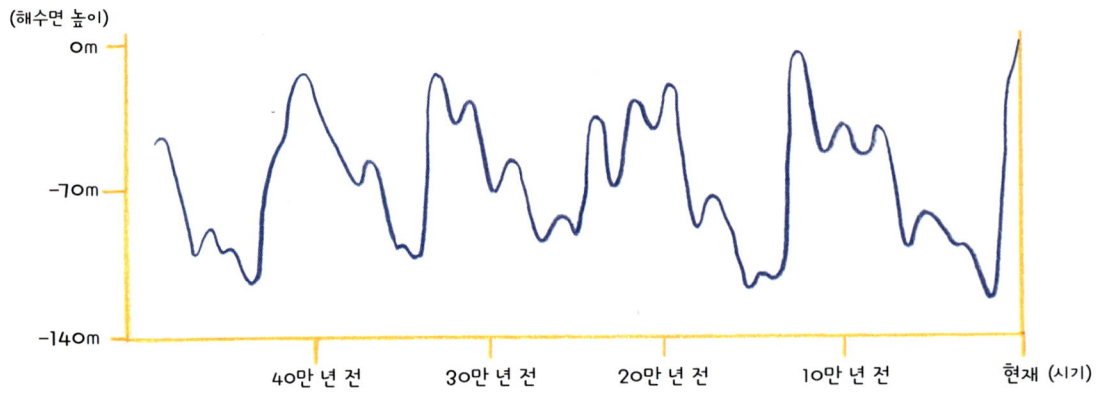

신생대 제4기의 해수면 변동

시대를 말해. 그 가운데서 우리가 살아가고 있는 시기는 신생대 제4기란다.

그래프는 신생대 제4기에 이루어진 해수면 변동을 보여 주고 있어. 기온이 올라가면 빙하가 녹으면서 해수면이 상승하고, 기온이 내려가면 물이 빙하로 바뀌면서 해수면이 하강하지. 현재의 해수면을 0m로 본다면, 지구의 기온이 많이 내려갔을 때는 해수면이 100m 이상까지 내려간 거야.

지구의 기온이 내려갔던 시기를 빙기라고 하고, 기온이 오늘날과 비슷하게 높은 시기를 간빙기라고 해. 앞으로 빙기가 다시 올지 안 올지 모르니까 오늘날은 흔히 후빙기라고 말하기도 하지. 빙기와 간빙기의 반복은 해수면의 변동을 가져오고 지형의 형성에도 큰 영향을 미쳤어.

기후 변화는 후빙기 안에서도 나타나고 있어. 지난 천 년 동안의 기온 변화를 살펴보면, 작은 폭이지만 기온이 계속 오르내렸지. 중세에는 기온이 다소 높았던 온난기였고, 오늘날도 20세기 평균 기온보다는 기온이 높아.

중세 온난기가 끝난 뒤에는 소빙기가 펼쳐졌어. 소빙기란 후빙기 중에서 기온이 다소 낮았던 시기를 가리켜. 중세 온난기와 소빙기의 기온 변화는 이상 기후를 가져와 사람들의 생활에 큰 영향을 미쳤어.

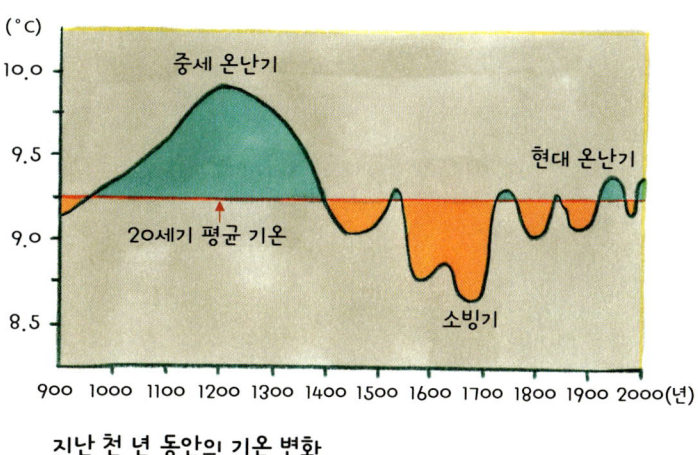

지난 천 년 동안의 기온 변화

우리나라 역사 기록에도 이 시기의 모습이 남겨져 있어. 조선 시대의 역사적 사실을 기록한 《조선왕조실록》에는 소빙기에 해당하는 1670년의 상황이 다음과 같이 적혀 있어.

> 7월에도 우박 세례를 포함해 서리와 눈이 내렸다. 추수를 앞둔 작물이 죄다 말라죽었고, 함경도 쪽의 피해가 특히 심했다. 오랫동안 비가 올 때 날이 개기를 바라는 의미로 지내는 제사인 영제(禜祭)를 지냈는데도, 폭우와 강풍을 동반한 초대형 태풍이 제주도와 경상도 남해안 일대를 휩쓸었다.

기록을 보면 1670년은 기상 이변으로 흉년이 들고 역병이 도는 등 온통 난리가 났다는 걸 알 수 있어. 이와 같이 기후는 인간의 생활에 매우 큰 영향을 준단다.

생존을 위협하는 기후 변화

최근 지구의 기후 환경 변화는 지구 온난화 현상을 통해 설명할 수 있어. 산업화의 영향으로 화석 연료인 석유와 석탄을 지나치게 사용하고, 열대림 등의 숲이 파괴되면서 대기의 이산화탄소 농도가 높아졌어. 지구의 기온이 올라가면 생태계에 큰 변화가 나타나고, 사람들도 직접적인 피해를 입게 돼.

남태평양의 섬 투발루에서는 해수면 상승으로 땅이 바다에 잠기면서 사람들이 삶터를 잃게 되었어. 지구의 기온이 올라가면서 극빙하와 산지 빙하가 녹고, 빙하가 녹은 물이 바다로 흘러들어 해수면이 높아진 거지. 특히 태평양과 인도양 등지에 위치한 산호초로 이루어진 나라는 국토가 바닷물에 잠길 위험이 더욱 크단다.

지구 온난화로 녹아내리는 빙하

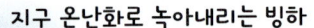

우리나라 사람들은 지구 온난화가 미치는 영향을 아직까지 크게 느끼지 못하고 살지만, 투발루 사람들에게 지구 온난화 현상은 삶과 죽음의 문제야. 그들은 석유와 석탄을 많이 사용하지 않아서 지구 온난화에 대한 책임이 별로 없어. 그런데도 삶터를 잃게 된 것은 참으로 슬픈 일이야.

과학자들에 따르면, 50년이나 100년 뒤에는 투발루가 지구 상에서 완전히 사라질 거라고 해. 투발루 국민의 일부는 인근 국가인 뉴질랜드로 이주하기도 했지만, 이주 절차와 조건이 까다로워 아직 떠나지 못한 사람이 더 많아. 이들은 지금도 점점 가라앉고 있는 땅 위에서 위태롭게 살아가고 있어.

한편 기후 변화로 인해 물이 줄어들면서 고통을

해수면 상승으로 국토가 잠길 위기에 처한 투발루

겪는 사람들도 있어. 아프리카 서남부에 위치한 차드 호는 세계에서 여섯 번째로 큰 호수였지만, 지난 30~40년 동안 지속된 가뭄으로 호수의 면적이 원래 면적의 5% 정도로 줄어들었어. '차드'라는 말은 현지어로 '넓디넓은 수면'이라는 뜻인데, 그 이름은 이제 차드 호에 어울리지 않게 된 거지.

차드 호의 변화는 지역 주민들의 삶에 닥친 커다란 재앙이야. 호수가 축소되면서 물의 염분 농도가 높아져 물고기들이 죽어 가고 있거든. 이 때문에 호수에서 물고기를 잡으며 살던 사람들은 생계를 잃게 되었어. 호수와 호수로 흘러드는 강이 말라 버리면서 농업과 목축업도 점차 어려워지고 있어. 차드 호의 변화로 생존에 위협을 받고 있는 사람이 무려 3,000만 명이나 된다고 하니 정말 안타까운 일이야. 이처럼 지구촌 곳곳은 급격한 기후 변화로 몸살을 앓고 있단다.

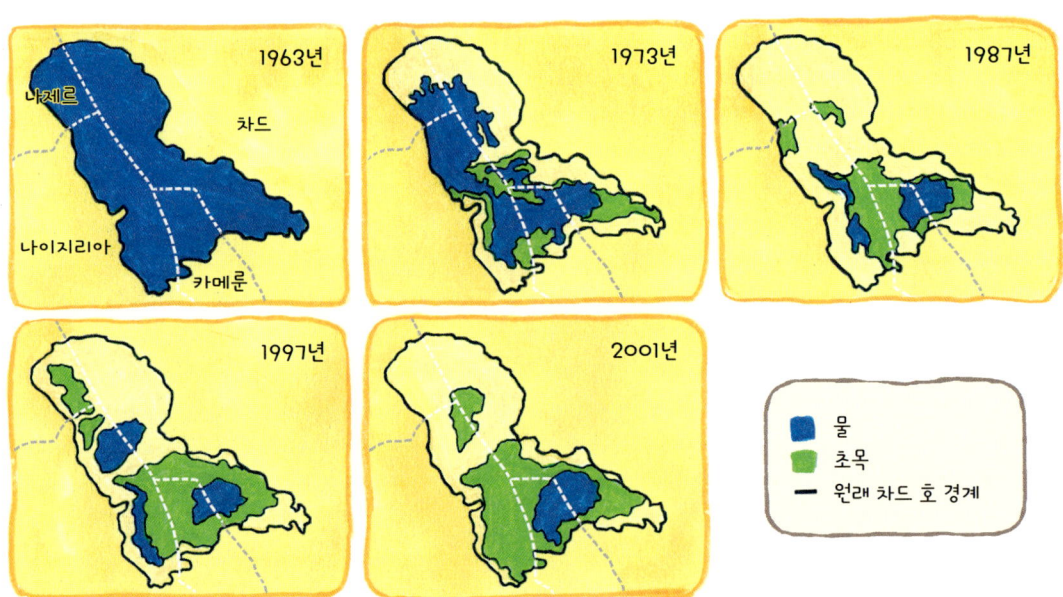

사라져 가고 있는 차드 호 사헬 지대에 위치한 차드 호는 가뭄이 지속되면서 원래 면적의 5% 정도로 줄어들었어.

숲이 파괴되면 문명도 파괴돼

혹시 삼나무가 그려진 국기를 본 적 있니? 바로 레바논의 국기야. 서남아시아에 위치한 레바논은 지중해를 접하고 있는 나라야.

레바논을 포함하여 시리아, 이스라엘 북부 지역에는 페니키아라는 고대 국가가 있었어. 페니키아는 해상 무역으로 힘을 떨쳤어. 페니키아 사람들은 주변에 무성한 삼나무를 이용해 배를 만들고, 삼나무를 이집트와 팔레스타인 등지로 수출하기도 했지. 이집트에

레바논 지도에 그린 국기 이미지

서 파라오의 관을 짜거나 이스라엘에서 궁전을 지을 때도 페니키아의 삼나무를 사용했어.

그런데 번영하던 페니키아의 도시들은 언젠가부터 점점 쇠퇴하고 말았어. 그 이유가 뭘까? 사람들이 무분별하게 나무를 베었기 때문이야. 페니키아의 도시들이 멸망한 뒤에도 레바논의 삼나무는 다양한 이유로 벌채되었어. 20세기에 들어와서는 삼나무가 철도 건설에 사용되기 시작했어. 철도가 길어질수록 레바논의 삼나무는 사라져 갔지. 만약 삼나무가 잘 보전되어 있었다면, 레바논은 지금보다 훨씬 더 풍요로운 땅이 되었을지도 몰라.

숲의 파괴로 문명이 사라진 곳 중 하나는 이스터 섬이야. 칠레 서쪽

의 남태평양에 위치한 이스터 섬에는 거대한 석상인 모아이 상들이 줄지어 서 있어. 그런데 이스터 섬의 문명을 파괴한 것이 바로 이 모아이 상이야. 모아이 상은 섬의 지배자들이 자신의 힘을 과시하기 위해 만든

것인데, 이를 만드는 과정에서 나무가 엄청나게 잘려 나갔거든. 나무를 수레의 바퀴처럼 사용하여 거대한 바위들을 옮겼던 거지. 모아이 상이 하나씩 늘수록 숲은 파괴되었고, 숲의 파괴로 토양도 황폐해졌어. 토양이 척박해져 농업이 어려워지면서 이스터 섬 안에는 인구가 줄고 문명도 사라지게 되었지.

그동안 모아이 상은 하체가 없는 것으로 알려졌는데, 최근엔 감춰졌던 긴 다리가 발견되었어. 오랫동안 다리 부분이 흙에 파묻혀 있었던 거야. 전문가들은 숲이 파괴되면서 흙이 쓸려 내려가고, 그로 인해 석상의 하반신이 흙에 파묻힌 거라고 설명해. 흙이 많이 쌓였다는 것은 홍수가 끊이지 않았다는 것을 의미한단다.

이스터 섬의 모아이 상 이스터 섬의 숲은 모아이 상을 만드는 과정에서 파괴되었어.

척박한 땅에서 삶을 가꾼 사람들

덴마크는 스칸디나비아 반도를 향해 펜촉처럼 솟아 나온 반도와 여러 섬으로 이루어진 나라야. 우리에겐 동화 작가 안데르센의 나라로 친숙한 덴마크는 스칸디나비아 반도의 여러 국가와 함께 세계 최고 수준의 복지를 자랑해.

덴마크는 과거에 빙하로 덮여 있던 곳이라 땅이 매우 척박했어. 한때 주변 지

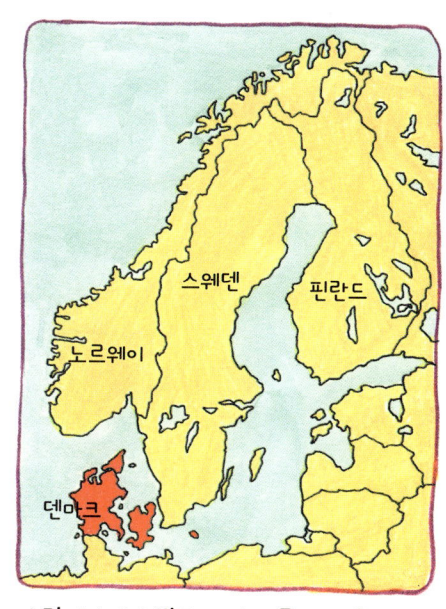

스칸디나비아 반도의 여러 국가와 덴마크

2 풍요로운 땅의 사람들 105

덴마크의 아름다운 농장

역을 점령해 나가면서 북유럽 지역을 호령한 적도 있지만, 19세기 중엽 프로이센과의 전쟁에서 패배한 뒤 비옥한 땅인 슐레스비히-홀슈타인 지역을 빼앗겼지. 이 때문에 국민들의 마음은 크게 위축되었어.

　국민들이 좌절에 빠져 있을 때 그룬트비히 목사는 "밖에서 잃은 것을 안에서 찾자."라고 주장하면서, 조국 덴마크에 대한 사랑을 강조하는 국민 운동을 펼쳤단다. 엔리코 달가스라는 사람도 뜻을 모아 협회를 만들고 사람들과 함께 황무지에 나무를 심기 시작했어. 차가운 바람과 척박한 토질 때문에 나무를 심는 건 생각보다 쉽지 않았어. 하지만 달가스는 13년 동안 끊임없이 나무를 심어 마침내 덴마크에 270만 평의 숲을 일구어 냈어.

　척박했던 국토가 숲으로 채워지면서 덴마크는 변하기 시작했어.

메마른 땅이던 덴마크는 푸른 숲이 우거진 낙농 국가로 성장해 나갔어. 덴마크 국민들은 젖소를 키우고 우유를 가공해서 버터와 치즈를 만들었어. 그리고 그것을 주변의 잘사는 이웃 국가에 팔았어. 그 결과 덴마크는 풍요로운 농업 강국으로 성장할 수 있었단다.

이번엔 중국의 경우를 살펴볼까? 중국 서부 지역은 높은 산지가 많은 곳으로 알려져 있지만, 신장웨이우얼 자치구의 투루판 분지는 사해 지역에 이어 세계에서 두 번째로 해발 고도가 낮은 곳이야. 바다에서 멀리 떨어진 곳이기 때문에 사막이 펼쳐지고, 연교차가 매우 커 사람들이 살기 힘든 곳이지.

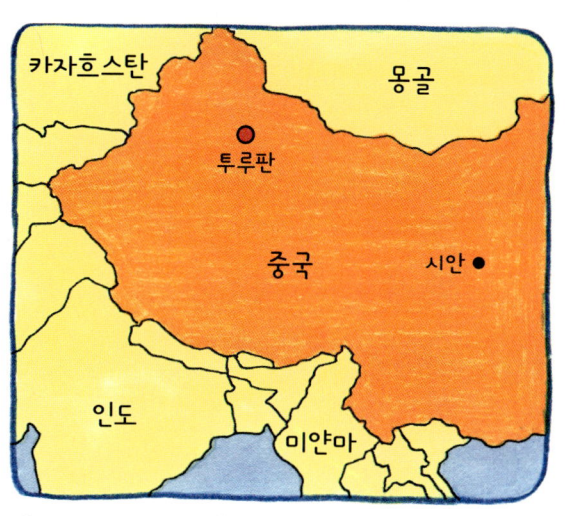

중국 서부의 투루판 분지

투루판 분지에서는 옛날 실크로드를 오가는 상인들이 머물렀던 오아시스 도시들이 발달했어. 또한 이곳은 기원전 2세기에서 14세기까지 번영했다가 멸망해 버린 교하국의 옛터이기도 해.

투루판 분지에서는 여름철 가마솥 더위가 나타나. 이 지역에는 불꽃을 의미하는 화염산(火焰山)이 있는데, 《서유기》에서 주인공 손오공이 엉덩이를 덴 곳으로 알려져 있어. 하지만 이곳은 위도가 높고 바다가 멀기 때문에 겨울철엔 혹독한 추위가 찾아오지.

투루판 분지에서는 주로 밀과 보리 농사가 이루어져. 또한 이 지역

투루판 분지에서 재배되고 있는 청포도

하미과

에는 포도 농장이 많아. 투루판 분지의 청포도는 풍부한 일조량 덕분에 세계 어느 과일보다도 당도가 높단다. 이곳에서 청포도만큼 유명한 과일이 하미과인데, 하미과는 멜론 혹은 수박과 비슷하게 생겼어. 하미과 역시 풍부한 일조량 덕분에 매우 달콤해.

투루판 사람들은 칸얼징이라고 하는 지하 수로를 통해 물을 얻어. 이웃한 톈산 산맥의 만년설이 녹아 흘러내린 물을 사람들이 사는 곳까지 지하 수로를 통해 끌어오는 거지.

투루판 분지의 화염산

투루판 사람들이 칸얼징을 만드는 데는 천 년 이상의 세월이 걸렸어. 칸얼징 중 규모가 큰 곳은 수로 안을 사람들이 걸어 다닐 수 있고, 한여름에도 서늘한 기운이 돌 정도로 시원하단다. 칸얼징의 수로에 톈산 산맥의 눈이 녹은 물이 흐르기 때문이지. 사람들은 이 물을 이용해 포도와 하미과를 재배하고, 밀과 보리 농사를 짓는단다. 척박한 환경을 극복한 성공 사례라고 할 수 있지.

투루판의 지하 관개 수로인 칸얼징

투루판 칸얼징 물 박물관의 모형

뉴질랜드의 초원 이야기

아빠, 제 친구가 다음 주에 뉴질랜드로 이민을 간대요. 앞으로 자기가 살 동네라면서 사진을 보여 줬는데, 드넓은 초원이 참 멋지더라고요. 그래서 뉴질랜드가 궁금해졌어요. 뉴질랜드는 어떤 나라예요?

그렇구나. 뉴질랜드는 남반구의 오스트레일리아 동쪽에 위치한 작은 나라야. 이 나라는 사람보다 소와 양이 더 많아. 그래서 낙농업과 관광업이 아주 발달한 반면, 제조업 발달은 미약해. 뉴질랜드 사람들이 청정한 환경을 보전하기 위해 제조업 발달에 힘쓰지 않았기 때문이기도 하지.

그럼 뉴질랜드는 자연환경이 잘 보호되어 있겠어요. 넓게 펼쳐진 초원을 보면 그런 것 같아요.

뉴질랜드는 소와 양을 많이 사육하기 때문에 국토의 곳곳이 초원으로 이루어져 있어. 그런데 뉴질랜드는 원래 삼림으로 덮인 나라였어. 오래전 영국 등지에서 이민 온 사람들이 정착해 농목업을 하면서 일부러 초원으로 만든 거야.

흠, 그렇다면 초원을 만든 게 오히려 자연환경을 파괴한 것일 수도 있겠네요.

글쎄, 뉴질랜드의 이러한 역사를 두고 사람들은 서로 의견이 달라. 어떤 이들은 뉴질랜드 사람들이 자연을 개척해 자신들의 삶에 알맞게 이용하고 있다고 주장해. 반면 뉴질랜드의 삼림 파괴야말로 자연환경을 인위적으로 훼손한 대표적 사례라고 말하는 이들도 있어.

두 의견 다 그럴듯해요. 아빠 생각은 어떠세요?

아빠도 두 의견 다 일리가 있다고 생각해. 무엇보다 뉴질랜드 사람들이 초원을 만들기 위해 많은 땀을 흘렸고, 지금까지 청정한 환경을 잘 유지하며 사는 건 분명 대단한 일이야.

3 극한의 땅에 사는 사람들

다양한 생명의 땅, 열대 우림 지역

덥고 메마른 땅, 건조 지역

혹독한 추위의 땅, 툰드라 지역

다양한 생명의 땅, 열대 우림 지역

열대 우림 지역에서의 생활

인도네시아를 여행할 때였어. 어느 날 아침 조깅을 하면서 숙소 근처 동네를 둘러보고 있었지. 그런데 7시를 조금 넘은 이른 시간에 초등학생들이 학교에 가고 있는 거야. 호기심이 생겨 아이들을 따라가 봤지. 교실 창문을 넘겨다보니 곧 수업이 시작될 분위기였어. 그 모습에 '와, 아이들이 이렇게 일찍 학교에 가다니, 인도네시아도 교육열이 대단하구나!' 하고 생각했지. 그런데 서너 시간쯤 지나니 수업을 마친 아이들이 거리에 가득한 거야. 12시도 안 된 시각이었는데 말이지. '아니, 여기 아이들은 왜 이렇게 일찍 집으로 돌아갈까?' 하고 곰곰이 생각해 보니 학교의 일과 시간이 지역의 기후 환경을 반영했던 거야. 더워지기 전 아침 일찍 수업을 시작해서 한낮이 되기 전에 마치는 거지.

  적도 가까이에 위치한 인도네시아는 태양 에너지를 많이 받아 뜨거운 열대 우림 기후가 나타나. 1년 내내 기온이 높고 습한 날씨가 되풀이되지.

열대 우림 기후 지역은 지도에서 쉽게 찾을 수 있어. 세계 지도에서 적도를 찾고, 이를 중심으로 보면 열대 우림 기후 지역이 있지. 열대 우림 기후가 나타나는 지역은 세계에서 크게 세 곳 정도야. 아프리카 대륙에서는 콩고 분지 일대, 동남아시아에서는 말레이시아와 인도네시아, 아메리카 대륙에서는 아마존 유역 일대야. 기니 만 연안과 파푸아뉴기니, 중앙아메리카 등지에서도 나타나지만 그 범위는 넓지 않아.

열대 우림 기후 지역의 일기 예보는 매일 비슷해. '아침 기온은 24~25°C, 최고 기온은 31~33°C, 때에 따라 흐리고 오후 한때 소나기!' 이렇게 말이야. 열대 우림 기후 지역에서는 계절 변화가 거의 없기 때문에 매일 비슷한 날씨가 반복적으로 나타나. 오히려 하루 동안의 날씨 변화가 한 해의 기후 변화보다도 더 크단다.

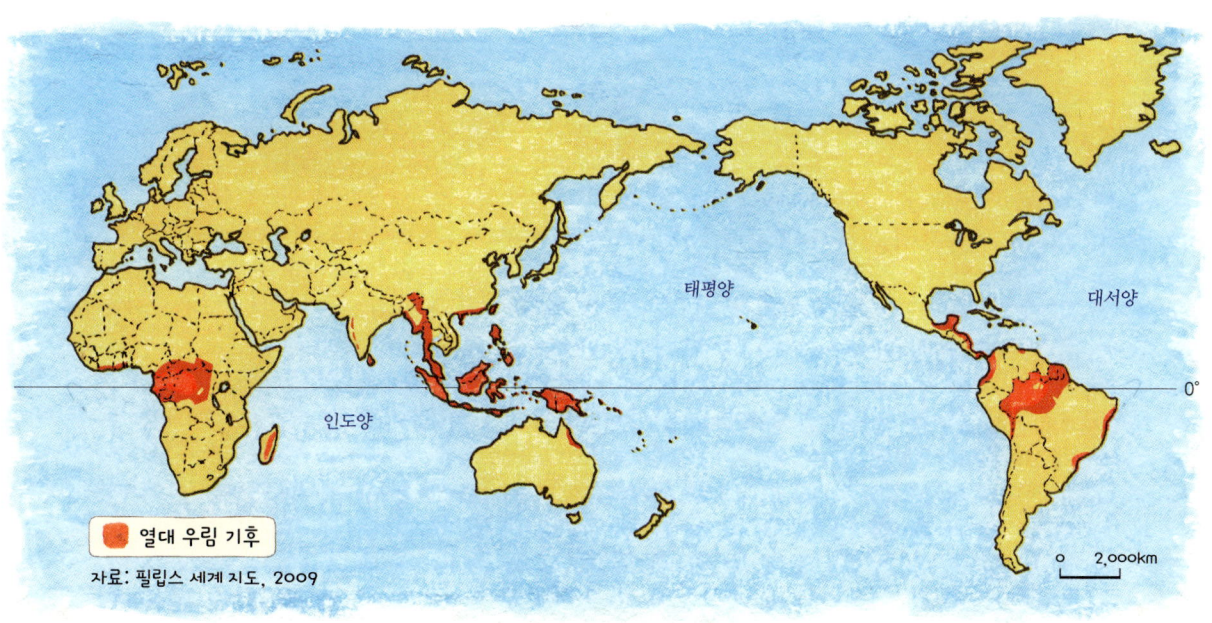

열대 우림 기후의 분포 열대 우림 기후는 연중 태양의 고도가 가장 높은 적도 지역을 중심으로 분포해.

하루 동안의 날씨 변화를 살펴보면, 우선 해가 떠오르기 전에는 제법 선선해. 아침 9시 정도가 되면 햇볕이 무척 강해지고 기온도 많이 올라가. 오후 2~3시까지 기온이 계속 상승했다가, 점차 햇볕이 약해지면서 기온이 조금씩 내려가고, 밤이 되면 땀이 조금 잦아들 정도가 된단다.

적도 지역에서는 땅이 뜨겁게 가열되어 수분이 증발하고, 증발한 수증기가 구름을 만들지. 그래서 스콜이 거의 매일 내려. 대개 오후 2~4시 사이에 내리는데, 이 시간대에 상승 기류가 가장 활발하게 발생하기 때문이야. 스콜은 저녁이나 밤에 내릴 때도 있어. 비의 양도 그때그때 다르지. 스콜의 빗발은 매우 강하고 차갑기 때문에 사람들은 비가 내릴 때는 밖에 잘 나가지 않아. 하지만 아무리 비가 많이 내

스콜의 발생 원리 스콜은 태양 에너지에 땅이 가열되면서 비구름이 형성되어 짧은 시간에 세차게 내려.

렸다 해도 그치고 나면 땅이 금세 말라 버린단다. 햇볕이 그만큼 강렬하기 때문이야.

열대 우림 지역의 모습은?

아프리카 대륙의 콩고 강 유역에 펼쳐진 열대 우림을 정글이라고 하고, 아마존 강 유역의 열대 우림을 셀바스라고 해. 정글이나 셀바스 지역에는 사람이 많이 살지 않고, 육로 이동이 어렵기 때문에 이동 수단으로 경비행기를 이용하는 경우가 많아. 비행기를 타고 열대 우림을 내려다보면 온통 초록색이야. 브로콜리같이 생긴 나무들로 촘촘히 짜 놓은 거대한 양탄자 같아.

열대 우림 지역은 연중 고온 다습하기 때문에 나무들이 무성하게 잘 자라. 하지만 그 속에서는 소리 없는 생존 경쟁이 이루어지고 있지. 나무들은 조금이라도 햇볕을 더 받기 위해 하늘을 향해 쑥쑥 자라나는데, 그중에는 키가 무려 60m에 이르는 나무도 있단다. 건물 높이로 따지면 15층보다도 높은 셈이지.

열대 우림 안으로 들어가면 한낮에도 주변이 어두워. 나무들이 아주 빽빽해서 햇빛이 들어올 틈이 없기 때문이야. 비가 와도 빗방울이 땅까지 떨어지지 않는 경우도 있어. 빗방울이 나무 이파리에 부딪치면서 그대로 증발해 버리기도 하거든. 억센 줄기의 덩굴 식물들이 숲의 아래쪽에 자라기 때문에 열대 우림을 헤쳐 나갈 때는 커다란 칼로 툭툭 쳐내면서 걸어가야 해.

열대 우림은 세계에서 가장 다양한 생물종이 살아가는 곳이야. 덩치가 큰 동물은 적지만 다양한 식물이 자라고 벌레와 미생물 들을 포함해 여러 생물종이 어우러져 살아가는 보물 창고라고 할 수 있지.

열대 우림에 사는 가장 무서운 동물은 독이 있는 뱀이야. 열대 우림에서는 살금살금 조용히 지나는 것보다 큰 소리를 내는 것이 좋아. 인기척을 내야 뱀들이 슬금슬금 도망치거든.

열대 우림에서 뱀 다음으로 무서운 것은 벌레들이야. 모기와 파리, 개미는 물론이고, 이름 모를 벌레들이 득실거린단다. 독성을 지닌 벌레에게 물리면 위험하기 때문에 열대 우림에 들어갈 때는 두꺼운 긴팔 셔츠와 긴 바지를 입는 게 좋아.

아마존 분지의 열대 우림

열대 우림의 앵무새

　열대 우림에 사는 동물들은 화려한 빛깔을 지닌 경우가 많아. 주변이 어둡기 때문에 더 선명해 보이기도 하지. 열대 우림의 앵무새를 보면 깃털 안에 세상의 모든 색깔이 들어 있는 느낌이란다.

열대 우림에 사는 사람들

〈아마존의 눈물〉과 같은 방송 프로그램을 통해 아마존 원주민들의 생활 모습을 본 적이 있을 거야. 그런데 방송에 나타난 모습은 왜곡된 측면도 많아. 아마존 지역이라고 해서 모두 원시인처럼 살고 있지는 않거든. 아마존의 큰 도시 마나우스 같은 곳에서는 스테이크나 와인을 즐길 수 있고 영화도 볼 수 있어. 이제는 아마존 깊숙한 지역까지 현대 문명이 들어온 거지.

열대의 고상 가옥 열대 우림 지역의 주민들은 나무와 풀로 만든 고상 가옥에서 거주해. 습기와 해충 등을 피하기에 유리하거든.

　여기서는 열대 우림 사이의 강줄기를 따라 숲과 습지를 헤치고 간 다음에 만날 수 있는 오지 속 원주민의 모습을 이야기하려고 해. 그래야 열대 우림 지역 사람들의 전형적인 삶을 말할 수 있을 테니까.

　열대 우림에 사는 사람들은 주로 나무와 풀로 집을 지어. 가장 쉽게 구할 수 있는 건축 재료가 나무와 풀이거든. 집을 지을 때는 바닥을 땅에서 떨어뜨려 거리를 두는데, 이를 고상 가옥이라고 해. 고상 가옥은 원두막과 형태가 비슷해. 마룻바닥이 땅으로부터 떨어져 있기 때문에 땅에서 올라오는 습기를 피할 수 있고, 해충의 접근도 막을 수 있어.

　고상 가옥의 지붕은 경사가 매우 급한데, 이는 강수량과 관련이 있어. 열대 우림에는 비가 억수같이 내리는 경우가 많아. 이때 지붕의 경사가 커야 빗물이 밑으로 잘 흘러내려 집 안으로 스며들지 않는단다.

사람들의 옷차림은 어떨까? 원주민 대부분은 옷을 많이 입지 않아. 풀이나 나뭇잎으로 몸을 가리는 정도지. 이렇게 옷을 걸치지 않는 이유는 몸의 열을 잘 배출하기 위해서야. 아이들이 열 감기에 걸리면 열이 내릴 때까지 발가벗겨 놓는 것과 같은 이치지.

옷을 입지 않는 대신 몸에 문양을 그리거나 문신을 하는 경우가 많아. 코걸이나 귀걸이 같은 장신구를 하기도 해. 〈아마존의 눈물〉에 나온 조에족은 턱에 '뽀뚜루'라는 장신구를 했어. 조에족은 아이가 다섯 살 무렵이 되면 강력한 충격으로 턱뼈의 일부를 부수고 구멍을 만든 뒤 원숭이 뼈를 꽂는다고 해.

뽀뚜루를 한 조에족의 모습

열대 우림에서는 무얼 먹고 살까?

열대 우림 지역의 주민들은 대개 수렵과 채집을 통해 살아간단다. 정착 생활을 하는 사람들은 화전 농업을 하기도 하는데, 화전은 숲의 나무를 자른 뒤 불을 질러 만든 밭을 말해. 화전에서는 대개 뿌리 식물인 카사바, 얌 등을 심어. 고구마나 감자와 비슷한 식물이지. 농사를 짓는 사람들은 새로 일군 밭에서 몇 년간 농사를 짓다가 땅이 황폐해지면 다른 곳에 불을 질러 새로운 밭을 만들어. 땅이 황폐해질 때마다 새로운 화전을 만들어 이동하는 것을 열대 이동식 화전 농업이라고 해.

흔히 열대 우림의 울창한 숲을 보고 이 지역의 토양이 비옥할 거라고 생각하지만, 그건 오해야. 열대 우림은 폭우에 의해 땅속의 영양분이 쉽게 쓸려 나가기 때문에 토양이 매우 척박해.

열대 우림 지역의 과일나무는 종류가 무척 다양해. 파인애플, 바나나, 망고, 망고스틴 등이 모두 열대 우림에서 볼 수 있는 과일이야. 이 중 가장 흔한 것이 바나나인데, 우리가 보통 먹는 바나나보다 크기가 작아. 이 지역의 사람들은 바나나를 주로 불에 구워서 먹는단다.

다양한 열대 과일

열대 우림이 위험해!

햄버거를 먹으면 열대 우림이 파괴된다는 이야기를 들어 본 적 있니? 이를 '햄버거 커넥션'이라고 해. 제레미 리프킨이 쓴 《육식의 종말》에 따르면, 햄버거 하나를 만드는 데 필요한 100g의 소고기 때문에 열대 우림 1.5평이 사라지지. 대체 햄버거와 소고기, 열대 우림 사이에 무슨 관계가 있을까?

대표적인 열대 우림 지역인 아마존에서 많이 생산되는 두 가지를 꼽으라면 콩과 소야. 나무를 베어 초원으로 만든 다음 그곳에서 소를 기르고, 사료용 콩을 생산하기 때문이지. 열대 우림을 파괴해 목초지를 만들고, 목초지를 만들어서 소를 기르고, 소고기로 햄버거를 만드는 전체 과정을 '햄버거 커넥션'이라고 불러. 햄버거가 숲을 먹어 치우는 셈이야.

무분별하게 열대 우림을 개발하는 것은 원주민들의 삶터와 생명을 빼앗는 일이야. 아마존 원주민들 중에는 '야노마미'라는 부족이 있어. 몇 년 전 브라질의 금광업자들이 아마존 유역에서 금광을 개발하면서 야노마미족을 학살했어. 금광업자들이 원주민을 살해하는 이유는 정부로부터 개발 허가를 받아야 했기 때문이야. 숲에 원주민이 살지 않는다는 것을 증명할 수 있어야 정부가 개발을 허가해 주거든. 정말이지 있을 수도 없고, 있어서도 안 되는 일이지.

열대 우림은 다양한 생명체의 보물 창고일 뿐 아니라, 지구 환경의

파괴된 열대 우림 열대 우림의 나무들이 다양한 이유로 잘려 나가고 있어.

소중한 자원이야. 열대 우림의 나무들은 지구에 필요한 산소를 공급하고 이산화탄소를 줄여 지구 온난화를 예방해 준단다. 또한 열대 우림은 생물종의 다양성이 가장 큰 곳이므로, 인류의 난치병 치료에 이용될 수 있는 다양한 약재가 많단다.

다행히도 최근에는 전 세계에서 열대 우림을 지키자는 움직임이 확대되고 있어. 열대 우림의 가치 보전과 관련해 국제 연합(UN)에서는 '생물 다양성 보존 협약'을 체결했어. 이 협약은 지구촌의 모든 생물종에 관한 것이지만, 초점은 생물종의 보고인 아마존 등 열대 우림에 맞춰져 있어. 한편 세계 각국의 정부와 기업, 사회단체는 '아마존 펀드'를 조성하고 있어. 아마존의 삼림 보전이 인류 공통의 중요한 문제이기 때문에 기부액이 점차 늘고 있단다.

팜유 농장과 열대림 파괴

인도네시아의 오랑우탄이 위험에 처해 있다고 한다.

전 세계 오랑우탄의 절반 이상은 인도네시아 보르네오 섬의 탄중푸팅 국립공원에 살고 있다. 보르네오 섬에서는 최근 팜유를 생산하기 위해 열대림을 훼손하고 있는데, 그에 따라 오랑우탄의 서식지도 파괴되고 있는 것이다.

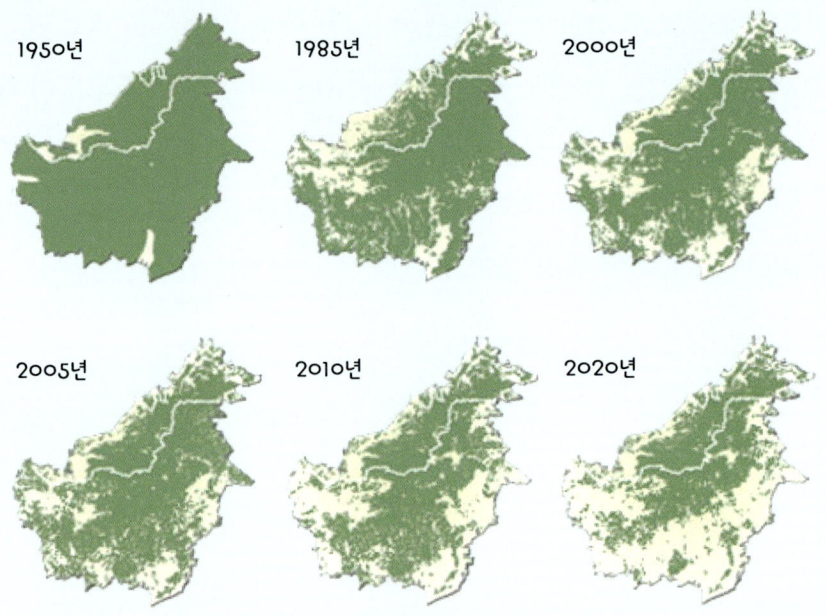

보르네오 섬의 열대 우림 분포 변화

2000년대 이후 인도네시아의 경제는 빠르게 성장하고 있다. 이는 팜유 생산에 힘입은 바가 크다. 팜유는 과자, 아이스크림, 초콜릿 같은 먹을거리뿐만 아니라 식용유, 화장품, 비누 등 생활용품을 만드는 데 이용된다. 또한 팜유는 대체 에너지에 해당하는 바이오디젤의 원료로도 이용된다.

팜유의 소비량은 앞으로도 계속 증가할 가능성이 높다. 따라서 인도네시아 정부는 열대림을 없애고 팜유 농장을 더 많이 만들 것으로 보인다. 그에 따라 오랑우탄의 멸종 위기도 점차 앞당겨지고 있다.

팜유

인도네시아 보르네오 섬의 팜유 농장

덥고 메마른 땅, 건조 지역

건조 지역에서의 생활

건조 기후는 1년 동안 내리는 비의 양이 500mm가 되지 않는 기후를 말해. 건조 기후 중에서 250mm가 되지 않으면 사막 기후이고, 250mm가 넘으면 스텝 기후야. 사막 기후 지역은 풀 한 포기도 자라지 않는 불모의 땅이고, 스텝 기후 지역은 축구장의 잔디처럼 짧은 풀이 자라는 초원이란다.

사막은 연중 날씨가 맑아 태양의 힘이 극대화되는 곳이야. 사막을 이루는 모래, 자갈, 바위 등은 한낮엔 태양 에너지로 인해 빠르게 뜨거워졌다가 태양이 사라지는 밤이 되면 빠르게 식어 버려. 그래서 일교차가 크단다.

사막은 세계에서 기온이 가장 높게 올라가는 곳이야. 사막 지역은 열대 기후 지역보다도 연중 최고 기온이 더 높은데, 그 이유는 열을 식힐 수 있는 수분이 적기 때문이야. 세계에서 기온이 가장 높은 곳은 이란에 위치한 루트 사막이야. 한낮의 기온이 70°C를 넘는 경우도 있다고 하니, 정말 대단하지? 사막의 낮과 밤 사이의 일교차는 때로 50°C를 넘기도 해. 뜨끈한 모래사막에서 잠이 들었다간 밤엔 얼어 죽을 수도 있다는 말씀!

사막의 버섯 바위 사막에는 바람에 의해 모래가 이동하면서 밑동을 깎아 낸 버섯 모양의 바위가 많아.

사막은 바람이 강한 곳이야. 바람은 장애물을 만나면 속도가 줄어드는데, 사막에는 나무와 풀이 거의 자라지 않기 때문에 바람을 막을 게 없어. 사막의 강한 바람은 모래를 옮겨 사구라 불리는 모래 언덕을 만들기도 하고, 버섯 모양의 바위를 만들기도 해.

사막에는 물이 부족해. 내리는 빗물보다 증발하는 수분의 양이 더 많기 때문이지. 그래서 사막은 동물이나 식물이 살기 어려운 곳이야.

모래사막 사막은 지표면을 형성하는 물질에 따라 모래사막, 자갈사막, 암석사막 등으로 구분돼. 사진은 모래사막의 모습이야.

사막은 어디에 위치할까?

사막은 크게 아열대 사막과 대륙 내부 사막으로 나눌 수 있어. 아열대 사막은 북회귀선이나 남회귀선을 따라 분포해. 북회귀선과 남회귀선 일대에서는 아열대 고압대가 형성되는데, 이곳에서는 연중 하강 기류가 발생해 비가 잘 내리지 않아. 세계에서 가장 넓은 사막인 사하라 사막을 비롯하여 룹알할리 사막, 그레이트샌디 사막 등이 아열대 사막에 해당해.

대륙 내부 사막은 아열대 사막보다 고위도의 대륙 내부에 위치해. 몽골, 중국 서부, 중앙아시아 지역에 걸쳐 발달한 사막으로, 바다로부터 멀리 떨어진 곳에 위치하여 비가 적게 내리는 곳이야. 고비 사막이나 타클라마칸 사막은 겨울철 기온이 영하 40°C에 달할 정도로 무

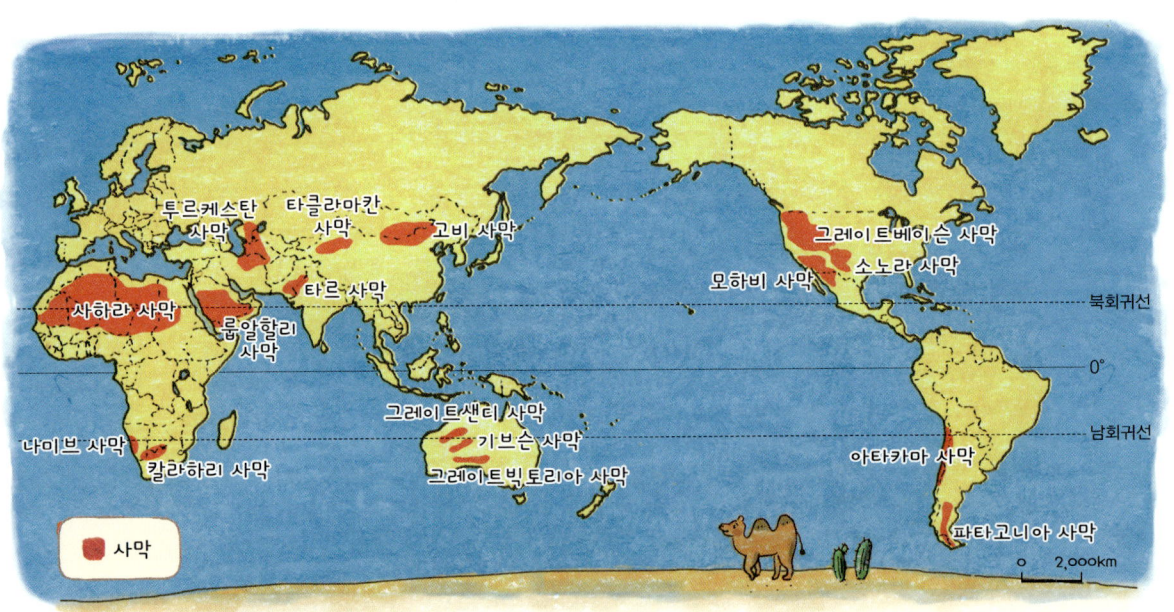

세계의 사막 분포 사막은 아열대 고압대, 대륙 내부, 한류가 흐르는 해역 주변에 분포해.

척 추워. 반면 여름에는 기온이 50°C 이상 올라가. 세계에서 기온의 차이가 큰 곳 중의 하나야. 대륙 내부 사막에는 혹이 두 개인 쌍봉낙타가 사는데, 쌍봉낙타는 불볕더위와 혹독한 추위를 모두 견딜 수 있는 동물이야.

한편 한류가 흐르는 곳에도 강수량이 적어 사막이 형성돼. 아프리카 남서부에 위치한 나미비아의 나미브 사막은 한류인 벵겔라 해류가 흘러 만들어졌지. 남극 쪽에서 적도를 향해 흐르는 벵겔라 해류의 영향으로 대기가 안정되어 비가 잘 내리지 않으면서 사막이 만들어진 거야.

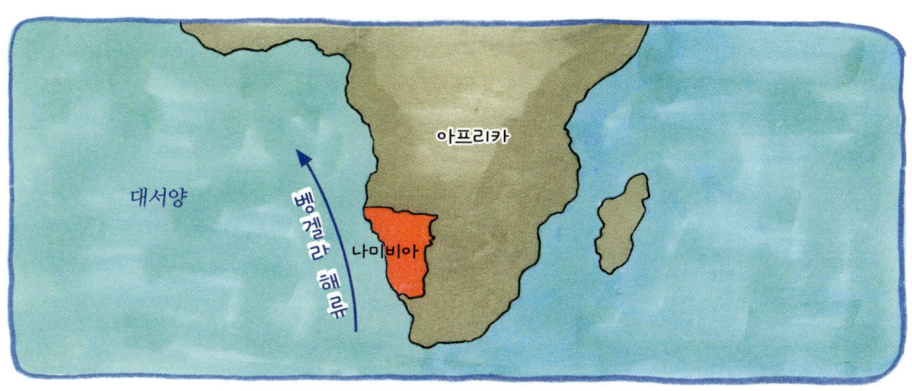

한류 사막의 특징 중 하나는 안개야. 찬 공기와 더운 공기가 만나면 안개가 발생해. 더운 여름철 냉장고의 냉동실을 열었을 때 하얀 연기와 같은 수증기가 나오는 원리야. 아침이 되면 대서양에서 불어오는 차가운 공기가 나미브 사막의 더운 공기와 만나는데, 이때 바다에서 안개가 몰려오는 모습은 매우 멋져.

나미브 사막에는 여러 동물이 살고 있어. 그중 딱정벌레의 지혜는 한번 살펴볼 만해. 딱정벌레는 안개가 끼기 전에 일어나 고개를 땅으

안개가 몰려오는 나미브 사막 한류 사막에서는 아침이면 바다로부터 차가운 안개가 몰려와. 안개는 한류 사막의 여러 생명체에 수분을 공급해.

나미브 사막의 딱정벌레

로 처박아. 그러다 등에 안개가 닿으면 몸을 기울여 물방울을 만든 뒤, 꽁무니 부분을 올려서 물방울을 굴려 입으로 들어오게 만들어. 딱정벌레는 이렇게 필요한 물을 얻으며 나미브 사막에서 살아가고 있단다.

사람들은 사막에서 어떻게 살까?

사막에서는 집 지을 재료를 구하기가 쉽지 않아. 그래서 대개 진흙으로 집을 짓는데, 사막의 흙집은 우리가 사는 집과는 다른 특징을 지니고 있어.

우선 지붕이 평평해. 비가 내리지 않으니 굳이 지붕의 기울기를 크게 할 필요가 없거든. 벽은 두껍고 창문은 작아. 한낮의 바깥 열기가 집 안으로 들어오지 못하게 하고, 밤에는 집 안의 온기가 밖으로 나가지 못하게 하는 것이지.

사막의 도시 지역에서는 주로 집을 2층이나 3층으로 지어. 집끼리 가깝게 붙여서 지으면 그 사이에 좁은 골목길이 생기는데, 도시의 골목길은 그늘이 져서 활동하기 좋아. 습도가 낮은 사막 지역의 그늘은 꽤 시원한 편이야.

사막에 사는 사람들은 긴 천으로 온몸을 감싸는 형태의 옷을 입어. 이런 옷은 햇빛과 거친 바람으로부터 피부를 보호할 수 있고, 땀이 증발하면서 식은 공기를 옷 속에 머물게 해 체온을 떨어뜨리는 역할을 하지. 반대로 밤이 되면 담요 역할을 해서 추위를 견디는 데 도움을 준단다.

사막의 진흙집 사막 지역에서는 건축 재료가 다양하지 않아서 주로 흙을 이용해 집을 지어. 대개 지붕이 평평하고 창문이 작아.

이집트의 시장 관개 농업, 오아시스 농업 등을 바탕으로 한 식재료가 많아.

오아시스 지역의 대추야자 농장 대추야자는 오아시스 지역에서 생산되는 대표 작물이야.

사막은 햇볕이 풍부하기 때문에 물만 있으면 웬만한 농작물은 모두 재배할 수 있어. 게다가 바다나 강을 끼고 있다면 어류를 구하기도 쉽지. 그래서 이집트 수도인 카이로의 시장에는 먹을거리가 다양해.

사막에서 사는 사람들은 정착민과 유목민으로 나눌 수 있어. 정착민들 중에는 도시에 거주하는 사람이 많지만, 오아시스가 펼쳐지는 곳에서 농사를 짓는 사람도 많아. 도시화가 이루어지기 전에는 더 많

은 사람이 오아시스 주변에서 농사를 지으며 살았어.

지하수나 관개수를 얻을 수 있는 오아시스에서는 밀, 보리, 대추야자 등을 재배해. 사람들은 밀로 빵을 만들어 고기나 채소 등을 싸서 먹기도 해. 대추야자는 사막의 오아시스 지역에서 생산되는 가장 유용한 작물인데, 열매 상태로 먹기도 하지만 건조해서 장거리를 이동할 때 먹기도 해. 또한 대추야자의 나무는 건축재와 땔감으로도 유용하지.

사막에는 풀을 찾아 이동하면서 양, 염소, 낙타 등을 기르는 유목민도 많아. 사막에서 볼 수 있는 낡은 천막들은 유목민의 이동식 가옥이야. 양과 염소에게서는 고기와 젖을 얻는데, 고기와 유가공품을 정착민들의 밀이나 대추야자와 교환하기도 해.

사하라 사막에서는 대상들이 활발하게 활동했어. 대상들은 낙타에 소금을 비롯한 생활필수품을 싣고 사람들을 찾아다니며 장사를 하는 무리를 말해. 주요 대상이 다니는 길목에 위치한 오아시스가 도시로 발달한 경우도 많아.

건조 지역의 관개 수로, 카나트 카나트는 산지의 빗물이나 눈 녹은 물을 마을까지 가져오는 지하 수로를 말해.

사막 지역은 물이 아주 귀한 곳이야. 이곳 사람들은 물을 어떻게 얻을까? 가장 보편적인 방법은 지하 관개 수로를 이용하는 거야. 앞에서 투루판 분지에 대해 이야기하면서 '칸얼징'이라는 시설을 봤지? 지하 관개 수로는 중국 서부뿐 아니라 서남아시아와 북아프리카 등지에서도 널리 이용되고 있어. 산지의 눈 녹은 물이나 빗물을 지하 수로를 통해 마을까지 가져와 관개용수나 생활용수로 사용하는 거지. 지하 관개 수로는 카나트(이란), 포가라(북아프리카), 카레즈(아프가니스탄) 등 지역에 따라 부르는 이름이 달라.

리비아는 사하라 사막의 지하수를 개발해서 사람이 많이 사는 지중해 연안까지 끌어와 사용하고 있어. 남쪽 지역부터 북쪽 지역까지 설치한 상수도관을 이용해 북부 지역에서는 농업 생산을 확대하고, 공장이나 가정에서 필요한 물을 충분히 확보하지.

아랍 에미리트나 사우디아라비아와 같이 바다를 끼고 있으면서 잘 사는 나라는 바닷물에서 염분과 유기 물질 등을 제거하는 해수 담수화 시설을 통해 민물을 얻기도 해.

사막 지역 중 가장 극적으로 물을 얻는 곳은 아타카마 사막 지역이야. 나미브 사막같이 한류의 영향을 받는 이곳은 페루 해류가 남아메리카의 서쪽 연안을 타고 북상하면서 만든 사막이야. 아타카마 사막에서는 바다에서 안개가 밀려올 때 그물망을 설치해 물을 모으고 있어. 그물을 이용해 안개로부터 물을 잡는다고 할 수 있지.

스텝 기후 지역에서는 어떻게 생활할까?

스텝 기후 지역은 연 강수량이 250mm가 넘는 건조 기후 지역으로, 짧은 풀이 자라는 초원이야. 스텝 기후는 사막 기후 주변을 따라 좁은 띠의 형태로 나타나는 경우가 많은데, 기후 여건이 사막보다 좋기 때문에 일찍이 사람들이 유목을 하며 살아온 곳이야.

게르 게르는 몽골의 초원 지역에서 나무와 천으로 만든 이동식 가옥이야. 집 가운데에는 난방 시설이 있어.

유목민들은 풀과 물을 찾아 움직이며 이동식 가옥에서 살아. 이동식 가옥은 대개 나무로 된 뼈대를 설치한 뒤, 동물의 가죽이나 털로 짠 두꺼운 천을 두르는 형태로 만들어. 그래서 설치와 철거가 쉽다는 장점이 있어.

유목민들은 식량의 대부분을 가축에서 얻어. 양이나 염소의 젖을 발효시켜서 유제품을 만들어 먹기도 하고, 소고기나 양고기 등을 굽거나 삶아 먹기도 해. 햄버거와 케밥은 고기를 간단하게 조리해 먹던 유목민의 음식에서 유래했단다.

스텝 지역 중에는 농업 활동이 활발한 곳도 있어. 저수지나 보 등의 시설을 설치해서 물을 공급해 농작물을 재배하는 거야. 우크라이나는 일찍이 '러시아의 빵 바구니' 혹은 '유럽의 빵 바구니' 등으로 불렸어. 그만큼 밀, 옥수수 등의 생산이 활발하다는 뜻이지.

중앙아시아 일대에서는 목화를 많이 생산해. 아랄 해로 흘러드는 하천에서 물을 확보하여 목화 농사를 짓는데, 이 때문에 호수로 흘러드는 강물이 많이 줄었어. 중앙아시아의 농업 용수로 사용되면서 커다란 호수였던 아랄 해는 점점 바닥을 드러내고 있단다.

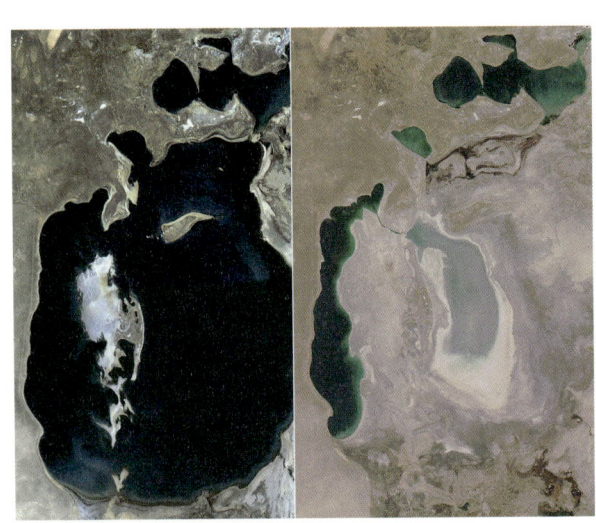

1989년(왼쪽)과 2008년(오른쪽)의 아랄 해 위성 사진
한때 세계 4위의 호수였던 아랄 해는 강물의 유입이 해마다 줄어들어 소금 사막이 되어 가고 있어.

 블루오션을 개척한 낙타

아빠, 저는 동물 중에서 낙타가 가장 좋아요. 그런데 낙타는 원래 어느 지역에서 살던 동물이에요?

낙타는 아메리카에서 번성했던 동물이야. 약 180만 년 전에는 지구의 기온이 낮아져 아메리카와 아시아를 잇는 베링 해협이 육지로 연결되어 있었어. 이때 신대륙의 낙타들이 구대륙으로 이주했고, 일부는 아라비아 반도를 거쳐 아프리카까지 이동했어.

그렇군요. 그런데 혹이 두 개인 낙타가 있고 한 개인 낙타도 있잖아요. 차이가 뭔가요?

낙타 중 등에 혹이 하나인 낙타를 단봉낙타라고 하는데, 단봉낙타는 서남아시아와 북부아프리카 지역에 주로 분포해. 혹이 두 개인 쌍봉낙타는 추운 겨울이 나타나는 중앙아시아 지역에 적응하며 진화했어. 낙타는 다른 동물에 비해 기후 적응력과 양분의 저장 능력이 매우 뛰어나. 다른 동물들과의 경쟁을 피해 맹수가 드문 사막으로 가서 블루오션을 개척했지. 블루오션은 현재 존재하지 않거나 알려져 있지 않아서 경쟁자가 없는 유망한 시장을 말해.

아, 그럼 낙타는 사막이라는 블루오션에서 적응해 나간 거네요?

맞아. 낙타는 사막에 적응하면서 혹의 지방을 분해해 물과 영양분을 얻고, 모래가 콧속으로 들어오는 것을 막을 수 있어. 발이 모래에 빠지지 않는 것도 사막에서 살아남기 위해 적응한 결과지.

혹독한 추위의 땅, 툰드라 지역

툰드라 지역에서의 생활

지구의 양극 지방인 북극과 남극에는 아주 차가운 공기 덩어리가 자리 잡고 있어. 그 영향으로 1년 내내 추운 기후가 나타나지. 그중 북극 지역에 분포하는 툰드라 기후는 여러 기후 중 한대 기후에 속해.

한대 기후는 가장 더운 달의 평균 기온이 10°C 이하인 기후를 말해. 한대 기후는 다시 툰드라 기후와 빙설 기후로 구분돼. 가장 더운 달의 평균 기온이 0°C가 안 되면 빙설 기후이고, 0~10°C가 되면 툰드라 기후란다. 툰드라는 1년 중 3분의 2 이상이 눈으로 덮여 있는 곳이야.

툰드라는 원래 '나무가 없는 땅'이라는 뜻인데, 최근에는 툰드라 기후 지역과 툰드라의 식생을 모두 '툰드라'라고 불러.

툰드라 기후는 북반구의 북위 55~70° 지역에 주로 분포해. 북극해를 둘러싼 주변 지역이 툰드라에 해당하지.

툰드라 지역은 1년에 여덟 달 이상이 겨울 날씨야. 겨울이 길고 봄, 여름, 가을은 몹시 짧아.

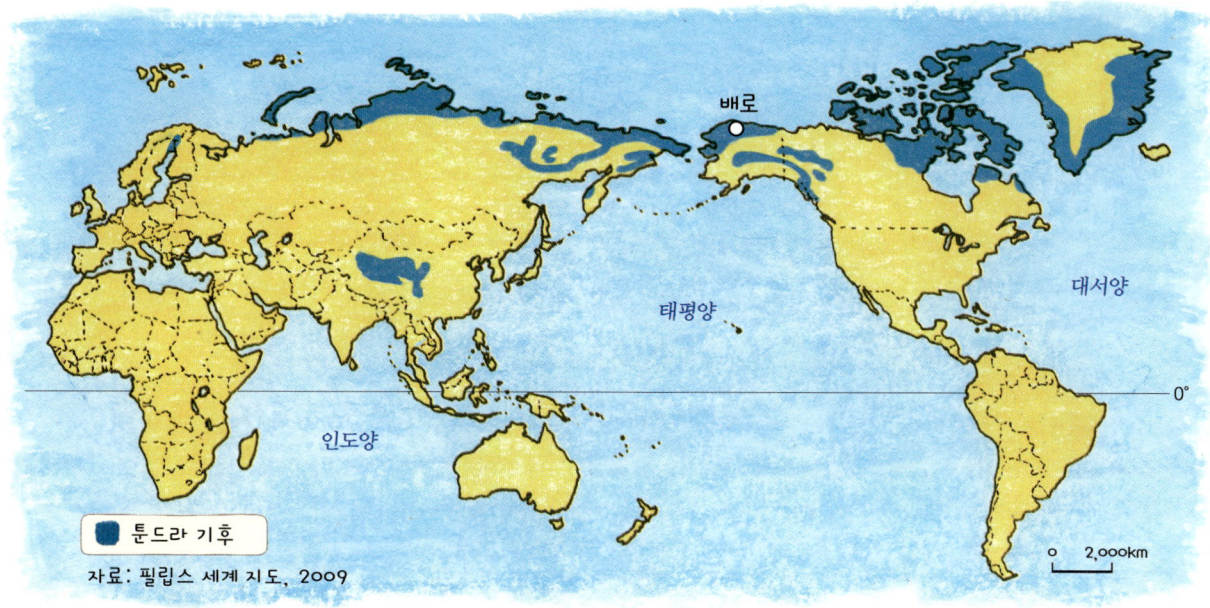

툰드라 기후의 분포 툰드라 기후는 북극해 주변 지역에 주로 나타나.

   봄이 되면 툰드라에는 눈과 얼음 사이로 이끼가 돋아나. 겨울을 나기 위해 남쪽 침엽수림 지대로 떠났던 순록의 무리도 돌아올 채비를 하지. 지표의 눈이 거의 녹을 즈음엔 여름이 돼. 여름에는 이름 모를 다양한 이끼들이 풍성하게 자라나 대지를 뒤덮어. 작고 예쁜 꽃들이 피어나 꽃 잔치가 벌어지기도 하지. 이즈음엔 밤이 되어도 해가 지지 않는 백야 현상이 나타나.

   여름철에는 지표 가까운 곳부터 땅이 녹기 시작하는데, 이때 눈과 얼음이 녹으면서 크고 작은 물웅덩이가 생기고 물이 많은 곳은 개울이 되어 흐르기도 해. 툰드라의 물웅덩이는 모기의 애벌레인 장구벌레가 서식하기에 좋아서 툰드라엔 모기가 많아. 이 지역의 모기는 열대 우림 지역의 모기와 같이 사람들을 지독하게 괴롭힌단다.

   여름이 끝나면 짧은 가을을 거쳐 겨울이 찾아와. 겨울에는 극야 현

툰드라의 이끼와 물웅덩이

툰드라의 극야

상이 지속되면서 어둠과 고요의 땅이 돼. 극야 현상이란 고위도 지역이나 극점 지역에서 겨울철에 오랫동안 해가 뜨지 않고 밤만 계속되는 것을 말하지. 극야 현상이 일어나는 겨울에는 태양이 지평선 위로 떠오르지 않아 대지가 내내 어둠 속에 잠겨 있어.

순록

툰드라에는 어떤 동물이 살까?

산타클로스의 썰매를 끌어 주는 루돌프는 순록이야. 흔히 우리는 순록을 사슴이라고 알고 있는데, 순록은 엄밀히 말하면 사슴과 다른 종이야. 순록은 사슴과 달리 툰드라의 눈, 얼음, 강풍에도 잘 견딘단다.

순록은 툰드라의 여러 동물 중 유일하게 가축화된 동물이야. 이누이트족, 네네츠족 등 툰드라 지역에 거주하는 사람들은 순록을 많이 기르지. 자연 상태의 순록은 여름철에는 툰드라에서 이끼를 뜯다가 가을이 끝날 때쯤 남쪽으로 이동해 타이가 지대에서 겨울을 나. 순록이 이동하는 거리는 무려 1,000km나 된다고 해. 이는 거의 서울과 부산을 왕복하는 거리야.

툰드라에는 순록 말고도 다양한 동물이 살고 있어. 사향소, 토끼 같은 초식 동물도 있고 곰, 여우, 늑대 같은 육식 동물도 있지.

사향소는 캐나다 북부 지역에서 그린란드에 걸쳐 서식하는 털이 긴 소야. 캐나다의 뱅크스 섬에는 약 5만 마리의 사향소가 서식하는데, 전 세계의 사향소 두 마리 중 한 마리가

사향소

북극곰

북극여우

이 섬에 살고 있는 셈이야. 구부러진 뿔과 긴 털이 멋진 사향소는 이끼류와 갈대를 먹고, 먹이가 부족할 때는 눈을 파헤쳐서 풀을 뜯어 먹기도 해.

툰드라의 먹이사슬 중에서 가장 높은 자리를 차지하는 것은 북극곰이야. 거대한 덩치에 하얀 털을 가진 북극곰은 생긴 모습은 온화해 보이지만 실제 성격은 매우 포악하지.

북극곰은 땅과 물에서 모두 살아갈 수 있어. 그러나 물에서는 체온을 유지하기 위해 많은 에너지를 필요로 해. 최근 지구 온난화로 인해 북극의 눈과 얼음이 녹으면서 북극곰은 심각한 생존 위기에 처해 있단다.

툰드라 사람들이 사는 모습

툰드라는 넓은 지역에 걸쳐 분포하기 때문에 지역에 따라 사람들의 생활 모습이 달라. 특히 집의 구조와 모양은 현대 문명을 얼마나 받아들였는지에 따라 차이가 있지.

툰드라의 여름 초록색 평원이 펼쳐진 툰드라에서 사람과 순록이 어우러져 있는 모습이야. 가운데의 천막집은 유목 생활에 편리한 툰드라의 이동식 가옥이야.

알래스카의 집은 우리나라와 비슷해. 차이가 있다면 집의 바닥이 땅에 닿지 않도록 살짝 띄워 놓은 것이 특징이야. 툰드라 지역에서는 집을 지탱할 말뚝을 영구 동토층에 박는데, 영구 동토층이란 여름에도 기온이 0°C 이상으로 올라가지 않아 1년 내내 얼어 있는 지층을 말해. 집의 바닥을 땅에서 떨어뜨리면 가옥의 열기가 영구 동토층에 전달되는 것을 막을 수 있어. 그래서 영구 동토층이 녹지 않아 집이 기울거나 무너질 염려도 없지.

알래스카의 집 알래스카에서는 언 지층이 녹는 것을 방지하기 위한 고상 가옥이 발달했어.

반면, 문명화가 많이 이루어지지 않은 지역의 사람들은 순록 유목이나 수렵을 위해 이동하며 살아가. 툰드라 원주민들의 이동식 가옥은 아메리카 인디언들이 사용하던 천막 가옥과 만드는 방법 및 형태가 비슷해. 나무를 세운 뒤 원추형으로 가죽을 둘러쳐서 집을 만들지.

러시아 북서쪽 야말 반도에 살고 있는 네네츠족은 순록 가죽으로 이동식 가옥을 짓고 살아. 이를 '춤'이라고 해. 춤은 겉보기엔 허술해 보여도 안은 매우 따뜻해. 천막 안에 페치카와 같은 난방 시설을 설치하면 영하 50°C의 추위도 견딜 수 있지.

툰드라 지역은 세계에서 가장 추운 곳이어서 옷을 두껍게 입어야 해. 사람들은 짐승의 가죽과 털로 옷을 만들어 입어. 한여름에도 추워서 가죽옷을 입는 경우가 많아. 날씨가 더 추워지면 털로 된 모자와 장갑을 끼고 털과 가죽으로 만든 신발을 신어. 질기고 두꺼운 가죽을 옷이나 신발의 형태로 만들려면 가죽을 잘 다룰 줄 알아야 하고 바느질도 튼튼하게 해야 해. 옷과 신발을 만들 때 사용하는 가장 튼튼한 실은 순록의 힘줄이야.

툰드라 지역에는 유목이 아닌 수렵에만 의존하는 사람들도 살고 있어. 그들은 주로 물고기를 잡아먹으면서 순록 같은 동물을 사냥해. 물고기는 하천이나 호수에서 비교적 쉽게 잡을 수 있지만, 야생 순록은 사냥하기 쉽지 않아. 순록 고기는 물고기보다 귀하기 때문에 사람들은 순록을 사냥하면 함께 나누어 먹고, 저장해 두기도 하지.

순록 사냥에 필요한 도구는 세 가지야. 하나는 망원경! 광활한 툰드라에서 순록을 찾으려면 망원경이 필요해. 다음으로 필요한 것은 사냥총, 그리고 마지막으로 이동식 천막이야. 요즘은 주로 텐트를 사용하지.

순록을 사냥할 때 사람들은 여러 명씩 무리를 이루어 순록을 찾아 나서. 그들은 배설물의 굳기나 배설물에 섞여 나온 이끼의 종류 등으로 순록이 가까이 있는지 멀리 있는지, 그리고 순록의 몸집이 어느 정

도인지를 판별할 수 있어.

　툰드라 사람들은 순록의 살과 피, 내장까지도 음식으로 먹고, 가죽은 의복과 천막을 만드는 데 사용해. 뼈와 뿔은 다듬어서 바늘과 작살로, 힘줄은 실이나 끈으로 이용하지. 툰드라 사람들에게 순록은 모든 것을 아낌없이 주는 동물인 셈이야.

　툰드라에서 수렵을 하는 사람들은 순록 외에 몸집이 작은 토끼와 여우, 필요에 따라서는 북극곰도 사냥해. 바닷가에 사는 사람들은 바다코끼리나 고래를 잡아먹는 경우도 많아. 사람들은 겨우내 먹을 고기를 사냥해서 저장하고, 저장한 고기는 불에 요리해서 먹기도 해.

　툰드라 지역에서는 육류에 비해 채소와 과일을 구하기 어려워. 하지만 여름이 되면 야생 딸기와 일부 식물의 이파리나 뿌리를 먹기도 하는데, 툰드라 사람들은 먹을 수 있는 식물과 먹을 수 없는 식물을 잘 구분한단다.

툰드라의 눈물

툰드라 지역에는 천연가스와 석유가 매장된 곳이 많아. 그 사실이 알려져 외부인들이 몰려들기 시작했고, 자원이 개발되면서 곳곳에 도시가 형성되었어.

그런데 안타깝게도 무분별한 자원 개발로 인해 원주민들은 여러 면에서 생존에 위협을 받고 있어. 석유 개발 과정에서 석유에 의해 토양과 이끼가 오염되고, 자원 개발을 위해 여기저기 설치한 시설물들이 순록을 기르는 데 장애가 되고 있지. 최근에는 툰드라의 영구 동토층이 녹으면서 물웅덩이가 생겨 사람과 순록의 이동이 어려워진 지역도 많아.

원주민들은 현대 문명에 익숙해지면서 많은 것을 잃어버리고 있어. 카약 대신 모터보트를 이용하고 개 썰매 대신 스노모빌을 이용하는 등 생활은 편리해졌지만, 오랜 시간 동안 조상들이 터득해 온 지혜가 전해지지 않아 안타까운 일이 벌어지기도 해. 어떤 부족은 문명에 기대어 살다가 전통 생활 방식이던 순록 사냥법을 잊어 버려 부족 전체가 위험에 처하기도 했다더군.
　지구 온난화로 인해 기온이 높아진 일부 툰드라 지역에서는 감자를 재배하는 부족들도 생겨나고 있어. 그만큼 툰드라의 기온이 식물을 기를 수 있을 정도로 따뜻해지고 있다는 이야기야. 지금 이 시간에도 툰드라는 점점 변하고 있어.

알래스카의 송유관 　원유를 수송하는 송유관은 주변의 식생을 파괴하고 순록의 이동에 장애가 되기도 해.

알래스카 배로에서 온 편지

안녕?

난 미국 알래스카 주에 위치한 배로 외곽에 살고 있어. 이곳은 오래전부터 우리 이누이트족이 살고 있는 곳이야. 우리는 사람들이 에스키모라고 부르는 부족이지. 에스키모는 인디언 언어로 '날고기를 먹는 사람'이라는 뜻이야.

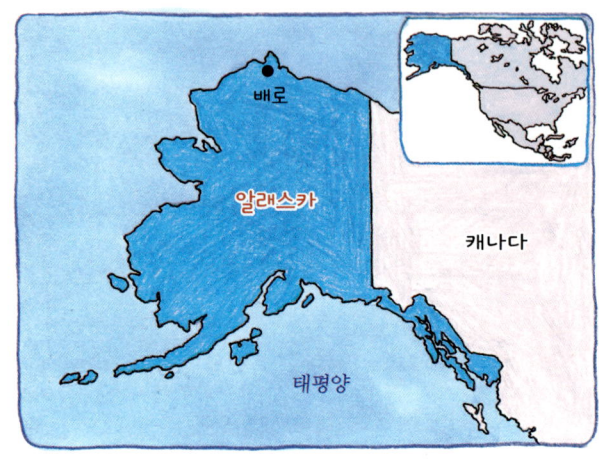

알래스카 배로의 위치

에스키모라는 이름과 달리, 우리는 어쩔 수 없는 상황이 아니면 생식을 하지 않아. 물개 기름을 이용해 불을 피워 고기를 익혀 먹거나 말린 고기를 먹지. 우리가 즐겨 먹는 고기는 물개와 사슴이야. 그리고 마텍이라고 불리는 고래 꼬리를 좋아하지.

고래는 여름철에 잡아. 바닷물이 녹고 해가 지지 않는 여름이 되면 축제가 열려. 거대한 동물 가죽으로 만든 둥근 판에 사람을 올려놓고 하늘

블랭킷 토스

높이 띄워 올리는 놀이를 하는데, 이를 '블랭킷 토스'라고 해. 공중으로 날아오른 사람이 높은 곳에서 바다를 보면서 고래를 찾는 거야.

우리의 사냥은 추운 겨울철에도 이루어져. 사냥길에서 세찬 바람과 함께 눈이 내리는 폭풍설을 만나면 그들은 앞으로 나아가거나 물러나지 않아. 그 자리에서 눈과 얼음을 이용해 이글루를 만들고 폭풍설이 지나가길 기다리지. 거친 자연환경에 맞서지 않는 것이 생명을 지키는 길이라는 걸 알기 때문이야.

우리는 칼이나 짐승의 뼈로 만든 도구로 1시간 만에 이글루를 만들 수 있어. 우리는 친구들과 사냥개만 있다면 아무것도 필요 없어.

너희 나라 사람들은 어떻게 사는지 궁금하구나.

언젠가 꼭 만날 수 있게 되길 바라며…….

4 자연으로 떠나는 여행

기후로 떠나는 여행

지형으로 떠나는 여행

우리나라의 매력적인 풍경 속으로

기후로 떠나는 여행

세계의 여러 기후

요즘 방학이나 휴가철을 맞아 해외여행을 가는 사람이 점점 늘고 있어. 사람들은 왜 해외여행을 가고 싶어 하는 걸까? 아마도 새로운 환경에 대한 동경 때문일 거야. 사람들은 종종 일상에서 벗어나 낯선 것, 새로운 것을 보고 즐기기를 원해. 지금껏 경험해 보지 못한 것에서 매력을 느끼기 때문이지.

추운 겨울이 되면 우리나라 사람들은 따뜻한 동남아시아나 남반구의 오스트레일리아, 뉴질랜드 등으로 여행을 떠나고 싶어 해. 한편 더운 나라인 싱가포르나 말레이시아 사람들은 우리나라에 와서 눈을 구경하고 스키를 타고 싶어 한단다. 추운 계절에 따뜻한 나라로, 더운 계절에 좀 더 시원한 나라로 여행을 가는 것은 색다른 경험을 통해 몸과 마음에 새로운 활력을 얻고 싶어서일 거야. 이처럼 나라마다 고유의 기후 환경을 활용해 여행 상품을 개발하면 훌륭한 관광 자원이 될 수 있어.

　관광이란 다른 지방이나 다른 나라에 가서 그 지역의 자연환경과 문화를 경험하며 즐기는 일을 말해. 지구 상의 모든 지역에는 그 나름의 독특한 자연환경이 나타나. 그래서 이를 활용하면 개성과 매력이 넘치는 관광지가 될 수 있어.

　그렇다면 그중에서도 어떤 기후 지역이 여행하기에 좋을까? 또한 아름다운 자연 경관이 펼쳐지는 곳은 어디일까?

　열대 우림 기후와 건조 기후, 툰드라 기후 지역은 사람이 살기에는 어렵지만, 낯선 환경에 도전하고자 하는 여행가들에게는 더없이 매력적인 곳이야. 또한 사바나 기후와 지중해성 기후, 냉대 기후, 고산 기후 지역은 독특한 경관이 나타나 세계의 많은 사람을 불러 모으지. 열대 기후의 남태평양 섬들, 사파리 관광으로 유명한 초원, 지중해의 휴양지, 겨울 스포츠가 발달한 냉대 기후 지역 등은 기후 환경과 관련한 매력적인 관광지야.

　지금부터 함께 가 볼까?

사바나에서는 사파리 여행을!

아프리카의 사바나 지역에는 열대 초원이 펼쳐져 있어. 사바나는 남아메리카, 남아시아, 오스트레일리아, 아프리카 등지에 나타나는데 그중 아프리카의 사바나가 가장 넓고 유명해. 사바나의 열대 초원은 긴 풀들이 자라는 대지에 우산 모양을 한 나무들이 드문드문 분포하는 형태를 이루지. 사바나 기후는 열대 우림 기후보다는 강우량이 적어. 그래서 나무들이 빼곡한 열대 우림과 달리 나무 한 그루가 차지하는 땅이 넓단다. 나무 사이의 거리가 멀어야 땅에서 수분을 충분히 확보할 수 있거든.

사바나 기후는 열대 우림 기후 주변에 분포해. 연중 기온이 높으면서도 우기와 건기가 나타나는 것이 특징이지.

열대 초원의 모습

사바나 지역은 우기와 건기의 모습이 확연히 달라. 우기에는 초록색 풀이 가득하고 풀을 뜯는 동물이 많아. 하지만 건기가 되면 풀이 마르면서 갈색으로 변해. 풀이 마르기 전 동물들은 비구름을 쫓아서 다른 지역으로 이동하지.

아프리카 동부 지역에 위치한 케냐, 탄자니아에는 열대 초원과 야생 동물로 이루어진 국립공원이 많아. 세렝게티 국립공원이 대표적이지. 세렝게티는 마사이어로 '끝없는 평원'을 뜻해. 사람들은 주로 야생 동물을 보기 위해 이곳을 찾아. 세렝게티 국립공원에서는 지프차를 타고

세렝게티 국립공원의 사파리 관광

동물을 구경하는 사파리 관광을 할 수 있거든.

건기에는 동물들을 쉽게 볼 수 없기 때문에 사파리 관광은 주로 우기에 이루어져. 세렝게티의 동물들은 건기가 되면 중앙 평원을 떠나 서쪽의 물웅덩이를 찾아서 떼를 지어 이동하는데, 그 모습이 아주 장관이야.

사파리 관광을 하면 초원을 누비는 누, 얼룩말, 기린 등을 볼 수 있어. 반면 덩치가 큰 코끼리와 하마, 코뿔소 그리고 맹수인 표범과 사자를 보는 것은 쉽지 않아. 이 다섯 동물을 빅 파이브라고 하는데, 운이 좋아야 모두 볼 수 있다고 해.

열대 해안을 찾는 사람들

우리도 여름엔 시원한 파도와 부드러운 모래사장이 일품인 해수욕장으로 많이 놀러 가지. 여름철 우리나라의 유명 해수욕장은 많은 사람으로 북적여. 열대 지역의 해수욕장은 우리나라의 해수욕장보다는 한산한 편이야. 세계적으로 유명한 해수욕장이라 해도 부산의 해운대나 강릉의 경포대처

타이의 피피 섬 열대 지역에 위치한 피피 섬은 산호초로 이루어진 고운 모래사장을 자랑해. 수많은 열대어와 붉은 노을도 환상적이야.

럼 사람들로 북적이는 곳은 없어. 우리나라에서는 해수욕을 할 수 있는 시기가 1년에 겨우 한 달 남짓이지만, 열대 기후 지역은 1년 내내 해수욕을 즐길 수 있기 때문일 거야.

겨울이 되면 서태평양의 작은 섬 괌과 사이판, 필리핀의 보라카이와 세부, 타이의 푸켓, 인도네시아의 발리 등으로 여행을 떠나는 사람이 많아. 특히 우리나라 겨울철에 건기가 나타나는 타이의 푸켓은 날씨도 크게 덥지 않아 해수욕을 즐기기에 좋아. 푸켓에서 배를 타고 갈수 있는 피피 섬에서의 스노쿨링은 관광객들에게 인기가 좋지.

열대 해안에서는 많은 사람이 다양한 레저 스포츠를 즐겨. 그래서 동남아시아의 유명 휴양지에는 바나나보트, 수상오토바이, 윈드서핑, 카이트서핑 등 다양한 수상 레저 상품이 갖춰져 있단다.

고산 지대의 매력에 풍덩!

기후에 가장 큰 영향을 미치는 것은 위도지만, 해발 고도의 영향도 무시하지 못해. 해발 고도가 100m씩 올라갈 때마다 평균 기온은 0.65°C씩 낮아져. 예를 들어 해수면의 기온이 20°C라면, 해발 고도 4,000m 지점의 기온은 영하 6°C가 되는 거야.

해발 2,000m 이상의 높은 산지가 펼쳐지는 곳을 고산 지대라고 해. 열대 기후 지역의 고산 지대에서는 사람이 살기에 적합한 봄철 같은 기후가 나타나.

필리핀의 고산 도시 바기오는 해발 고도 1,500m의 고원에 위치하는데, 연평균 기온이 17.9°C 정도로 매우 온화해. 인도네시아의 반둥과 말레이시아의 카메론하일랜즈도 비슷한 기후 특징을 보이는 지역이야.

남아메리카 대륙 서쪽에 있는 안데스 산지에는 콜롬비아의 보고타, 에콰도르의 키토, 페루의 쿠스코, 볼리비아의 라파스 같은 고산 도시가 있어. 이 도시들 중 관광객의 발길이 가장 잦은 곳은 쿠스코야.

마추픽추 안데스 산지에 위치한 마추픽추는 태양의 도시, 공중 도시, 잃어버린 도시라고도 불리지.

쿠스코는 옛 잉카 제국의 수도야. 잉카 사람들이 사용했던 케추아어로 '배꼽'이라는 뜻을 가지고 있지. 잉카 사람들에게 쿠스코는 세계의 배꼽, 곧 세계의 중심이었다고 볼 수 있어.

쿠스코는 해발 고도 3,400m에 달하는 페루 남부의 고원 지대에 위치하는데, 이곳은 신비의 도시 마추픽추로 들어가는 관문 역할을 하기도 해. 잉카 제국의 유적지 마추픽추는 1911년 발견되기까지 아무도 그 존재를 몰랐기에 '잃어버린 도시'라고 불리지. 마추픽추는 1500년대 이후 에스파냐 정복자에게 쫓긴 잉카인들이 세운 도시라고 해. 2,350m의 고도에 만들어진 주거지와 경작지가 매우 인상적인 곳이야.

쿠스코는 월평균 기온이 10~14°C 정도로, 우리나라 늦가을 정도의 날씨가 나타나. 주민들은 야마나 알파카의 털로 짠 옷을 입고, 챙이 둥근 모자를 쓰는 경우가 많아. 위도가 낮고 해발 고도가 높아 직사광선과 자외선이 강하기 때문이야.

쿠스코 원주민들의 전통 의상과 전통 음식 쿠이

안데스 지역은 예로부터 감자, 옥수수, 호박을 많이 생산했어. 안데스 지역의 고도가 낮은 곳에서는 열대 작물인 바나나, 커피, 사탕수수를 재배하기 때문에 식재료가 풍부하지. 이 지역엔 '쿠이'라는 전통 음식이 있어. 쿠이는 기니피그를 말하는데, 단백질이 귀한 고산 지대에서 즐겨 먹던 음식이래. 안데스 지역에는 고유의 전통 음식과 유럽에서 들어온 에스파냐 음식이 결합되어 음식 문화가 발달했단다.

여행객의 마음을 사로잡는 지중해

지중해성 기후는 지중해 연안 지역에서 주로 나타나. 지중해는 대서양에 속한 바다로, 바다 대부분이 육지로 둘러싸여 있어. 지중해의 북쪽에는 유럽, 남쪽에는 아프리카, 동쪽에는 아시아가 있지. 지중해성 기후는 미국 캘리포니아 지역, 칠레의 중부 지역(산티아고), 오스트레일리아의 남서부 지역(퍼스)에서 나타나기도 해.

우리나라는 여름에 비가 많이 내리고 겨울에는 건조한데, 지중해성 기후 지역은 여름에 건조하고 겨울에 비가 많이 내려. 지중해성 기후는 여름철에는 아열대 고압대의 영향을 받고, 겨울철에는 온난 습윤한 편서풍의 영향을 받아. 여름에는 건조 기후 같고 겨울에는 서안 해양성 기후처럼 되는 거지.

지중해성 기후의 특징이 두드러지게 나타나는 지역은 그리스와 이탈리아, 에스파냐인데, 이 나라들에는 전 세계에서 수많은 관광객이 찾아들고 있어. 특히 이탈리아와 에스파냐는 세계 5대 관광국에 속해. 쾌적한 기후와 다양한 문화 유적 덕분이지.

에스파냐에는 '마요르카'라는 섬이 있어. 마요르카는 바르셀로나 남쪽에 위치한 발레아레스 제도 중에서 가장 큰 섬이야. 제주도의 두 배 크기로, 인구는 30만 명 정도야. 마요르카를 찾는 관광객은 1년에 1,000만 명을 넘는다고 해. 우리나라를 찾는 1년 동안의 관광객 수와 비슷한 수준이지.

마요르카는 1년 내내 온화한 기후를 보여. 연중 가장 추운 달의 평균 기온이 12°C나 될 정도야. 늦가을에서 초봄에 걸친 비수기를 지나면, 서유럽과 북유럽의 관광객들은 이곳으로 눈부신 태양을 찾아온단다.

서유럽 지역은 1년 내내 흐린 날이 지속되는 반면, 마요르카에서는 여름철에 고온 건조한 기후가 펼쳐져. 작열하는 태양과 푸른 바다가 어우러지고, 지중해에서 잡은 어류와 여러 과일로 이루어진 풍성한 식탁은 여행객의 마음을 훔치기에 충분하지.

지중해 연안 지역의 관광지로는 프랑스의 리비에라, 이탈리아의

에스파냐의 마요르카

프랑스의 리비에라

몰타

이탈리아의 시칠리아

그리스의 산토리니

해안 지역과 시칠리아, 작은 섬나라 몰타, 그리스의 산토리니 등 셀 수 없이 많아.

지중해성 기후 지역은 여름이 고온 건조하기 때문에 수목 농업이 발달했어. 수목 농업이란 과수원에서 포도, 올리브, 오렌지 등을 생산하는 농업을 말해. 이 지역에서는 여름철에 주로 수목 농업을 하고, 겨울이 되면 밀 농사를 짓는단다.

온대 기후와 냉대 기후의 매력은?

온대 기후는 기온이 온난하고 강수량이 비교적 많은 중위도 지방의 기후를 말해. 온대 기후는 분포 범위가 넓고 지역마다 특징도 다양하단다. 서유럽처럼 서안 해양성 기후가 나타나는 곳도 있고, 우리나라와 같이 온대 계절풍 기후가 나타나는 지역도 있어. 앞서 살펴본 지중해성 기후도 온대 기후에 속해.

온대 기후가 멋진 것은 사계절이 뚜렷하기 때문이야. 봄, 여름, 가을, 겨울이 각각의 매력을 뽐내지.

온대 기후 지역 중 낙엽이 지는 활엽수가 자라는 곳에서는 단풍을 볼 수 있어. 우리나라 사람들은 나뭇잎에 단풍이 들고 낙엽이 지는 것을 당연하게 받아들이지만, 세계에서 단풍과 낙엽을 볼 수 있는 지역은 그리 많지 않아. 온대 기후 지역 중에서도 겨울철 기온이 높은 곳에서는 상록 활엽수가 자라거든.

노랑, 빨강, 주황 등 다양한 색깔의 나뭇잎들이 만드는 단풍의 향

연은 봄에 만발하는 꽃만큼이나 아름다워. 단풍의 아름다움은 동남아시아에도 널리 알려져서 우리나라로 단풍 관광을 오는 사람이 늘고 있어.

냉대 기후는 겨울이 길고 추우며 여름은 짧고 더워. 기온의 연교차가 큰 기후야. 냉대 기후 지역은 겨울에 기온이 낮고 눈이 많이 내리기 때문에 겨울 스포츠가 발달했어. 특히 눈이 많이 내리는 북아메리카의 로키 산지와 유럽의 알프스 산지에는 스키, 스노보드 등을 즐기려는 사람이 많이 모여들지.

타이 어린이들의 가장 큰 소원은 눈을 구경하고 만져 보는 거래. 더운 나라 사람들에게 눈과 얼음, 스키, 그리고 오싹한 추위는 한번 경험해 보고 싶은 일이야. 겨울철 우리나라 스키장에 가면 동남아시아 사람들이 두꺼운 외투를 입고 추위에 떨면서 활짝 웃는 모습을 종종 볼 수 있단다.

오스트레일리아의 오지, 아웃백에서 온 편지

안녕?

우리는 애버리지니야. 애버리지니는 오스트레일리아 원주민을 가리킨단다.

우리는 아웃백에 살고 있어. 레스토랑이냐고? 아니야. 아웃백은 서부 오스트레일리아의 건조 지역을 말해.

아웃백 지역에는 대체로 건조 기후가 나타나지만, 지역이 워낙 넓어 열대 사바나 기후와 지중해성 기후 등 다양한 기후가 나타나기도 해.

아웃백에는 사막과 초원이 주로 펼쳐지는데, 이곳에는 캥거루, 딩고, 에뮤 같

애버리지니

은 독특한 동물들이 함께 살고 있지. 들개류인 딩고는 여행객을 위협하니, 혹시 이곳에 올 계획이 있다면 조심해야 해.

아웃백 지역 중 풀이 잘 자라는 곳이나 찬정이라는 시설을 통해 물을 구할 수 있는

에뮤　　　　　　　　딩고

곳에서는 사람들이 소와 양을 방목하면서 살아가지. 우리를 통틀어 애버리지니라고 하지만 실제는 서로 언어가 다른 여러 부족으로 이루어져 있어. 언어에 따라 소규모로 무리 지어 살지. 우리는 오스트레일리아의 백인들보다 아웃백의 자연환경을 잘 이해할뿐더러 실생활에 잘 활용해. 배가 아플 때는 어떤 풀잎을 먹어야 하는지, 어떤 풀잎을 먹으면 어떤 맛과 향이 나는지, 어떤 풀에 독이 들어 있는지 잘 알지.

언제 한번 놀러 오렴. 경이로운 풍경의 바오바브나무 군락을 보여 줄게.

지형으로 떠나는 여행

세계의 여러 지형

〈쿵푸 팬더〉라는 영화를 보다가 깜짝 놀란 적이 있어. 영화에 갑자기 익숙한 풍경이 나오는 거야. 예전에 아빠가 여행했던 중국의 명소인 장자제였지. 장자제는 영화 〈아바타〉의 배경이 되기도 했어.

장자제에는 수백 미터의 돌기둥이 늘어서 있어. 그 모습이 아름다우면서도 신기한데, 중국의 옛 시인 두보는 장자제를 보고, "어찌 이럴 수가 있느냐, 보고도 모를 일이다."라고 말했대.

아빠는 처음에 장자제를 보고 분명 석회암이 물에 녹아 탑처럼 생긴 탑카르스트 지형이라고 생각했어. 그런데 자료를 찾아보니 장자제의 봉우리는 석회암이 아니고 사암이라는 거야. 석회암이 아닌 사암이 탑카르스트 형태의 지형을 형성하다니!

장자제 지역은 약 3억 8,000만 년 전에는 망망대해였어. 장자제가 바다였을 때 조개껍질 등이 쌓여 석회암이 만들어졌고, 그러다 바다가 융기하여 육지가 되었어. 이때 하천에 의해 이동한 모래들이 점점 쌓여 굳어지면서 석영질 사암이 만들어졌어. 땅이 더 솟아올라 탁자와 같은 야트막한 고원이 만들어진 이후 강이 흐르면서 골짜기를 깎아 내고 암석이 무너져 내리는 과정을 거쳐 오늘날의 지형이 형성된 거야.

세계에는 산지, 평야, 하천, 해안 등 여러 모습의 지형이 있어. 독특하고 아름다운 모습의 지형은 사람들을 모여들게 하고, 그들의 발길을 머물게 하지.

신비한 경관의 장자제 돌기둥 형태를 이루는 봉우리들은 석영질 사암으로 이루어져 있어. 돌기둥의 높이는 무려 500m에 이르지.

지금부터 우리의 두 눈을 의심할 만한 놀라운 지형들에 대해 살펴보고, 그러한 지형이 형성된 이유에 대해서도 함께 알아보자.

지형은 어떤 힘으로 만들어질까?

지형은 땅의 생김새를 말해. 여기서 땅이란 지구의 표면을 뜻하지. 지구는 핵, 맨틀, 지각으로 구성되어 있는데, 그 모습이 마치 삶은 달걀과 같아. 지구의 핵은 노른자, 맨틀은 흰자, 지각은 달걀 껍데기에 해당하지. 이 중에서 지각은 지구의 바깥쪽을 차지하는 부분으로, 다양한 모습을 지니고 있어.

지표면의 형태를 바꾸는 데는 반드시 힘이 작용해야 해. 힘이 가해지지 않고 저절로 형태가 바뀔 수는 없어. 지형을 바꾸는 힘은 크게 지구 내부와 지구 외부에서 발생해. 지구 내부의 힘에 의해 지형이 바뀌는 것을 '내인적 작용', 지구 외부의 힘에 의해 지형이 바뀌는 것을 '외인적 작용'이라고 해.

내인적 작용은 맨틀의 대류 작용에서 비롯해. 대류 작용이란 따뜻한 공기나 물은 상승하고 차가운 공기나 물은 하강하여 순환이 이루어지는 것을 말해. 맨틀은 핵과 지각 사이에 위치한 반고체 상태의 물질인데, 대기가 대류 작용에 의해 움직이듯 맨틀에도 대류 작용이 일어나. 맨틀의 대류 작용으로 땅이 솟아오르는 것을 융기, 가라앉는 것을 침강 작용이라고 해. 그리고 땅이 휘는 것을 습곡, 끊어지는 것을

지구의 구조 지구는 내핵과 외핵, 맨틀, 지각으로 이루어져 있어.

단층 작용이라고 하지. 지각의 약한 틈에서는 마그마가 분출해서 화산을 만들기도 해.

　외인적 작용은 태양 에너지와 물과 대기의 결합으로 이루어져. 태양 에너지가 물과 바람의 순환을 가져오고, 이로 인해 비가 내리고, 하천이 흐르고, 파도가 치면서 땅의 모양을 바꿔 놓는 거야.

　내인적 작용은 자주 발생하진 않지만 그 힘이 워낙 커서 높은 산맥이나 넓은 평야 같은 큰 규모의 지형을 만들어. 반면 외인적 작용은 비가 내리고 바람이 불면서 지속적으로 이루어지기에 작은 규모의 지형들을 만들지. 내인적 작용이 지구를 울퉁불퉁하게 한다면, 외인적 작용은 지구를 평평하게 만든다고 볼 수 있어. 외인적 작용은 지구의 주름을 조금씩 펴내기 때문에 다른 말로 '평탄화 작용'이라고 부르기도 해.

지형의 형성 작용　지형은 지구 내부의 에너지와 지구 외부의 태양 에너지에 의해 만들어져.

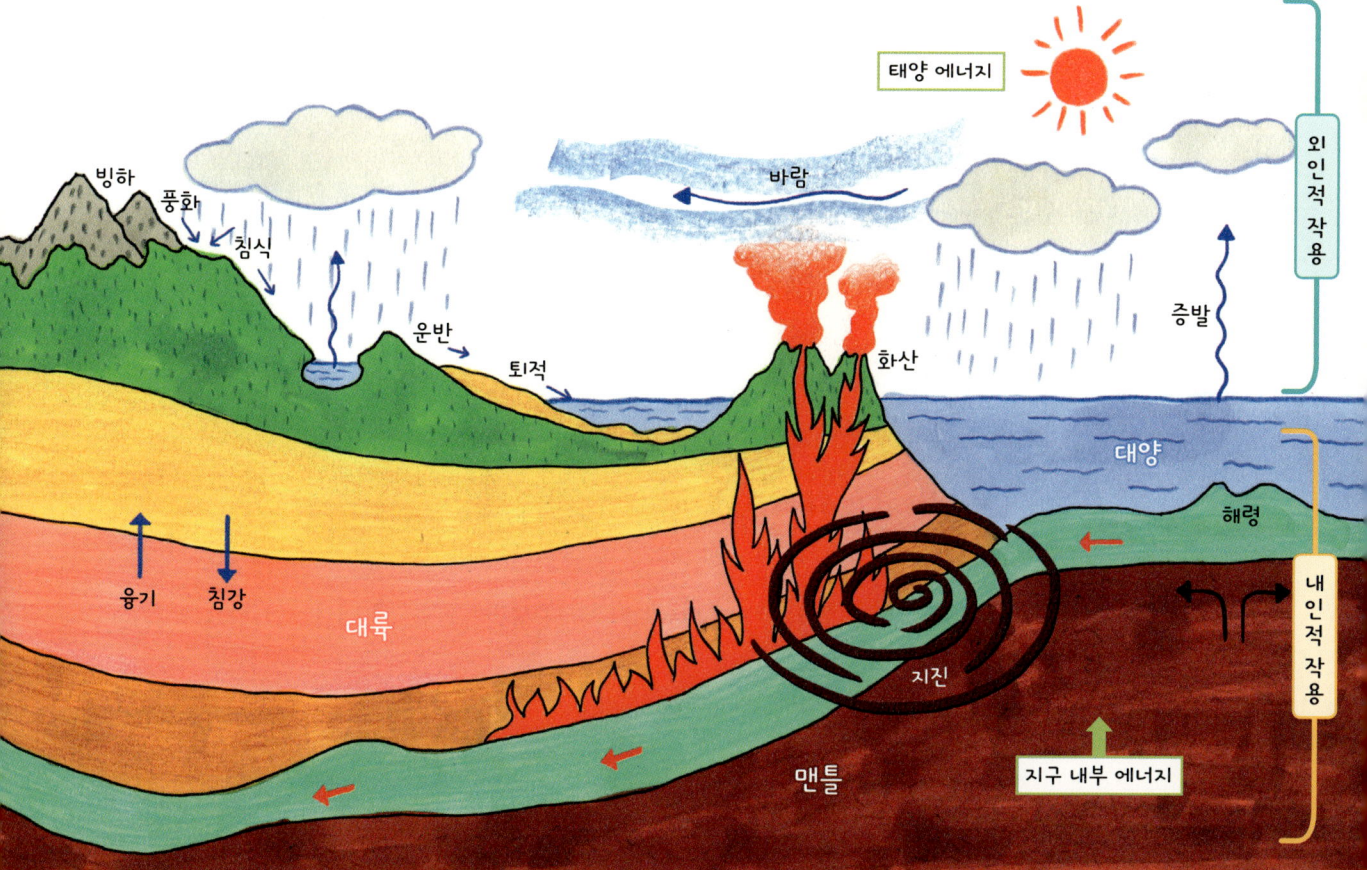

땅과 땅이 부딪쳐 생긴 곳, 히말라야

세계에서 가장 높은 산맥은 중국과 인도를 가르는 히말라야 산맥이야. 히말라야는 눈(雪)을 뜻하는 '히마(hima)'와 거처를 뜻하는 '알라야(alaya)'의 합성어로, '눈의 거처'라는 뜻을 갖고 있어.

히말라야 산맥이 만들어진 과정은 매우 극적이야. 아주 오래전 남위 20~40° 지역에 위치했던 역삼각형의 인도 땅이 북쪽으로 7,000km 이상 이동하면서 유라시아 대륙에 속해 있던 티베트 지역과 부딪쳤어. 대륙 지각판끼리 서로 부딪치면서 바다였던 땅이 솟아올랐고, 히말라야 산맥과 티베트 고원이 형성되었지.

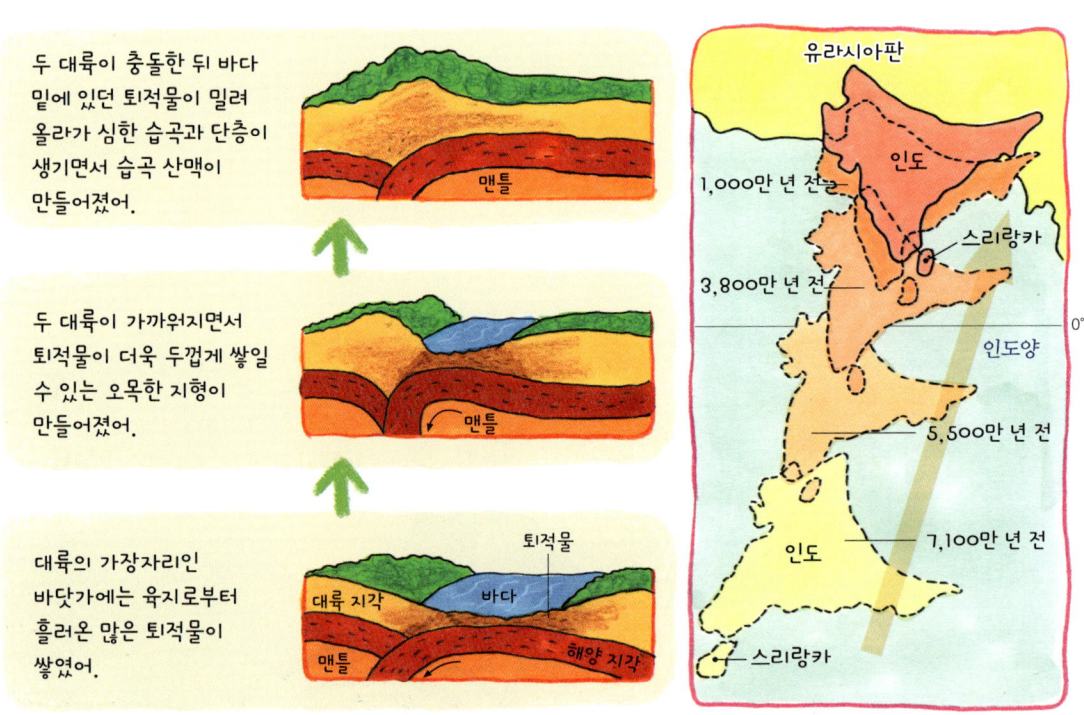

히말라야 산맥의 형성 과정 인도 땅이 유라시아 대륙과 부딪쳐서 히말라야 산맥이 생겨났어.

에베레스트 산 지구 상에서 가장 높은 산지로 인도 북동쪽, 네팔과 중국(티베트) 국경에 우뚝 솟아 있어.

지구 상에 있는 7,000m 이상의 산 23개 모두가 히말라야 산맥에 위치하는데, 그중에서 가장 높은 산이 에베레스트 산이야. 에베레스트 산의 높이는 8,848m로 알려져 있어. 세계 최고봉인 히말라야 산맥을 등반하면서 많은 사람이 목숨을 잃기도 했지만, 그 높고 웅장한 봉우리들은 여전히 산악인들을 꿈꾸게 하지.

히말라야 산맥과 같은 높은 산지는 신생대의 습곡 작용을 통해 형성되었어. 이러한 산지를 '신기 습곡 산지'라고 해. 북아메리카의 로키 산맥, 남아메리카의 안데스 산맥, 유럽의 알프스 산맥 등도 신기 습곡 산지에 해당해. 신기 습곡 산지와 그 주변 지역은 지각 변동이 지금도 계속되고 있어. 지각이 불안정해서 지진과 화산 활동이 활발히 일어나고 있단다.

홋카이도에는 어떤 화산 지형이 있을까?

일본의 여러 섬 중 북쪽에 있는 홋카이도는 '동양의 스위스'라고 불리는 곳이야. 초여름에는 라벤더 향기가 가득하고, 가을에는 한발 앞서 단풍이 물들며, 겨울에는 하얀 눈 나라가 펼쳐지지. 홋카이도의 이색적인 풍경과 깨끗한 공기는 세계인들을 유혹하고 있어.

홋카이도의 노보리베츠에는 '지옥 계곡'이 있어. 지옥 계곡은 화산 폭발로 형성된 갈색 바위와 잿빛 흙이 무시무시한 느낌을 주는 곳이야. 곳곳에 펄펄 끓는 물이 흘러넘치고, 계곡에도 후끈한 느낌이 들 정도의 뜨거운 물이 흐르고 있지. 부글거리며 끓어오르는 구멍에 날달걀을 넣으면 바로 익을 정도야. 화산 가스에 묻어 나오는 유황 냄새가 지독한 곳이기도 하지.

화산대에 위치한 홋카이도는 이러한 지형을 이용해 만든 여러 온천

불의 고리와 일본의 도호쿠 지진 환태평양 조산대는 세계의 화산과 지진이 70%나 집중되어 있는 곳이야. 그래서 흔히 '불의 고리'라고 불리지. 도호쿠 지진이 발생한 곳도 환태평양 조산대인 불의 고리에 속해.

일본 홋카이도의 쇼와신 산 1943년부터 2년 동안 이루어진 화산 활동으로 보리밭이었던 평지가 산이 되었어.

시설과 화산 폭발 과정에서 땅이 함몰되어 형성된 아름다운 도야 호수도 있어서 많은 여행객이 찾고 있단다.

노보리베츠 가까이에는 우스 산과 쇼와신 산이라는 화산이 있어. 아빠는 여러 차례 폭발한 공포의 우스 산보다 규모는 작지만 붉은색을 지닌 쇼와신 산이 인상 깊었어. 쇼와신 산은 1943년부터 2년간 있었던 화산 폭발로 생겼지. 평범한 보리밭이던 땅이 솟아올라 402m의 산이 된 거야.

그런데 왜 일본에서는 화산 활동이 많이 일어나는 걸까? 일본은 환태평양 조산대에 위치하기 때문이야. 환태평양 조산대는 태평양을 둘러싸고 있는 홀라후프 모양의 조산대인데, 이곳은 세계 큰 지진의 70%가 집중되는 곳이야. 지난 2011년 도호쿠 지역에서 있었던 무시무시한 지진과 쓰나미도 환태평양 조산대에 위치하기 때문에 발생한 거란다.

20억 년의 지구 역사를 담고 있는 그랜드캐니언

그랜드캐니언은 영국 BBC 방송이 죽기 전에 꼭 가 봐야 할 곳 1위로 선정했던 명소로, 미국 서부 애리조나 주에 위치해. '그랜드(grand)'는 '장대하다', '캐니언(canyon)'은 '골짜기'라는 뜻이야. 따라서 '그랜드캐니언'은 말 그대로 큰 골짜기, 대협곡이라는 뜻이지.

그랜드캐니언은 붉은 바위들이 무지개떡처럼 켜켜이 쌓인 거대한 고원에 콜로라도 강이 흐르면서 형성된 깊고 좁은 골짜기야. 콜로라

그랜드캐니언 미국 서부 애리조나 주에 위치한 커다란 협곡으로, 20억 년에 걸쳐 만들어진 암석층을 볼 수 있지.

도 강은 넓은 고원의 구석구석을 파고들어가 거칠게 소용돌이치고 있어. 그랜드캐니언의 전체 협곡을 이으면 무려 446km에 달하는데, 이는 서울에서 부산까지의 거리와 비슷하지.

그랜드캐니언의 아래쪽은 화산 활동으로 만들어진 검은 빛깔의 현무암으로 되어 있어. 그 위에 무지개떡처럼 쌓인 암석은 석회암과 사암이야. 석회암은 바다의 조개껍질 등이 쌓여서 만들어진 퇴적암이고, 사암은 모래가 쌓여서 만들어진 퇴적암이야. 이를 통해 과거 화산 활동으로 쌓인 현무암 위에 석회암과 사암이 번갈아 가며 쌓였다는 사실을 알 수 있어. 땅이 오르내리면서 바다가 되었다가 육지가 되었다가를 반복한 거지. 지반이 높아지기 전부터 흐르던 하천이 지반이 융기하는 과정 중 지구 중력 방향, 곧 아래 방향으로 침식해 들어가면서 오늘날의 대협곡이 만들어진 거야.

그랜드캐니언 내부의 지층

수직으로 1,500m 높이에 이르는 계곡의 여러 지층에는 20억 년의 지구 역사가 고스란히 담겨 있어. 그래서 사람들은 그랜드캐니언을 '지질학의 교과서'라고 부르기도 해.

혹시 나중에 그랜드캐니언에 가게 된다면 스카이워크에서 아찔한 계곡을 내려다보는 것도 좋겠지만, 말을 타고 계곡 바닥에서 좁은 오솔길을 따라 올라가 보렴. 여러 지층을 통과하다 보면 지구의 역사가 그대로 느껴질 거야.

양쯔 강이 아름다운 이유

비가 내리면 빗물은 땅으로 떨어졌다가 하늘로 증발하거나 강물이 되어 바다에 이르게 돼. 빗물이 바다에 이르는 통로를 하천이라고 할 수 있지. 여행을 하다 보면 늘 만나게 되는 것이 하천이야. 하천을 잘 살펴보면 하천이 그 지역 사람들의 삶에 어떤 기능을 하는지를 알 수 있단다.

아빠는 중국 상하이의 푸둥 공항에 착륙하기 전, 비행기에서 상하이 근교의 농촌 지역을 내려다본 적이 있어. 땅 위에는 작은 수로가 나뭇잎의 잎맥처럼 촘촘히 발달해 있었고, 수로 옆으로는 논과 밭 그리고 사람들이 사는 집이 있었어. 이 수로들은 양쯔 강 하류의 크리크였

중국의 주요 하천 중국의 주요 하천은 중국 서부에 위치한 고원 지역에서 시작해 동쪽으로 흘러. 황허 강은 황해, 양쯔 강은 동중국해로 유입돼.

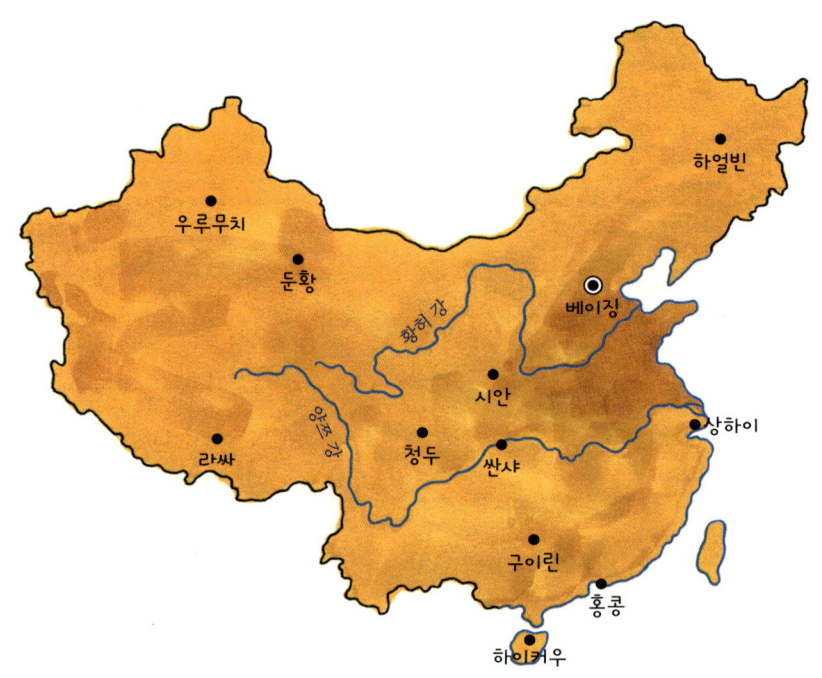

어. 크리크는 중국 평야 지대에서 배수와 관개 교통을 목적으로 파 놓은 작은 운하야. 크리크를 본 순간 '아! 양쯔 강 하류의 작은 지류 하천에도 사람들이 저렇게 많이 기대어 사는데, 양쯔 강 전체는 얼마나 많은 사람을 먹여 살릴까?' 하고 감탄했지.

중국 사람들의 마음속에는 두 개의 강이 있어. 하나는 '하(河)'이고, 다른 하나는 '강(江)'이야. '하'에 해당하는 것은 황허 강이고, '강'에 해당하는 것이 양쯔 강이야. 양쯔 강은 전체 길이가 6,300km에 달해. 전 세계에서는 세 번째로 길고, 아시아에서는 가장 길지. 양쯔 강은 쿤룬 산맥에서 시작해 티베트 고원의 남동쪽을 가로질러 흐른 다음, 쓰촨 성을 지나 싼샤에 이르러. 싼샤를 지나면 평야가 펼쳐지는데, 이 넓은 평야 지대를 통과한 뒤 동중국해로 흘러들지.

하천이 위대한 것은 드넓은 평야를 만들기 때문이야. 하천은 산지를 깎고, 거기에 자신이 부려 온 흙을 쌓아 비옥한 평야를 만들어. 중국 땅의 약 40%가 양쯔 강의 물길이 스치는 곳이야. 이는 양쯔 강에 기대어 사는 중국인이 매우 많다는 것을 의미해.

양쯔 강의 중류 지역에는 둥팅 호가 있어. 둥팅 호는 흔히 동정호라고 부르는데, 중국에서 두 번째로 큰 담수호야. 담수호는 소금 성분이 없는 호수를 말해. 사실 둥팅 호는 엄밀히 말하면 호수가 아니라 여러 강이 모여서 양쯔 강으로 흘러드는 하천 줄기에 해당하지. 계절과 강수량에 따라 면적이 변하는데, 이를 통해 양쯔 강의 유량을 조절하여 안정화하는 역할도 해. 둥팅 호에는 수많은 섬이 있어. 섬에 있는 정자에서 멋진 경치를 감상하며 유유자적한 시간을 보내는 것도 즐거운 일이야.

둥팅 호에서 내륙 쪽으로 더 가면 싼샤가 있어. 몇 년 전 싼샤 댐이 건설되면서 사람들의 주목을 받았지. 싼샤에서는 높은 절벽 사이로 흐르는 아름다운 강의 모습을 볼 수 있어. 중국 당나라 때의 시인 두보는 이러한 싼샤의 풍경을 다음과 같이 시로 남겼어.

    싼샤는 어디를 일러 말하는가,
    두 암벽 벼랑이 문같이 마주해 건장하도다.
    하늘에 들어가도 오히려 돌빛뿐이요,
    물을 뚫고 들어도 홀연히 바위로구나.

                                            – 두보, 〈구당양애〉

중국 양쯔 강에 위치한 싼샤의 절경

빙하가 남긴 지형을 찾아서

영화가 막 시작할 때 뾰족한 산봉우리 주변에 별들이 튀어나와 원을 그리는 장면, 본 적 있지? '파라마운트'라고 하는 영화사를 상징하는 장면인데, 거기에 등장하는 뾰족한 산이 '마터호른'이야.

마터호른은 스위스와 이탈리아의 국경 지역에 위치하는 4,478m 높이의 산봉우리야. 피라미드처럼 생긴 마터호른을 만든 것은 빙하야. 빙하는 산지의 바위를 깎아 말발굽 모양의 움푹 들어간 땅을

알프스 산맥의 마터호른 마터호른은 빙하의 침식 작용으로 만들어졌어.

만들어. 이를 권곡이라고 하는데, 아이스크림을 숟가락으로 푹 퍼낸 듯한 모양이지. 산봉우리를 중심으로 여러 개의 권곡이 발달하여 한 지점에서 서로 만나면 마터호른과 같은 뾰족한 봉우리, 곧 첨봉을 만들게 돼.

알프스 산지의 계곡에서는 빙하가 U자 형태로 침식한 U자곡을 볼 수 있어. 빙식곡이라고 부르는 U자곡의 측면은 수직에 가까운 절벽으로 이루어져 있지만, 절벽 안쪽은 빙하가 가져온 돌과 흙이 쌓여 평평한 평야를 이루어. 이곳은 사람들이 살아가는 공간이야. 집, 들판, 도로가 그 안에 다 있는 거지.

노르웨이의 피오르 해안 피오르 해안은 빙하가 만든 U자형 골짜기에 바닷물이 들어차서 형성되었어.

유럽 북부 스칸디나비아 반도에 위치한 노르웨이는 좁은 국토 면적에 비해 바다에 인접한 해안선이 길어. 노르웨이의 해안선은 심하게 꼬불거리는데, 전체적으로 보면 좁고 긴 만들이 반복되는 구조로 되어 있어. 모두 빙하의 영향을 받은 탓이야.

피오르 해안은 빙하의 침식으로 만들어진 골짜기에 빙하가 녹아서 사라진 뒤 바닷물이 들어와서 생긴 만이야. 좁고 긴 형태의 만은 모양이 강과 비슷하기 때문에 강인지 바다인지 조금 헷갈려. 그런데 해수면을 기준으로 할 때 피오르 해안의 만입 지역(바닷물이 육지 쪽으로 휘어 들어온 지역)은 수심이 매우 깊어. 빙하가 만든 깊은 골짜기에 바닷물이 들어차 있기 때문이지.

피오르 해안은 양쪽으로 절벽이 이어지고, 멋진 바위 아래로 폭포수가 떨어지는 절경을 구경할 수 있는 곳이야. 그래서 이곳에선 경치를 감상할 수 있는 유람선을 운행하지.

우리나라의 지형 속으로 떠나 볼까?

 아빠, 우리나라는 지형이 참 다양해요. 땅은 좁지만 곳곳에 산도 있고, 바다도 있고, 넓은 평야도 있고요.

맞아. 우리나라 국토의 약 70%는 산지이고, 곳곳에 사람들이 모여 살기 좋은 평야가 펼쳐져 있지. 또 삼면이 바다여서 다양한 해안 지형도 볼 수 있단다.

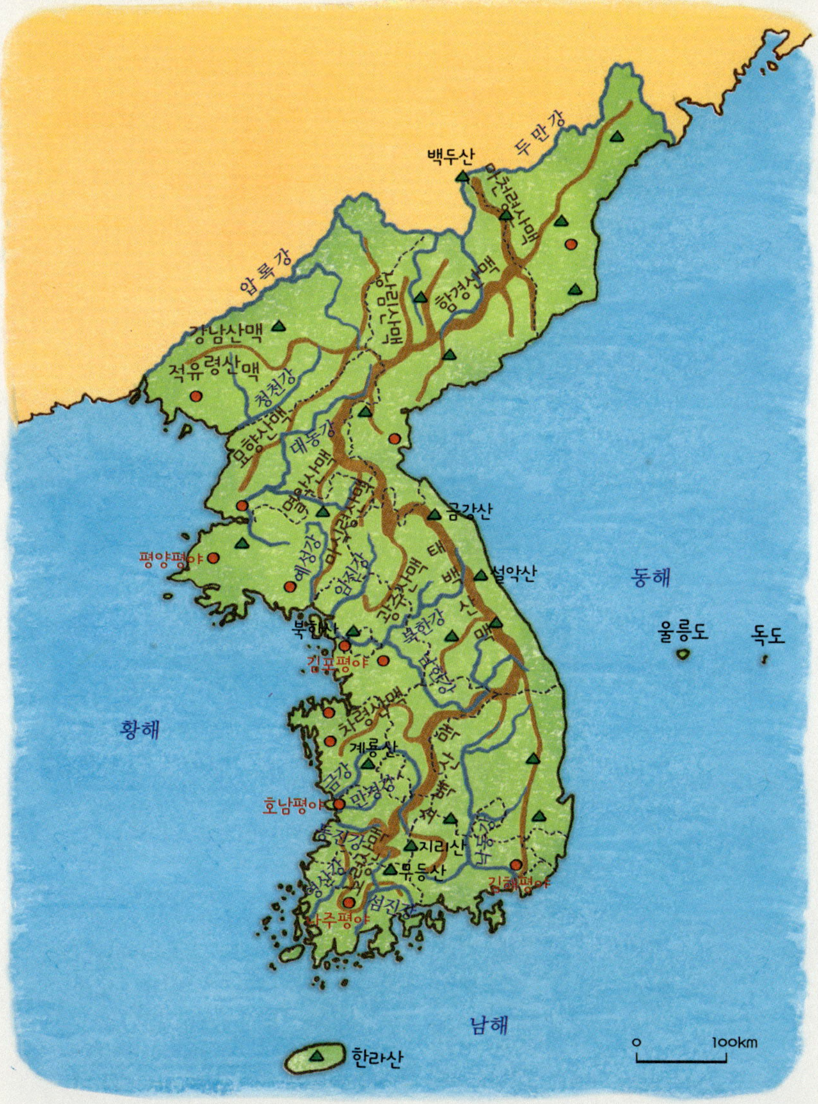

우리나라의 주요 지형

강원도 설악산

지난여름 강원도에 갔을 때가 생각나요. 서울을 벗어나니까 들판이 펼쳐졌고 동쪽으로 갈수록 산이 많아졌다가 조금 더 가니 바다가 나왔어요. 그런데 강원도엔 높은 산이 참 많더라고요.

높은 산은 한반도의 북동부에 많아. 우리나라의 지붕인 개마고원의 서쪽에는 낭림산맥이 있고, 동남쪽에는 함경산맥이 있지. 중부 지방의 동쪽에는 우리나라의 등뼈라 할 수 있는 태백산맥이 위치해. 낭림산맥과 태백산맥이 등뼈라면, 이들 산맥으로부터 갈비뼈와 같은 작은 산맥들이 서쪽과 남서쪽으로 뻗어 있단다.

아빠랑 강줄기를 따라 걸으면서 이대로 강물을 따라가면 어디까지 이어질까 하는 생각을 해 봤어요.

큰 강은 주요 산맥의 서쪽에서 시작되어 황해로 흘러들어. 압록강, 대동강, 한강, 영산강과 같은 큰 강들은 모두 서쪽으로 흐르고 있어. 남쪽으로 흐르는 큰 강인 낙동강과 동쪽으로 흐르는 강인 두만강을 제외하면 큰 강은 전부 서쪽으로 흐르지.

강 주변에는 들판이 많더라고요. 강이 들판을 풍요롭게 해 주는 건가요?

전라남도 담양군 영산강

전라북도 호남평야

그래, 강 주변에는 들판이 펼쳐지지. 들판의 규모는 하천의 상류에서 하류로 갈수록 넓어져. 하류 지역에 펼쳐진 넓은 들판을 평야라고 하는데, 전라북도의 호남평야, 전라남도의 나주평야, 경기도의 김포평야 등이 대표적이야. 낙동강이 바다와 만나는 곳에는 낙동강이 가져온 점토와 모래가 쌓여 만들어진 김해평야가 위치해. 강은 평야를 만든 뒤 바다로 흘러간단다.

우리나라 지도를 보면 삼면이 바다이긴 한데, 해안선 모양은 다 달라요.

우리나라의 해안선은 뚜렷한 대비를 이뤄. 서해안과 남해안은 해안선이 매우 꼬불꼬불하고 섬이 많지만, 동해안은 섬이 적고 매끈하지. 섬, 만, 반도가 많아 해안선이 복잡한 해안을 리아스 해안이라고 하는데, 우리나라의 서해안과 남해안은 세계적인 리아스 해안에 해당해.

그런데 같은 해안이어도 모습이 다 다르지 않나요? 어느 해안은 바위로 이루어져 있고, 어느 해안은 모래사장이 펼쳐져 있고요.

맞아. 우리나라 모든 해안은 암석 해안과 모래 해안이 번갈아 가면서 나타난다고 볼 수 있어. 육지가 바다로 돌출한 곳에서는 암석 해안, 바다가 육지로 파고든 곳에서는 모래 해안이 나타난단다. 한편 조수 간만의 차가 큰 서해안에는 점토가 쌓여 형성된 갯벌이 널리 발달해 있어.

 우리나라에는 정말 다양한 지형과 자연 경관이 있네요.

강원도 삼척시 삼척 해수욕장

경기도 화성시 궁평리의 갯벌

우리나라의 매력적인 풍경 속으로

우리나라의 자연 경관

오래전 아빠는 황동규 시인의 〈몰운대〉라는 시를 읽고 몰운대의 모습이 궁금해 찾아간 적이 있어. 시인이 이야기한 '꽃가루 하나가 강물 위에 떨어지는 소리가 엿보이는 그런 고요한 절벽'이 보고 싶었거든. 시인은 서울에서 쉽게 다녀올 수 있는 곳이라고 했는데, 실제로 가 보니 멀고도 멀었지. 영동 고속도로를 빠져나와 이름 없는 국도로 접어들자 길은 끝도 없이 이어졌고, 도로 옆으로는 산과 계곡을 이루는 강줄기가 펼쳐졌어.

오후 늦게야 강원도 정선에 위치한 몰운대에 도착했어. 숙소 앞에 흐르는 강 건너편 바위 절벽이 몰운대였는데, 기대했던 것보다는 소박한 느낌을 주더구나.

마침내 여행을 마치는 날 차로 휘이 돌아 몰운대 절벽 위에 닿았을 때, 무심코 아래쪽에 감돌아 흐르는 하천을 봤어. 입에서 짧은 탄성이 절로 나왔지. 시인이 본 것이 바로 이것이었구나 싶었어.

이처럼 우리나라에는 설악산이나 제주도 같은 알려진 명소 외에도 알려지지 않은 아름다운 곳이 많아. 오랜 시간에 걸쳐 자연이 만들어 낸 보석과 같은 지형이 곳곳에 숨어 있단다. 아빠와 함께 우리나라의 매력적인 자연 경관 속으로 여행을 떠나 볼까?

강원도 정선의 몰운대

돌산과 흙산의 각기 다른 매력

아빠는 북한산을 좋아해. 북한산은 산의 모양이 아름답고, 계절에 따라 달라지는 모습도 무척 흥미로워. 정상까지 오르는 여러 개의 코스는 각기 다른 풍경과 매력을 갖고 있지.

북한산은 우리나라의 대표적인 돌산으로, 인구 1,000만 명이 사는 서울에 있어. 어느 산에나 바위가 있긴 하지만, 아빠가 말하는 돌산은 바위가 겉으로 노출되어 있는 화강암 산지를 말해. 북한산의 가장 높은 봉우리는 백운대인데, 그곳에 가까이 가면 가파르게 솟아오른 바위에 로프를 묶고 암벽을 기어오르는 사람들을 볼 수 있어.

북한산은 기반암이 화강암으로 되어 있어. 화강암은 마그마가 지각을 뚫고 올라오다가 땅속 깊은 곳에서 식으며 형성된 암석이야. 북한산의 백운대를 비롯해 금강산, 설악산, 관악산에서 볼 수 있지.

북한산의 기반암인 화강암

북한산

지리산

지리산의 기반암인 편마암

　우리나라에는 흙산도 많아. 경상남도, 전라북도, 전라남도에 걸쳐 있는 지리산은 해발 고도 1,915m로 남한에서는 한라산 다음으로 높아. 지리산은 북한산과 달리 산이 나무로 뒤덮여 있지. 지리산의 기반암은 변성암의 일종인 편마암으로 이루어져 있어. 편마암 산지는 화강암 산지와 달리 오랜 시간에 걸쳐 풍화를 받아 토양층이 잘 형성되어 있고 나무들이 잘 자라. 화강암 산지만큼 화려하지는 않지만, 빗물을 품는 능력이 뛰어나단다.

　서울을 여행하는 외국인들은 대도시에 북한산 같은 큰 산이 있다는 데 많이 놀라워해. 서울에는 북한산뿐 아니라 관악산, 남산, 아차

산 등 산이 많지. 지방의 대도시도 마찬가지야. 부산에는 금정산과 장산, 대구에는 팔공산, 대전에는 계룡산, 광주에는 무등산이 있어. 언제든지 도시 가까이에 있는 아름다운 산을 찾을 수 있는 건 일상의 커다란 즐거움이 된단다.

세계 자연 유산, 제주도

우리나라 남쪽 섬 제주도의 자연 경관에는 다양한 볼거리가 많아. 제주도에서의 지형 여행은 비행기가 제주 공항에 착륙하기 전부터 시작돼. 비행기에서 제주도를 내려다보면 이국적인 느낌의 밭들을 볼 수 있어. 여러 도형을 이루는 밭들의 경계에는 검은색 돌들이 쌓여 있는데, 이 검은색 돌은 제주도 어디서나 만날 수 있는 현무암이야. 제주도의 돌하르방도 현무암으로 만들었단다.

제주도의 탁 트인 해안가 지역에서는 한라산 정상을 볼 수 있어. 한라산 정상에서 이어져 내려오는 능선을 보면 매우 완만해서 전체적으로 방패를 엎어 놓은 것 같아. 방패를 엎어 놓은 형태의 완만한 경사를 지닌 화산을 '순상 화산'이라고 불러. 한라산은 산정부만 빼고는 전체적으로 산세가 완만해.

제주도에는 '오름'이라고 부르는 작은 산이 많아. 제주도 사람들은 흔히 오름에서 태어나서 오름에서 죽는다고 이야기해. 그만큼 제주도에는 오름이 흔하고 생활 공간 가까이에 위치한다는 의미지. 오름은 제주도의 화산 활동이 완성될 무렵 작은 폭발성 분화로 형성된 산이야. 제주도의 오름은 모두 360개 정도인데, 의외로 외지 사람들은 오름을 잘 찾지 못해. 제주도 여행 중에 밥공기를 엎어 놓은 것처럼 생긴 언덕을 만나면 무조건 오름이라고 생각하면 돼.

유네스코(UNESCO)에서는 제주도의 일부 지역을 세계 자연 유산으로 지정했어. 그중 하나가 섬의 동쪽에 위치한 성산 일출봉이야. 성산 일출봉은 분화구가 매우 큰 것이 특징이야. 바닷속에서 분출한 마그마가 바닷물과 만나면서 폭발력이 강해졌고, 그로 인해 커다란 분화구가 만들어졌지.

짙푸른 바다와 초록빛 풀밭을 보면서 일출봉을 오르다 보면 어느새 숨이 차올라. 하지만 포기하지 않고 한 계단 한 계단 오르다 보면 어느새 계단 끝에 서서 커다란 분화구를 볼 수 있어. 아무리 더운 날이라도 이곳에 서면 시원한 바닷바람을 쐴 수 있단다.

　제주도 서귀포의 지삿개 해안에서는 검은색 육각 모양의 돌기둥을 볼 수 있는데, 이를 '주상절리'라고 해. 현무암질 용암이 바닷물과 만나 급하게 식으면서 수직으로 틈을 만들며 갈라졌는데, 위에서 보면 그 모양이 벌집 구조를 닮았어. 주상절리는 사람이 기술을 동원하여 만들어 놓은 것처럼 정교하고 멋지지.

하천을 따라가는 지형 여행

한강은 남한에서 중부 지방을 흐르는 가장 크고 긴 하천이야. 한강은 강원도 북쪽에서 시작된 북한강과 강원도 남쪽에서 시작된 남한강으로 이루어져 있어. 이 두 강이 경기도 양평의 두물머리에서 만나 비로소 하나가 돼. 그러고는 우리나라의 중심부인 서울을 통과하여 황해로 흘러들지.

북한강의 상류 지역인 강원도 양구군 해안면에서는 침식 분지를 볼 수 있어. 분지는 산지로 둘러싸인 땅을 말해. 해안면의 중앙부는 화강암으로 되어 있고, 주변의 산지부는 편마암으로 되어 있는데, 하천이 중앙의 화강암 부분을 많이 침식해서 분지가 된 거야. 가마솥 모양을 지닌 지형이지.

강원도 양구의 해안면 침식 분지 침식 분지는 주변 산지를 이루는 편마암보다 중앙부의 화강암이 하천에 의해 많이 침식되면서 만들어졌어.

남한강의 지류 하천인 동강으로 가 볼까? 동강은 영월의 동쪽에 있다고 해서 붙여진 이름이야. 당연히 영월 서쪽에는 서강이 흐르고 있단다. 동강은 그랜드캐니언의 콜로라도 강과 마찬가지로 산지 사이를 꼬불꼬불 파고들면서 흐르는 강이야. 이런 하천을 '감입 곡류 하천'

이라고 불러. 동강 주변에는 높은 산지들이 절경을 이뤄. 사람들은 은빛 물결이 일어나는 강에서 멋진 산들을 바라보며 래프팅을 즐기지.

영월에서 한강을 따라 하류로 여행을 하다 보면 서울에 닿아. 서울을 흐르는 한강은 상류 지역의 자연적인 매력과는 또 다른, 도시와 어우러진 아름다운 경관을 지니고 있어. 한강에는 강 사이를 가로지르는 31개의 다리와 강가에 조성된 둔치가 있어. 둔치란 홍수기 강물이 불어날 때를 대비하여 남겨둔 강가의 빈터야.

강원도 영월의 동강 동강은 산지 사이를 굽이굽이 흐르는 감입 곡류 하천이야.

사람들은 둔치에 조성된 공원에서 휴식을 취하기도 하고, 시원한 강바람을 맞으면서 자전거를 타기도 해. 그리고 체육 시설을 이용하여 축구나 농구, 야구 같은 운동을 즐겨. 한강 곳곳에는 여름철에 개장하는 수영장 시설도 있고, 야영장도 마련되어 있어. 최근에는 한강에 인공 섬을 만들고, 다리의 한가운데에 조망대를 설치하기도 했어. 그래서 점점 많은 사람이 한강에서 휴식과 여가를 즐기고 있단다.

해안 지역의 아름다운 모습들

우리나라는 삼면이 바다로 둘러싸여 있어. 어느 고장에 살든 자동차를 타고 2시간 정도 달리면 바다에 닿을 수 있지.

우리나라의 바다는 위치에 따라 각기 다른 특징을 보여. 동해안은 해안선이 단조롭고 수심이 깊은 반면, 서해와 남해는 해안선이 복잡하고 섬이 많아. 서해안과 남해안 곳곳에는 세계적으로 유명한 해안 습지인 갯벌이 펼쳐져 있어.

해안은 암석 해안, 모래 해안, 갯벌 해안으로 구분돼. 바위가 노출되어 있으면 암석 해안이고, 모랫벌이 펼쳐져 있으면 모래 해안, 갯벌로 덮여 있으면 갯벌 해안이야.

암석 해안은 파도의 침식 작용으로 바위가 깎여 나가면서 형성된 곳이고, 모래 해안은 파도의 퇴적 작용으로 모래가 쌓인 곳이야. 갯벌 해안은 밀물과 썰물의 움직임인 조류 작용으로 작은 입자의 토사들이 쌓인 곳이지.

암석 해안은 육지가 바다로 돌출한 곳에서 발달했어. 곶에서는 파도의 힘이 강하게 작용하여 암석이 깎여 나가지. 모래 해안은 바다가 육지를 향해 들어간 만에서 발달했어. 만에서는 파도의 힘이 약해져 모래가 쌓이게 돼. 갯벌은 만이면서 조수 간만의 차가 큰 곳에서 형성돼.

전라북도 부안의 변산반도의 채석강은 바위 절벽과 그 앞쪽의 평탄하고 넓은 바위로 이루어져 있어. 해안가의 절벽을 '해식애'라고 하고, 넓은 바위 부분을 '파식대'라고 해. 해식애와 파식대 모두 파도의 침식 작용으로 형성된 지형인데, 파도가 계속 치면 절벽의 아랫부분이 침식되면서 절벽이 무너져 내리는 변화가 생겨. 채석강의 바위들은 수만 권의 책을 쌓아 놓은 듯한 멋진 형태를 지니고 있지.

이제 서해안 고속도로를 따라 북쪽으로 이동하여 태안반도로 가 볼까? 태안의 해안에는 모래가 곱고 깨끗한 만리포, 천리포, 백리포 해수욕장이 있어. 해수욕장으로 흔히 이용되는 모랫벌을 '사빈'이라고 해. 영어로는 '비치(beach)'라고 하지. 사빈은 파도가 약한 만 지역에서 파도의 퇴적 작용으로 발달해.

태안의 신두리에서는 해안 사구도 볼 수 있어. 사구는 모래가 쌓여서 형성된 언덕을 뜻해. 신두리 사구는 겨울철 시베리아 대륙에서 불어오는 강한 북서풍에 의해 날아온 모래들이 쌓여서 만들어진 거야. 사람들이 사구 위에 건물을 지어 개발하면서 많은 사구가 파괴되었지만, 다행히 신두리 사구는 아직까지 잘 보전되고 있어.

사구에서는 해당화를 비롯한 다양한 식물이 자라고 있어. 우리나라의 여러 사구 지역에는 소나무와 같은 나무들로 바람막이숲을 조성한 곳도 많아. 바닷가에 소나무가 심어져 있으면 사구라고 생각하면 돼.

강릉에는 경포호가 있어. 경포호는 거울같이 맑은 호수라는 뜻에서 생긴 이름인데 수심이 깊지 않아 사람이 빠져도 크게 다치지 않는다고 해. 해안가에 발달한 호수인 경호포는 석호에 해당해. 석호는 빙하기가 끝나면서 바닷물이 하천 입구에 들어차 만이 되고, 그 앞에 모래가 쌓이면서 형성된 호수야.

동해안의 경포호를 비롯한 영랑호, 청초호, 송지호 등은 그 모습이 아름답기 때문에 많은 관광객을 불러 모으고 있어. 경포호에 달이 뜨면 하늘에도, 바다에도, 호수에도 달이 뜬다는 이야기가 있어. 물론 함께 여행하는 사람들의 눈동자에도 달이 뜨겠지. 그만큼 경포호의 풍경이 맑고 아름답다는 뜻이란다.

전라북도 부안의 채석강 채석강은 파도가 바닷가의 바위를 침식해서 만들어진 지형이야.

충청북도 태안의 신두리 사구 해안 사구는 바람에 의해 운반된 바닷가의 모래로 만들어진 모래 언덕이야.

신비로운 동굴 여행은 어때?

석회암은 물에 녹는 과정에서 다양한 카르스트 지형을 만들어 내. 우리나라에서는 대규모 카르스트 지형이 발달했다고 보기는 어렵고, 카르스트 지형이 관광 자원으로 개발된 곳도 많지 않지.

빗물이 모여 석회암을 녹이며 땅속으로 스며드는 곳에는 돌리네라고 불리는 움푹 파인 지형이 생겨. 돌리네는 웅덩이 형태를 이루고 있고, 물이 잘 빠지기 때문에 주로 밭농사에 이용돼.

아빠는 대학생 때 충청북도 단양의 매포라는 곳에 가 본 적이 있어. 시멘트 공장이 있는 뒤쪽 언덕으로 올라갔는데, 붉은 빛깔의 흙을 잔

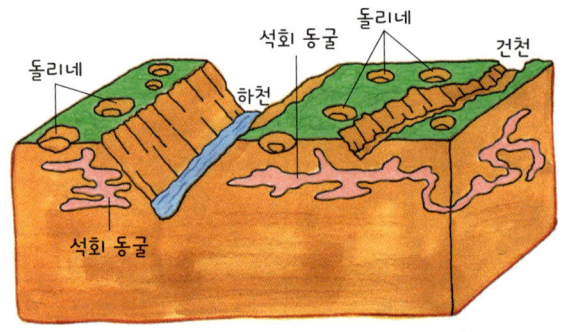

카르스트 지형 석회암과 물이 만나 만들어진 지형이야.

뚝 담고 있는 동그란 밭들이 군데군데 있는 거야. 돌리네에 만들어진 밭이었는데, '돌리네가 어떤 모습일까?'라는 상상만 하다가 직접 눈으로 보니 감동적이었어.

카르스트 지형 중 관광 자원으로 가장 널리 이용되는 것은 석회 동굴이야. 석회 동굴은 강원도 남부와 충청북도 북부 지역에 널리 분포해. 삼척의 대이리 동굴, 정선의 화암 동굴, 영월의 고씨굴, 단양의 고수굴 등이 유명해. 정선의 화암 동굴과 같은 석회 동굴에서는 종유석, 석순, 석주를 볼 수 있어. 종유석, 석순, 석주가 뭐냐고? 석회암을 녹인 물은 다시 석회 성분으로 굳어지기도 하는데, 이때 천장에서 내려오면 종유석, 땅에서 올라오면 석순, 종유석과 석순이 만나면 석주가 되는 거란다.

석회 동굴 석회암 지대의 지하에는 다양한 모습의 석주와 종유석, 석순 등을 볼 수 있어.

매력적인 습지, 우포늪

2008년 가을, 경상남도 창원에서는 습지 보호를 위한 세계 협약인 람사르 총회가 열렸다. 람사르 총회가 창원에서 개최된 것은 창원 인접 지역인 창녕에 우포늪이 있기 때문이다.

우포늪은 우포를 비롯하여 목포, 사지포, 쪽지벌 등의 얕은 습지로 이루어져 있다. 여름이면 초록빛 수초로 뒤덮이고 갈대가 일렁이며, 겨울에는 철새의 낙원이 된다. 생태계의 보고로 알려지면서 우포늪을 찾는 사람들의 발길도 점차 늘고 있다.

경상남도 창녕의 우포늪

우포늪은 겉보기에는 꽤 넓은 호수다. 하지만 호수와 달리 수심이 깊은 곳도 어른의 허리를 넘지 못한다. 늪은 물에 젖어 있는 땅, 곧 습지에 해당한다. 람사르 협약에 따르면, 늪의 기준은 물이 빠졌을 때 수심 6m 이하가 되는 곳이다.

우포늪은 어떻게 생겨났을까? 1만 8,000년 전 지구는 빙하기였다. 빙하기에는 바닷물이 줄어들어 강은 깊은 골짜기를 따라 흘렀다. 빙하기가 끝나면서 해수면이 상승하여 강물이 잘 빠져나가지 않는 습지가 생겼는데, 우포늪은 그런 습지 중의 하나이다.

한때 우포늪을 개간해서 땅으로 만들어야 한다는 주장이 있었다. 하지만 우포늪은 자연 생태계의 보고일 뿐 아니라, 비가 많이 내렸을 때 낙동강의 홍수 범람도 막아 주는 역할을 하므로 잘 보전해서 후세에 물려주는 것이 바람직하다. 여름에 우포늪이 커졌다가 여름이 끝나면서 크기가 줄어드는데, 우포늪의 이러한 변화도 홍수 방지와 관련이 깊다.

5 엄청난 자연재해의 위력

자연은 때때로 예고 없이 화를 내지
자연의 분노에 대비하는 방법
우리에게 익숙한 자연의 횡포

자연은 때때로 예고 없이 화를 내지

지형과 기후로 인한 자연재해

인도네시아의 발리 섬에는 '아궁 산'이라는 화산이 있어. 아궁 산은 '위대한 산'이라는 뜻을 가지고 있는데, 발리 사람들은 이곳을 세계의 배꼽이라고 생각해. 배꼽이 몸의 한가운데 있듯이 아궁 산이 세계의 중심에 위치한다고 믿는 거지. 아궁 산의 산허리에 있는 베사키 사원은 발리 사람들이 최고로 숭상하는 힌두교 사원이기도 해.

아궁 산은 해발 고도 3,142m에 달하고, 베사키 사원은 900m 정도에 위치해. 베사키 사원 가까이에는 6,000여 명이 사는 마을이 있었어. 잘 가꾸어진 열대 정원과 야자수들이 드리운 아름다운 마을이어서 발리를 찾는 사람들도 한 번씩 들렀던 곳이지.

그런데 휴화산인 줄 알았던 아궁 산은 1963년 대폭발을 일으켰어. 12시간에 걸쳐 화산재와 돌이 비처럼 쏟아졌고, 계곡의 작은 집들은 화산재에 덮여 버렸어. 이 재해로 무려 2,000명이 넘는 사람들이 목숨을 잃었고, 살아남은 사람들조차 살아갈 집과 터전을 잃었지.

베사키 사원을 오르면서 생각했어. 발리 사람들이 믿는 힌두교의 비슈누 신을 비롯한 온갖 신이 이들을 돌보고 있었다면, 왜 화산이 폭발하여 사람들이 목숨을 잃은 걸까? 신들이 사람을 사랑하지 않는 걸까? 아니면 신들도 자연의 위대한 힘 앞에는 어쩔 수 없는 걸까?

화산 폭발 이후 발리 사람들은 아궁 산을 달래기 위해 섬 주민 모두가 참가하는 제례 의식을 지내 왔어. 폭발 100주년에는 발리 사람 전체가 참여하는 커다란 의식을 거행할 예정이라고 해. 다시는 재앙이 일어나지 않도록 간절히 바라는 마음을 담아 기원하기 위함이지.

이처럼 자연은 때때로 크게 화를 내어 사람들을 놀라게 해. 그리고 엄청난 피해와 상처를 안기기도 하지. 태풍, 가뭄, 홍수, 지진, 화산 폭발, 해일 등 인간의 힘으로 막을 수 없는 자연 현상으로 인한 피해를 '자연재해'라고 해.

인도네시아 발리의 아궁 산 인도네시아 자바 섬 동쪽에 위치한 발리 섬의 화산이야. 활화산이어서 언제 다시 폭발할지 몰라.

자연재해는 크게 두 종류로 나눌 수 있어. 하나는 지형과 관련된 재해이고, 다른 하나는 기후와 관련된 재해야. 지형과 관련된 재해에는 지진과 화산이 있고, 기후와 관련된 재해에는 홍수와 가뭄, 태풍이 있지. 지진과 화산, 홍수로 인해 산사태가 일어나고, 지진과 태풍으로 인해 해일이 발생하기도 해.

지진 발생과 화산 폭발의 경우 일정한 주기가 있다는 주장이 있지만, 아직은 정확한 발생 시기를 예측하기 어려워. 그만큼 지진과 화산 폭발에 미리 대비하기도 어렵지.

홍수와 가뭄, 태풍 등은 특정 지역에서 일정한 시기에 반복되는 경향이 있어. 그래서 이를 파악하고 체계적으로 대비하면 피해를 줄일 수 있지.

지각 변동의 후폭풍, 지진과 화산 폭발

지구는 여러 개의 지각판으로 이루어져 있어. 지각판은 지구의 표면을 둘러싸고 있는 두께 100km 정도의 암석 판이야. 지각은 크고 작은 10여 개의 지각판으로 이루어져 있어. 이 지각판들이 이동하는 과정에서 서로 부딪치기도 하고 밀어내기도 하면서 마찰이 발생해. 이 마찰로 땅이 흔들리고 갈라지면 지진, 지표의 갈라진 틈으로 마그마가 분출하면 화산 활동이 발생하는 거야.

뉴질랜드의 크라이스트처치에서는 2010년과 2011년 두 차례에 걸쳐 지진이 발생했어. 2010년 9월 4일에 발생한 지진은 진도 7.1이었고, 2011년 2월 22일에 발생한 지진은 진도 6.3이었어. 2명이 중상을 입었던 2010년 때보다 2011년의 지진이 진도는 낮았지만 진앙(지진이 발생한 지점)의 위치가 도시 중심부였기 때문에 무려 65명이 목숨을 잃었지.

크라이스트처치에서 반복적으로 지진이 발생한 이유는 이곳이 지각판의 경계부에 위치하기 때문이야. 지도를 보면 환태평양 지진대의 일부를 이루는 뉴질랜드가 인도·오스트레일리아판과 태평양판의 경계부에 위치하는 것을 알 수 있어. 특히 뉴질랜드의 수도인 웰링턴과 남섬 최대의 도

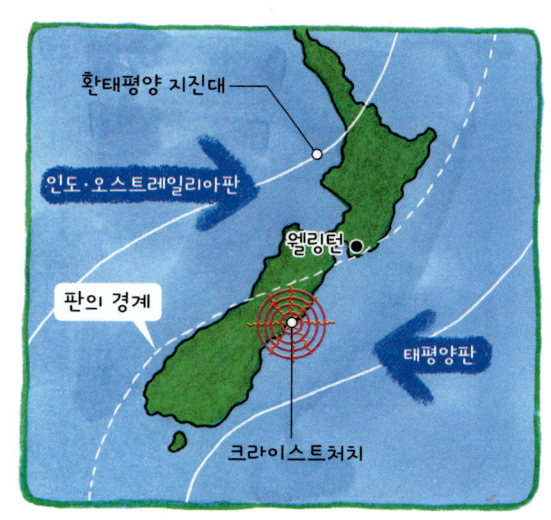

뉴질랜드 크라이스트처치 부근의 지각판

시 크라이스트처치가 판의 경계부 가까이에 위치해.

지각판 경계부와 지진대를 표시한 세계 지도를 보면, 지각판들이 만나는 지역에서 커다란 지진이 자주 발생한다는 점을 알 수 있어. 1990년대 이후 이란 북서부, 일본 고베와 동북부, 파푸아뉴기니, 아프가니스탄 북부, 인도 서부 구자라트, 인도네시아 수마트라, 아이티에서 발생한 지진은 모두 판의 경계에 위치한 지진대에서 발생한 거야.

화산 활동도 지진과 마찬가지로 조산대를 따라 분포해. 화산 활동은 마그마가 지각의 약한 틈을 타고 분출하는 것인데, 지각층이 두꺼운 곳에서는 마그마가 분출하지 않아. 예를 들어 히말라야 산맥은 지각판의 경계부에 위치하지만 화산 활동이 일어나지 않아. 두꺼운 지각판이 마그마를 누르고 있기 때문이지.

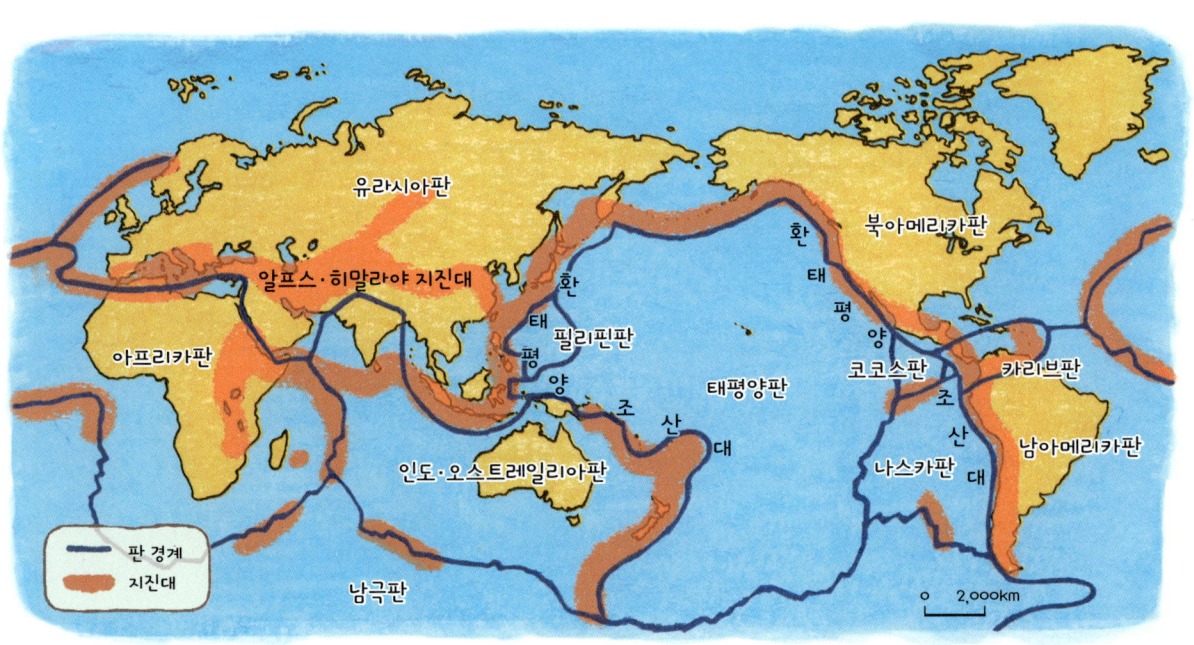

세계의 지각판 경계와 지진대

자료: 디케이 세계 지도, 2009

순식간에 모든 것을 쓸어 가는 해일

해일은 바닷물이 갑자기 크게 일어나 육지를 덮치는 현상을 말해. 해일은 태풍 같은 기상 변화에 의해서도 발생하고, 지진 같은 지각 변동에 의해서도 발생해. 쓰나미라 불리는 지진 해일은 그 규모와 위력이 강력해 피해가 크지.

아빠는 타이의 푸켓 지역에 갔을 때 바닷가의 호텔에 머물렀어. 호텔이 제법 높은 경사지에 위치하고 있었는데도, 호텔 시설 곳곳에는 지진 해일 발생 시의 대피로가 표시되어 있었어.

아빠를 안내해 준 분은 2004년 12월 말에 있었던 끔찍한 이야기를 들려주셨어. 당시 그분은 다른 지역으로 관광 안내를 다녀왔는데, 지진 해일로 온 동네가 쑥대밭이 되었더래. 집은 거의 무너졌고, 남편은 실종되었는지 연락이 안 되었대. 백방으로 수소문한 끝에 남편이 무사히 있음을 확인하고는 그 자리에 주저앉아 감사의 기도를 했다고 해.

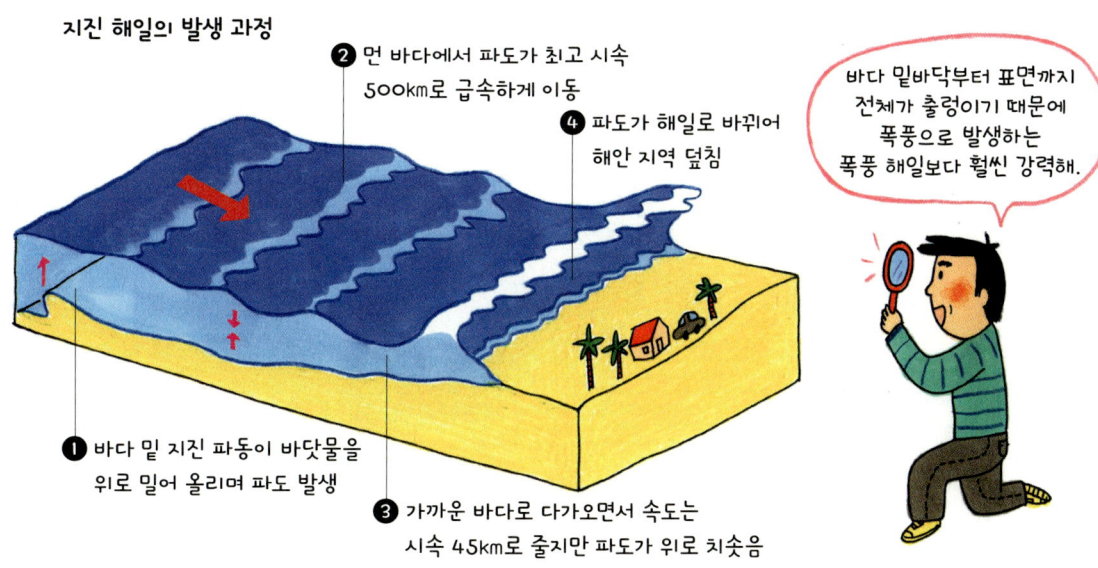

지진 해일의 발생 과정

동일본 대지진 2011년 3월, 일본 동북부 지방에서 지진과 초대형 해일이 발생해 엄청난 피해를 입혔어.

 2004년 말 지진 해일을 일으켰던 지진은 인도네시아 수마트라 섬 북서부의 아체라는 지역에서 발생했어. 인도네시아에서 발생한 진도 9.3의 강한 지진은 근처 바닷물을 위아래로 요동치게 했고, 그 여파로 일어난 지진 해일의 피해는 아프리카의 인도양 연안까지 미쳤어.

 2011년 3월 일본 동북부에서 일어났던 대지진에 의한 해일 역시 사람들을 공포로 몰아넣었어. 거친 파도가 덮쳐 건물이 무너지고 사람들이 바다로 쓸려 나갔지. 곳곳에서 화재가 발생하고 도시의 시설물들이 쓰레기 더미가 되고 말았어. 게다가 후쿠시마 현에 있는 원자력 발전소에서 사고가 발생해 방사능 물질까지 누출되었어. 일본의 지진 해일은 태평양 건너 칠레와 페루 해안까지 영향을 미쳤어. 지도를 보면 일본에서 발생한 지진으로 인해 태평양 연안 지역이 순차적으로 영향을 받게 됨을 알 수 있어. 우리나라도 일본의 지진과 무관하지 않은 위치에 있단다.

지진과 화산이 남긴 상처

대규모 지진이 발생하면 눈앞에서 땅이 흔들리고 갈라지는 믿을 수 없는 일들이 일어나. 거대한 산이 내려앉기도 하고, 단단한 해안 절벽이 무너져 내리기도 해. 지진은 땅 위의 모든 시설물을 뒤흔들기 때문에 건물이 붕괴되고 철도와 도로 같은 교통로가 끊어지기도 해. 또한 수도관, 가스관, 전기선, 통신선 등이 끊어지면서 화재 및 폭발 사고, 단수 및 정전, 통신 불통 같은 피해도 동시에 발생하지. 이로 인해 많은 사람이 목숨을 잃거나 크게 다치고, 한동안 다시 일상생활로 돌아가기가 쉽지 않을 정도로 후유증을 겪게 되지.

그렇다면 화산은 어떠한 상처를 남길까? 화산 폭발 피해의 대표적 예로는 이탈리아의 폼페이를 들 수 있어. 79년 8월 24일 정오, 이탈리

이탈리아의 폼페이 유적 폼페이는 베수비오 화산 폭발로 사라졌던 도시야. 도시 하나를 없애 버린 화산의 위력을 짐작할 수 있지.

아 남부 나폴리 연안에 있는 베수비오 화산이 폭발했어. 며칠 동안 화산 분출이 계속되면서 도시 전체가 화산재에 파묻혔지. 사람들은 화산재에 덮여 목숨을 잃었어. 화산 폭발로 커다란 도시가 한순간에 멸망한 거야. 화산재 속에서 사라져 간 폼페이의 유적은 19세기에 들어서야 발굴되었어. 폼페이의 시간은 2,000년 가까이 정지되어 버렸던 거야.

화산이 폭발하면 화산재는 물론 화산 이류나 화산 가스에 의한 피해도 발생해. 이류란 물과 섞인 진흙이 흘러내리는 것을 말하는데, 화산이 폭발하면 화산 이류가 빠른 속도로 계곡을 따라 흘러내려 마을을 덮치지. 화산 폭발로 흘러내린 용암 때문에 큰 화재가 발생하기도 해. 주변 지역이 나무가 많은 삼림 지대라면 그 피해는 상상을 초월할 정도가 되지.

바람에 의해 화산재가 날아가면 더욱 넓은 지역까지 피해를 줄 수 있어. 2010년 4월 아이슬란드에서 화산이 폭발하면서 화산재가 편서풍을 타고 유럽 대륙 쪽으로 퍼졌어. 영국 및 북유럽 국가들의 항공편이 결항되는 사태가 빚어졌지.

화산 폭발은 지구 전체의 기후에 커다란 영향을 미치기도 해. 인도네시아의 자바와 수마트라 사이에는 '크라카타우'라는 섬이 있어. 이 섬에서 1883년 8월 대규모 화산 폭발이 일어났어. 폭발 소리가 매우 커서 3,500km 떨어진 오스트레일리아의 퍼스에서도 그 소리를 들을 수 있었다고 해. 연기와 재가 대기 중으로 치솟았고, 뜨거운 재가 비처럼 다시 땅으로 쏟아져 내려 수마트라 섬에서 수천 명이 목숨을 잃었어. 섬은 폭발로 인해 바다 밑으로 주저앉았지. 크라카타우 화산의 폭발로 대기 중에 화산재가 덮이면서 세계의 기온이 1.2°C나 떨어졌고, 지구촌 곳곳에서 농작물 수확량이 줄어들어 흉년이 들기도 했어.

비가 너무 많이 와도 걱정, 너무 안 와도 걱정

홍수는 짧은 시간 동안 비가 너무 많이 내리거나 산지의 눈이 일시적으로 녹아 하천이 넘쳐서 발생하는 재해야. 홍수는 세계 여러 지역에서 발생하지만, 그중에서도 가장 잦은 나라가 방글라데시야.

방글라데시는 인구 밀도가 높으면서 경제적으로 빈곤한 나라 중 하나야. 대부분의 사람이 농촌 지역에 거주하면서 벼농사를 짓거나 고기잡이로 생계를 이어 가지.

비는 방글라데시 사람들에게 축복이자 저주야. 계절풍이 몰고 오는 비 때문에 벼농사도 지을 수 있고 비옥한 토양도 갖게 되었지만, 홍수로

홍수가 난 방글라데시

가뭄으로 말라 버린 아프리카의 호수

인해 집과 농경지를 잃고 심지어 목숨을 잃는 경우가 생기거든.

　방글라데시는 벵골 만에서 불어오는 사이클론이라는 거대한 열대 저기압에 의한 홍수 피해도 많아. 사이클론은 태풍과 유사한 성격의 바람이야. 사이클론과 몬순이 겹치면 양동이로 쏟아붓듯 비가 내리지. 이로 인해 매년 5,000여 명이 목숨을 잃고, 700만여 명이 집을 잃어. 국토의 18% 정도가 침수되어 커다란 재산 피해도 발생해. 1998년의 대홍수 때는 전 국토의 75%가 물에 잠기기도 했어.

　가뭄은 비가 오랫동안 내리지 않아서 발생하는 재해야. 가뭄은 초기에는 크게 영향을 미치지 않지만, 장기화되면 그 피해 규모는 홍수와는 비교할 수 없을 정도로 커지기도 해. 가뭄이 지속되면 사람뿐 아니라 모든 생명체가 굶주리고 목숨까지 잃지. 가뭄은 단기간으로 끝나는 재해가 아니고 그 끝이 언제인지 알 수 없어 더욱 고통스러워.

　최근 수십 년 동안 지속되고 있는 아프리카의 심각한 가뭄은 수백만 명의 사람을 기아의 고통으로 몰아넣고 있어. 농목업에 의존하는 아프리카 사람들은 가뭄이 지속되면 살아갈 방도가 없어. 물이 부족해지면 씻을 수가 없어 위생 환경이 악화되고, 말라리아와 뎅기열 등 질병이 퍼지기도 해.

　최근엔 기후 환경의 변화로 인해 지구 곳곳에서 이상 기후가 더 늘어나고 있어. 가장 심각한 이상 기후인 지구 온난화 현상 때문에 건조한 사막은 더 건조해지고 비가 많이 오는 지역은 강수량이 더 많아진단다. 이러한 기상 이변으로 농작물의 수확량이 감소하면서 곡물 가격이 급등하고, 그에 따라 세계의 물가가 상승하는 현상도 자주 발생하고 있어.

자연재해를 활용한 예

자연재해는 사람들에게 엄청난 고통을 안겨 주지만, 간혹 생활에 도움을 주기도 해.

고대 이집트 문명은 나일 강의 홍수 덕분에 번성했다고 할 수 있어. 나일 강 상류에 비가 많이 내리면 강이 범람하는데, 강물이 흘러넘치면서 토사와 유기 물질도 넘쳐 쌓이게 되지. 이 과정이 반복되면서 나일 강 주변의 땅이 비옥해진 거란다.

우리나라의 하천은 대개 여름에 범람하는데, 여름철의 농경지는 이미 잘 자란 농작물로 가득한 시기로, 하천이 범람하면 한 해 농사를 망치게 돼. 나일 강도 여름에 범람하지만 이집트는 1년 내내 따뜻한 기후가 나타나서 하천 범람이 끝난 가을에 농사를 시작할 수 있어. 가

나일 강과 범람원 나일 강이 범람하면서 그 주변에는 비옥한 농경지가 만들어졌어.

뉴질랜드 로토루아의 간헐천 화산 지대의 간헐천은 관광 자원으로도 이용되고 있어.

을에 씨앗을 뿌리고 가꾼 뒤 이듬해 봄에 수확할 수 있는 거지. 나일 강의 범람은 사람들에게 혜택을 줄 뿐, 피해를 주지 않아. 나일 강에서 일어나는 홍수가 이집트 사람들에게는 선물인 셈이지.

무시무시한 화산도 때로는 사람들에게 혜택을 주기도 해. 인도네시아의 자바 섬은 면적이 그리 넓지 않지만 세계에서 가장 많은 사람이 사는 섬으로 유명해. 자바 섬은 화산 폭발로 생겨난 비옥한 화산재 토양 덕분에 농사가 잘되어 많은 사람을 먹여 살리기 때문이지.

화산을 관광 산업에 활용한 지역도 많아. 뉴질랜드의 화산 지대에서도 관광 산업이 발달했어. 로토루아라는 도시에 가면 유황 냄새를 물씬 풍기는 수영장이 있는데, 그곳은 화산의 지열로 데워진 온천수를 이용한 곳이야. 로토루아를 여행하다 보면 땅에서 부정기적으로 뜨거운 물이 솟구치는 간헐천도 볼 수 있고, 마오리족 원주민들이 지열을 이용하여 조리한 '항이'라는 담백한 찜 요리도 맛볼 수 있단다.

조선 시대의 청계천

저는 준천사(濬川司)의 관리 홍봉한입니다. 조선의 수도 한양이 세워진 지 300여 년이 지났습니다. 한양에는 청계천이 있습니다. 청계천이란 '맑은 개울'이라는 뜻인데, 이름과는 달리 악취가 심하고, 비가 많이 내리면 물이 흘러 넘쳐 주변이 침수되는 일이 잦습니다.

준천시사열무도 영조 때의 청계천 준천 모습을 그린 그림

수많은 사람이 한양에서 살다 보니 지난 300여 년간 산지의 나무들이 줄면서 토사가 강으로 흘러들고, 사람들이 버린 오물이 청계천으로 흘러들었습니다. 청계천의 바닥에 흙과 쓰레기가 쌓여 수문이 막히면서 물난리가 발생하고 있는 겁니다.

왕(영조)께서는 큰 결단을 내렸습니다. 청계천 바닥을 파내는 일을 국가에서 하기 위해 준천사를 설치했고, 제가 그 책임자가 되었습니다. 1760년(영조 36)에 약 20만 명을 동원하여 57일 동안 청계천의 바닥을 파내는 작업, 곧 준천 작업을 실시했습니다.

하지만 준천이 끝나자마자 양심 없는 사람들이 오물을 개천에 버리고, 쥐나 고양이, 개의 시체를 비롯하여 전염병으로 죽은 아이들의 시체까지 버렸습니다. 그로 인해 하천의 바닥은 다시 높아지고 있습니다.

준천에는 많은 사람의 수고가 필요하고, 나랏돈도 많이 듭니다. 도성의 사람들이 생각 없이 쓰레기를 함부로 버린다면 몇 년 안에 다시 하천 바닥이 높아지고, 강물은 범람할 것입니다. 청하건대, 청계천을 아껴 주십시오. 청계천을 깨끗하게 유지해야 도성 사람들이 쾌적한 삶을 살 수 있고, 국고 낭비도 줄일 수 있습니다.

자연의 분노에 대비하는 방법

인간 활동과 자연재해

시월 초하루에 이자(李子)가 밖에서 돌아오니, 아이들이 흙을 파서 집을 만들었는데, 그 모양이 무덤과 같았다. 이자는 어리석은 체하며 말하였다.

"무엇 때문에 집 안에 무덤을 만들었느냐?"

아이들이 대답하였다.

"이것은 무덤이 아니라 토담집입니다."

다시 이자가 물었다.

"무엇 때문에 이런 것을 만들었느냐?"

"겨울에 화초나 과일을 저장하기에 좋고, 길쌈하는 부인들에게 편리하니, 아무리 추울 때라도 온화한 봄 날씨와 같아서 손이 얼어 터지지 않으므로 참 좋습니다."

아이들의 말을 들은 이자는 더욱 화를 내며 말하였다.

"여름은 덥고 겨울이 추운 것은 사계절의 정상적인 이치이다. 만일 이와 반대가 된다면 곧 괴이한 것이다. 옛날 성인이, 겨울에는 털옷을 입고 여름에는 베옷을 입도록 마련하였으니, 그만한 준비가 있으면 충분할 것인데, 다시 토담집을 만들어서 추위를 더위로 바꿔 놓는다면 이는 하늘의 명령을 거역하는 것이다. (중략) 아이들이 두려워하여 재빨리 그것을 철거하여 그 재목으로 땔나무를 마련했다. 그러고 나니 나의 마음이 비로소 편안하였다.

고려 시대 문인 이규보의 《동국이상국집》에 나오는 이야기야. 만약 이규보 선생께서 오늘날 우리네 삶을 본다면 얼마나 꾸중하실까? 우리 집만 해도 사시사철 냉장고가 돌아가고, 여름에는 에어컨을 켜고, 겨울에는 전기 매트까지 사용하고 있으니 말이야. 자연의 순리에 따르고자 하는 이규보 선생께 단단히 혼날 각오를 해야 할 거야.

과학이 발전하면서 우리는 이전보다 점점 더 편리한 생활을 하게

되었어. 그리하여 계절이나 날씨의 영향을 덜 받게 되었지.

우리의 식생활에도 많은 변화가 생겼어. 오이며 상추 같은 채소들이 1년 내내 식탁에 오르고, 사시사철 먹을 수 있는 과일도 점점 늘고 있어. 추운 겨울에도 식물이 잘 자랄 수 있는 환경을 갖춘 비닐하우스 덕분이지.

딸기는 초여름, 참외와 수박은 여름철에 맛볼 수 있었던 과일인데, 요즘은 제철이라는 개념이 사라져 버렸어. 마트에서 딸기, 참외, 수박을 언제라도 구할 수 있지. 부족한 과일은 외국에서 사 오기도 해. 우리나라에서 재배하기 어려운 열대 과일과 작물이 우리 식탁에 올라온 지 오래되었고, 종류 또한 점점 늘고 있어.

자연을 변화시키고 이용하려는 인간의 욕망과 그에 따른 기술 개발이 이루어 낸 성과야. 그런데 이런 변화가 궁극적으로 우리의 삶을 이롭게 하는 걸까? 그에 대해서는 한 번쯤 생각해 봐야 할 거야.

도시가 발전할수록 빈번해지는 홍수

그림은 나무와 풀이 무성한 전원 지역과 도시화가 진행된 지역을 비교한 거야. 지표가 모두 숲과 흙으로 이루어져 있을 때는 내린 빗물의 10%만이 하천으로 흘러들고, 지표가 아스팔트나 콘크리트로 되어 있을 때는 빗물의 55%가 하천으로 흘러들어. 같은 양의 비가 내린다고 해도 도시화가 많이 진행된 지역에서는 땅이 빗물을 흡수하기 어려운 거지. 빗물이 땅으로 흡수되지 못하고 하천으로 흘러들면 강물이 쉽

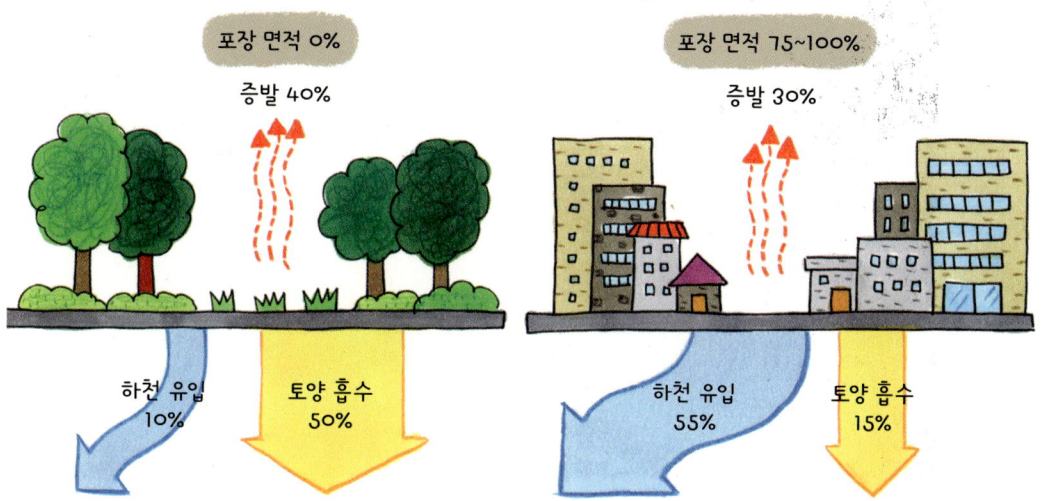

지표 환경의 차이에 따른 빗물의 이동 도시화가 이루어지면 빗물은 토양으로 흡수되지 않고 하천으로 빠르게 빠져나가 홍수의 위험이 커져.

게 불어나. 도시화가 홍수 발생의 위험성을 키우는 거야.

세계에서 가장 빈번하게 발생하는 자연재해는 홍수야. 큰 홍수는 주로 인구가 밀집한 도시 지역에서 발생해. 세계 각국에서 도시화가 활발히 진행되면서 홍수의 위험에 더 많이 노출되고 있어. 그만큼 지구 표면 중 흙보다는 아스팔트나 콘크리트로 덮인 지역이 증가하고 있다는 뜻이지.

우리나라에서도 홍수가 잦은 편이야. 2011년 9월, 서울에 비가 많이 와서 광화문 앞 세종로가 침수되었어. 이순신 장군이 자동차들을 거느리고 한바탕 해전을 치르는 듯한 느낌이 들 정도였지. 사람들은 이때의 홍수를 우스갯소리로 '광화문 대첩'이라 불렀어. 어쩌다가 서울 도심이 이렇게 물바다가 되었을까?

서울은 산업화를 거치면서 도시의 거리를 아스팔트나 콘크리트로

폭우로 잠긴 광화문 일대   도심에 한꺼번에 많은 비가 내려서 아스팔트 도로 위가 물바다가 된 모습이야.

덮어 버렸어. 자동차들이 씽씽 달리기 좋게 도로를 단단하고 매끄러운 아스팔트로 덮은 거지. 하지만 비가 많이 내리면 빗물이 땅속으로 쉽게 스며들지 못해. 그렇기 때문에 빠져나갈 곳이 없는 빗물이 도시 거리를 채우고 마는 거야.

1962년 서울의 도심지가 본격적으로 개발되기 전에는 콘크리트와 아스팔트로 덮인 비율이 7.8%에 불과했지만, 2009년에는 그 비율이 50%를 넘었어. 서울 땅의 절반은 콘크리트나 아스팔트로 덮여 그만큼 홍수의 위험이 커졌지.

아빠는 어렸을 때 길에서 자주 넘어졌어. 매끈하지 않은 흙길에 불쑥 솟아난 돌부리 같은 것이 많았거든. 하지만 지금 대부분의 도시 거리는 아스팔트나 콘크리트로 매끈하게 포장되어 있어. 돌부리가 없어 아이들이 잘 넘어지진 않겠지만, 홍수의 위험성은 더 커지고 있는 거지.

사람이 많아질수록 넓어져 가는 사막

우리나라는 조선 시대까지만 해도 인구가 많지 않았어. 아이가 많이 태어났지만 어릴 때 상당수가 죽고, 무사히 어른이 되었다고 하더라도 전염병과 굶주림으로 일찍 죽는 사람이 많았어. 조선 시대 평균 수명은 아기 때 목숨을 잃는 사람까지 합치면 25~26세 정도였고, 유아 사망자를 제외하더라도 40세가 채 되지 않았지.

아프리카도 마찬가지였어. 슈바이처 박사 같은 의사들이 아프리카 대륙에 의학 기술과 의약품을 들여오기 전에는 평균 수명이 20대 중반 정도밖에 되지 않았어. 당연히 인구도 많지 않았지. 그런데 아프리카 인구가 폭발적으로 증가하기 시작했어. 슈바이처 박사가 돌아가셨던 1960년대 무렵부터야.

그래프는 아프리카와 유럽의 인구를 비교해서 2100년까지를 예상하여 그린 거야. 아프리카 인구가 유럽의 인구보다 많아진 때는 1995년이야. 주목해야 할 점은 앞으로도 계속 아프리카의 인구는 증가할 거라는 사실이야.

사람의 수는 사람 입의 수와 같아. 사람 수를 뜻하는 한자어가 인구(人口)

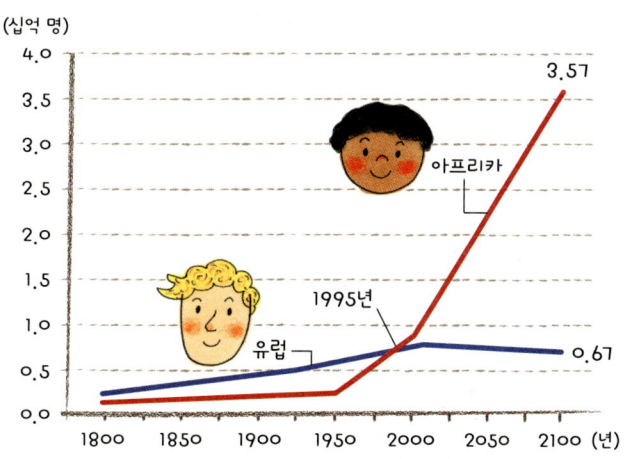

아프리카와 유럽의 인구 변화 예상 유럽의 인구는 정체되고 있는 반면, 개발 도상국이 많은 아프리카의 인구는 빠르게 증가하고 있어.

인 것도 먹는 일의 중요성 때문일 거야. 인구가 증가하면 먹을거리를 확보해야 해.

사헬은 아프리카의 사하라 사막 남쪽에 위치한 좁은 띠 형태의 스텝 지역이야. 사헬은 '가장자리'라는 의미야. 사하라 사막의 가장자리라는 뜻이지. 초원에서 소나 양을 기르며 살아가던 사헬 지대의 사람들은 유럽에서 들어온 약품과 의학 기술 덕분에 수명이 길어졌어. 그래서 인구가 폭발적으로 증가했단다.

사헬 지대에서 양과 염소를 치는 사람이 늘어났고, 농사를 짓는 경지 면적도 증가했지. 하지만 양과 염소의 개체수가 늘고 경지 면적이 증가하면서, 사헬 지대의 풀과 관목들은 점차 사라졌어. 늘어난 인구 때문에 땔감용으로 잘려 나간 나무는 더 많아졌지. 그 결과 스텝 지역은 점차 모래가 가득한 사막으로 바뀌고 있어.

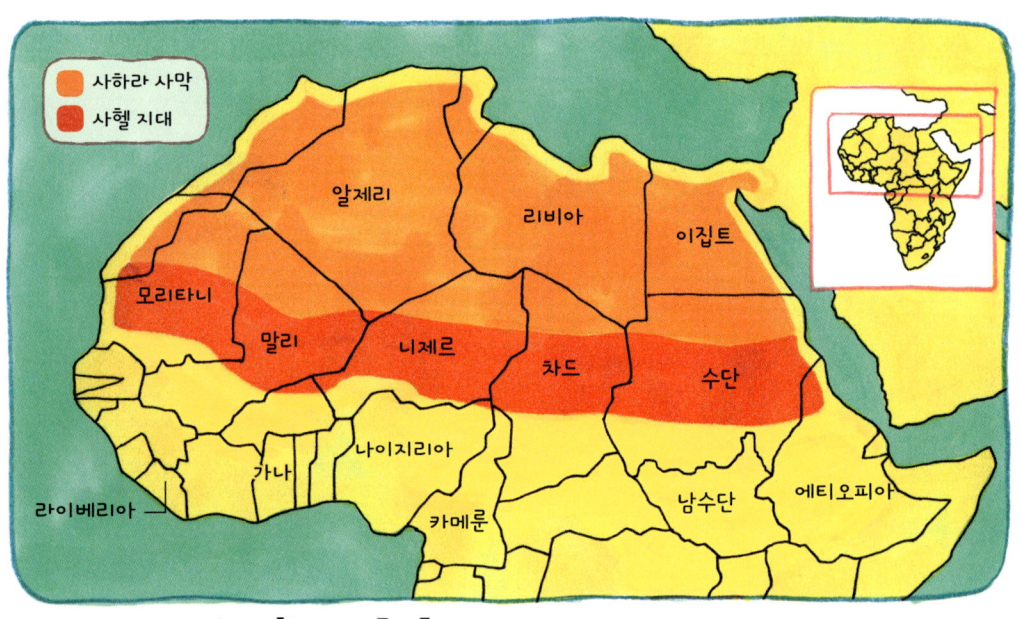

사하라 사막과 사헬 지대의 국가들

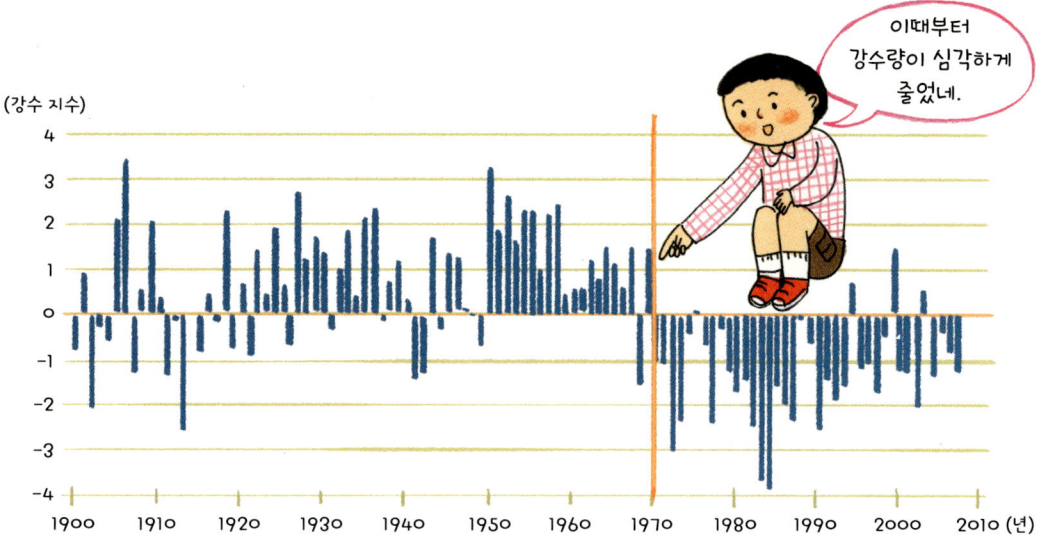

사헬 지대의 강수 변동 지수 값 0을 기준으로 +값은 강수량이 많은 것, -값은 적은 것을 뜻해. 강수 지수는 1970년의 강수량을 기준으로 한 거야.

사헬 지대의 강수 변화를 보여 주는 그래프는 매우 끔찍한 내용을 담고 있어. 1970년대 이후 강수량이 평년보다 줄어든 해가 대부분이야. 비가 적게 내려 가뭄이 지속된다는 이야기지. 우리나라의 가뭄은 한두 달이 지나면 대부분 끝나는데, 사헬 지대의 가뭄은 30년 이상이나 계속되고 있어. 오랜 가뭄으로 숲과 초원이 파괴되면서 사하라 사막이 사헬 지대를 집어삼키고 있단다.

사막화 현상으로 고통받는 지역은 비단 사헬 지대만이 아니야. 아빠는 제29회 올림픽이 열릴 무렵 개최지인 중국 베이징에 다녀왔단다. 당시 그 도시의 주된 쟁점은 '그린 베이징'이었어. 그린은 나무를 비롯한 녹지를 의미해. 중국 사람들은 건조 지역이 만리장성을 넘어 베이징, 톈진 등 동부 해안 지역까지 뻗쳐 오고 있는 것을 두려워하고 있어. 중국 내륙의 사막화 문제가 해안 지역까지 확대되고 있거든.

유럽은 사막이 없는 대륙이야. 하지만 최근의 상황을 보면 유럽에도 사막이 생겨날지 모르겠어. 사막화의 가장 유력한 후보지는 에스파냐야. 에스파냐 남부 알메리아 지역은 한때 오렌지 농장과 레몬 농장이 펼쳐지던 곳인데, 이제는 시도 때도 없이 모래바람이 불고 강은 바닥을 드러내 물길의 흔적만 남은 곳으로 변했어. 내륙으로 들어갈수록 민둥산이 이어지고, 물이 흐르지 않는 강바닥은 차가 다닐 수 있을 정도의 단단한 길로 바뀌었어.

미국 서부와 오스트레일리아 서부에서도 사막화 현상이 확대되고 있어. 지구촌 곳곳이 점차 황폐하게 메말라 가고 있는 것이지.

홍수와 가뭄을 막기 위한 노력

우리나라 대하천의 하류 주변 지역이나 큰 하천으로 흘러드는 지류에는 범람원이 펼쳐져 있어. 범람원은 강물이 흘러넘치면서 만들어진 들판을 말해. 범람원에는 원래 사람이 많이 살지 않았는데, 도시화가 진행되어 아파트 단지로 개발되면서 지금은 많이 살고 있어.

범람원 지역에 주거 지역이 조성될 경우, 평평한 지형 덕분에 생활하기에는 편리하지만 홍수 발생 위험이 커지지. 그래서 홍수를 대비하기 위한 시설이 설치된 곳이 많아. 대표적 시설물이 유수지와 빗물 배수 펌프장이야.

유수지란 비가 많이 내리면 강물을 모았다가 비가 그칠 때 다시 배수시키는 시설이야. 빗물을 배수시키는 펌프가 설치되어 있는 곳은 '○○빗물 배수 펌프장'이라는 이름이 붙는단다.

우리나라 큰 하천 곳곳에는 유수지가 많아. 사진은 경기도 광명의 한 빗물 배수 펌프장의 모습이야. 위의 사진은 비가 많이 내렸을 때 빗물이 가득 차 있는 모습이고, 아래 사진은 평상시 자동차 학원으로 사용하고 있는 모습이야. 강가 쪽에 나란히 놓인 두 건물 안에는 빗물을 하천에서 유수지로, 유수지에서 하천으로 배수시키는 거대한 펌프가 설치되어 있어. 하천보다 지면이 낮은 곳에 빗물 펌프장이 없으면 침수가 되기 쉬운데, 빗물 배수 펌프장을 이용해 빗물을 강제로 내보내서 홍수를 막는 거지.

가뭄을 극복하기 위해서는 물을 확보해야 해. 적은 양의 물을 확보

경기도 광명시의 빗물 배수 펌프장 비가 올 때(위)와 비가 오지 않을 때(아래)의 쓰임이 달라.

5 엄청난 자연재해의 위력 225

하는 것은 지하수 개발을 통해서 가능해. 하지만 반복되는 가뭄에 대비하기 위해서는 다른 하천이나 호수에서 물을 가져올 수 있도록 수로를 설치해야 해. 우리나라는 가뭄에 노출되면 손쓸 방도가 전혀 없는 논이 많았지만, 요즘은 수로를 설치하여 물 걱정 없이 농사를 지을 수 있게 되었단다.

대규모의 물을 확보하기 위해서는 댐을 만들지. 댐을 만들면 홍수와 가뭄을 함께 조절할 수 있는 장점이 있어. 하지만 댐 건설로 인한 생태계 파괴 문제도 만만치 않아. 산에 나무를 심는 것도 훌륭한 가뭄 대책이 돼. 숲이 잘 조성되어 있으면, 가뭄에도 강물이 흐를 수 있지.

아프리카에서는 우물이 마르거나 물이 오염되어 마실 물을 구하기 어려운 곳이 많아. 최근 세계의 많은 구호 단체는 아프리카 지역에 우물을 파 주기 위해 모금과 후원을 하는 등 다양한 노력을 기울이고 있

어. 아프리카에서는 마을의 먼 곳까지 물을 구하러 가는 일을 소녀들이 주로 담당해. 우물이 생기면 수많은 아프리카의 소녀들이 학교에 다닐 수 있단다.

지진 및 화산 폭발 대비에 강한 일본

일본처럼 지진과 화산이 많은 나라에서는 그로 인한 재해에 대비하기 위해 많은 힘을 쏟고 있어. 사진은 일본 후겐다케 화산과 화산 폭발로 피해를 입은 미즈나시 혼진 마을의 모습이야. 이 지역은 용암류와 화산재에 동네가 거의 묻혀 버렸어. 다행히도 용암류의 속도가 느려서 인명 피해는 없었어. 하지만 언제 다시 화산이 폭발해서 용암, 화산재, 화산 이류로 인한 피해가 발생할지 몰라.

후겐다케 화산과 화산 폭발 피해를 입은 가옥
화산이 폭발하면서 인근의 마을과 농경지가 파괴되었어.

일본 교토의 목조 가옥 일본에는 지진의 피해를 줄이기 위해 나무로 지은 가옥이 많아.

마을 주변에는 '미즈나시가와'라는 하천이 있어. 미즈나시가와는 무수천(無水川), 곧 물이 흐르지 않는 하천이라는 뜻을 지니고 있어. 미즈나시가와는 화산 폭발에 대비하기 위해 인위적으로 만든 하천이야. 화산이 폭발할 때 쏟아져 나오는 용암류를 하천으로 유도하여 피해를 줄이도록 한 거지.

처음 일본에 갔을 때 나무로 지은 가옥이 많다는 점이 꽤 인상적이었어. 검은색 지붕에 검은색 칠을 한 목조 가옥은 이국적인 느낌을 주었지. 목조 건물은 콘크리트 건물에 비해 지진 발생 후에도 원래 형태를 잘 유지하는 편이야. 콘크리트 건물은 지진이 일어날 때 지붕과 벽체가 무거워 쉽게 무너져 내리지만, 목조 건물은 덜 무거워 완전히 무너지는 경우가 드물거든. 지진 피해가 덜하다는 이야기지.

일본에서는 큰 빌딩을 지을 때도 지진에 잘 견딜 수 있도록 설계해. 지진에 견딜 수 있는 구조물의 내구성을 내진 설계 혹은 면진 설계라고 부르는데, 그중 한 가지는 기초를 고무처럼 유연한 물질로 짓도록 설계하는 거야. 지진이 일어나면 건물이 좌우로 흔들리긴 하지만, 무너져 내리지는 않도록 하는 거지. 이처럼 일본은 지진과 화산 활동의 피해를 줄이기 위해 많은 노력을 하고 있어.

자연과 지혜롭게 공존하기

옛날에는 한강 둔치에 모래사장이 많았어. 강가 모래밭에서 모래찜질도 하고, 강에서 물놀이도 할 수 있었지. 그런데 1960년대 말부터 한강이 개발되기 시작했어. 강바닥의 모래와 자갈을 채취하여 건물을 만들고, 도로를 덮는 데 사용했지.

이후 지속적으로 한강을 개발하는 과정에서 한강은 수심이 깊어지고, 물길이 반듯해졌어. 물길이 바뀌지 않도록 콘크리트를 쳤는데, 굽이치는 하천을 곧바로 흐르게 만드는 이런 공사를 직강 공사라고 해. 한강을 정비하면서 빗물의 배수가 쉬워졌고, 높은 인공 제방이 축조되어 홍수는 많이 줄었어.

독일의 라인 강은 주로 봄에 범람해. 봄이 되어 기온이 상승하면 알프스 산지의 눈이 녹아 강으로 흘러들어 물이 넘치지. 독일도 우리나라의 하천처럼 직강 공사를 많이 했어. 하천의 물길을 직선화하면서 홍수 발

라인 강 스위스의 알프스 산에서 시작하여 독일 등 여러 나라를 흐르는 중부 유럽 최대의 강이야.

생 횟수는 감소했지만, 비가 아주 많이 내릴 때는 범람에 따른 피해가 예전보다 커졌다고 해.

그리하여 독일은 라인 강을 끼고 있는 다른 나라들과 함께 라인 강을 생태 하천으로 복원하기로 했어. 하천이 자연스럽게 흐를 수 있도록 다시 만들자는 의도였지. 원래의 모습대로 구불구불하게 흘러서 비가 많이 내릴 때는 주변 습지로 강물의 일부를 나누어 주도록 말이야. 그러기 위해서는 하천변 곳곳에 하천의 수량을 조절해 주는 저수지 같은 홍수터가 필요했어. 그래서 라인 강에 인접한 나라들은 30년 이상 걸리는 '라인 강 홍수터 복원' 사업에 착수했지. 그리하여 지금도 기존 제방 바깥쪽에 새로운 홍수터를 만들고 있단다. 라인 강 복원 위원회는 2020년까지 $160km^2$의 홍수터를 복원할 계획이라고 해.

자연에서 인공적인 요소를 모두 없애는 것만을 생태적이라 할 수는 없어. 자연과 지혜롭게 공존하면서 자연을 훼손하지 않는 범위 내로 적절히 이용하는 것이 오히려 더 중요하단다.

점점 더워지는 도시, 이대로 괜찮을까?

도시에서는 빗물이 땅속으로 흘러들지 못하고 땅 위로 배수됨으로써 하천의 수위가 쉽게 상승한다. 반면 비가 오랫동안 내리지 않으면 토양이 품고 있던 물이 적기 때문에 하천은 쉽게 말라 버린다. 지하수의 양이 줄어들면 도시의 무거운 빌딩이나 구조물을 지탱하는 힘이 줄어들기도 한다. 이에 따라 장기적으로 도시 지역에서 지반이 내려앉는 현상이 나타날 수도 있다.

콘크리트와 아스팔트로 포장된 도시 지역에서는 나무의 증산 작용이 잘 이루어지지 않고, 토양에서 증발하는 수분 또한 적기 때문에 습도가 낮아진다. 습도가 낮아지면, 건물의 냉난방 시설에서 배출되는 열과 자동차에서 나오는 열기 등에 의해 도시의 기온이 쉽게 상승한다.

도시 지역의 기온이 주변 지역의 기온보다 높게 나타나는 것을 '열섬 현상'이라고 하는데, 도시화가 많이 진행된 도시일수록 열섬 현상이 뚜렷해지고 있다. 도시의 열섬 현상이 확대되면 도시의 대기 오염이 심해지는 등 도시 주민들의 생활에 나쁜 영향을 미친다.

SOS, 불타는 서울 시민을 구하라! 2009년 서울 시청 광장에서 펼쳐진 열섬 현상의 위험성을 경고하는 퍼포먼스 장면

우리에게 익숙한 자연의 횡포

우리나라의 자연재해

아빠가 대학 다닐 때 간혹 부르던 〈가뭄〉이라는 노래가 있었어. 흥겨우면서도 슬픈 곡조인데, 아빠는 특히 2절과 3절의 가사가 마음에 와 닿았어.

> 오랜 가뭄에 논도 밭도 다 갈라지고
> 메마른 논두렁엔 들쥐들만 기어간다
> 죽죽 대나무야 어찌 이리도 죽었나
> 옛집 추녀엔 이끼마저 말라 버렸네
> 이 가뭄 언제나 끝나 무슨 장마 또 지려나
> 해야 해야 무정한 놈아 잦을 줄을 모르는가
>
> — 김민기, 〈가뭄〉

아빠는 농부는 아니지만 가사에 담긴 주인공의 심정을 이해할 수 있어. 가뭄이 들어 애를 태웠는데, 가뭄이 끝나니 다시 장마가 오는 거야. 얼마나 야속하고 하늘이 원망스러울까.

1960년대만 해도 우리나라 사람들의 70~80%는 농업에 종사했어. 벼농사와 밭농사가 전부인 상황에서 그해의 농사가 풍년이냐 흉년이냐는 무엇보다 중요했어. 농민들은 비가 많이 내려도 걱정, 비가 내리지 않아도 걱정, 바람이 강하게 불어도 걱정일 수밖에 없었지. 자연재해가 삶에 엄청난 영향을 미쳤던 거야.

옛날에는 가뭄이 들면 기우제를 지냈어. 기우제는 왕이 직접 나서서 올릴 정도로 국가의 큰 행사였지. 반대로 비가 너무 오랫동안 계속 내리면 그치게 해 달라고 제사를 올리기도 했어. 이런 제사를 기청제라고 해. 기우제와 기청제는 조선 후기까지 지속되었단다.

우리나라의 주요 자연재해

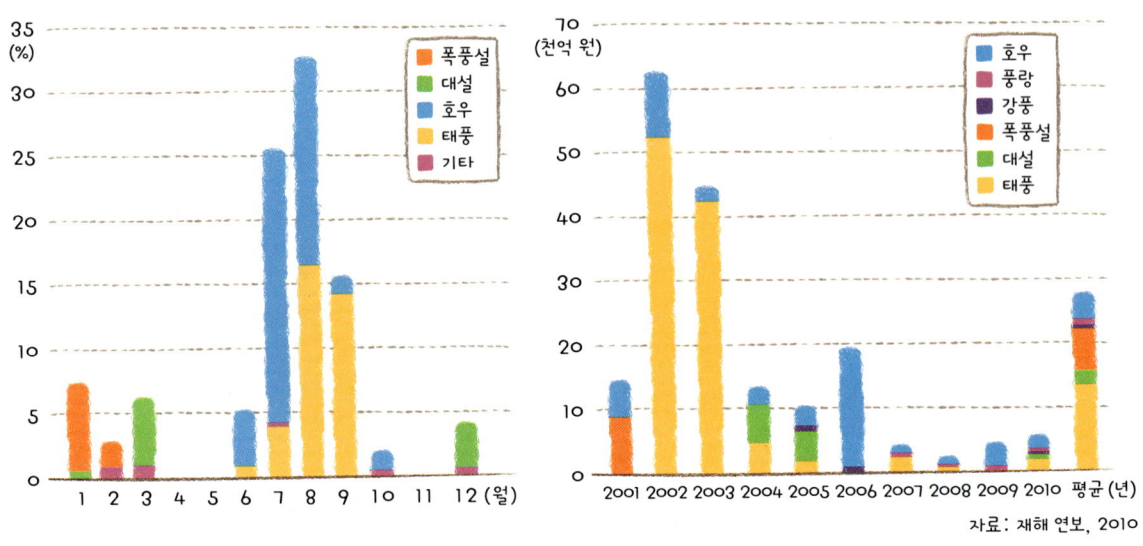

10년간 원인별·월별 자연재해 발생률 (2001~2010년)

10년간 원인별 피해액 현황

자료: 재해 연보, 2010

　우리나라에서는 어떤 자연재해가 가장 많이 발생할까? 우리나라에서는 화산이나 지진 같은 지형에 의한 재해보다는 기후와 관련된 재해가 많아. 우리나라에서 크게 발생하는 재해로는 호우, 태풍, 대설 등이 있어.

　자연재해가 발생하는 정도는 해마다 다르게 나타나. 어떤 해는 호우의 피해가 크기도 하고, 어떤 해는 태풍의 피해가 크기도 해. 하지만 한 해 중 어느 시기에 어떤 자연재해가 발생하는지는 비교적 고정되어 있어. 여름에는 호우와 태풍에 의한 피해가 크고, 겨울에는 대설에 의한 피해가 크지.

　황사나 폭염과 혹한 등은 다른 재해에 비해 인명이나 재산 피해를 대규모로 가져오지 않지만, 최근에는 이들에 의한 피해도 점차 증가하고 있는 추세야.

극심한 더위와 추위도 자연재해

세계와 마찬가지로 우리나라의 기후 변동도 점점 심해지고 있어. 여름에는 평균 기온보다 온도가 크게 올라가는가 하면, 겨울에는 극도의 강추위가 몰아닥치기도 해. 극심한 더위와 추위는 야외에서 일하는 사람들에게 큰 고통을 주고, 어린이나 노약자들은 이로 인해 목숨까지 잃기도 해.

일상생활이 어려울 정도로 매우 심한 더위를 폭염이라고 해. 폭염은 북태평양 기단이 발달하는 한여름에 잘 발생해. 폭염이 지속되면 기상청에서는 폭염주의보나 폭염경보를 발령하지. 이때는 에어컨을 많이 가동하여 전력 수급에 비상이 생기기도 하고, 비가 적게 내리기 때문에 농작물이 말라죽기도 해. 폭염주의보는 하루 중 최고 기온이

33°C를 넘는 날이 이틀 이상 지속될 것으로 보일 때 발령돼. 시도별로 폭염 일수를 조사해 보면 역시 대구에서 폭염이 가장 많이 발생하는데, 2010년의 경우 29일이나 기록했어.

무척 심한 추위를 한파라고 해. 한파는 시베리아 기단이 우리나라에 영향을 미치는 겨울철에 발생해. 시베리아 고기압이 크게 발달하면 북서풍이 강해지고 그에 따라 기온이 뚝 떨어져. 한파주의보는 아침 최저 기온이 영하 12°C 이하인 날이 이틀 연속되면 발령되고, 한파경보는 영하 15°C 이하인 날이 이틀 연속되면 발령해. 한파가 발생하면 수도관이 얼어서 터지는 동파 사고가 잇따르고, 도로가 얼면서 교통사고가 늘기도 한단다.

폭염이 발생했을 때는 수분을 충분히 섭취하고 편안하게 휴식을 취해야 해. 야외 활동도 삼가는 것이 좋아. 한파가 몰아닥칠 때는 수도관과 보일러가 얼지 않도록 대비해야 해. 그래서 겨울이 되기 전에 수도 계량기는 헌 옷가지 등으로 덮어 주는 것이 좋아. 그리고 한파가 예보되면 밤에 자기 전 수도꼭지를 조금 틀어 두어서 수도관이 얼지 않도록 해야 해.

호우와 가뭄 그리고 대설

필요한 시기에 적당한 양으로 내리는 비는 농작물을 잘 자라게 하고, 각종 산업 활동과 일상생활에 많은 도움을 줘. 하지만 비가 아주 많이 내리거나 오랫동안 내리지 않으면 많은 피해를 주지.

우리나라의 호우는 장마철이나 여름철에 주로 발생해. 장마는 차고 습한 오호츠크 해 기단과 따뜻하고 습한 북태평양 기단이 맞서면서 시작돼. 두 기단의 공통점은 바다 출신이라 습하다는 것이고, 차이점은 하나는 차고 하나는 따뜻하다는 거야. 기온이 다른 두 기단이 맞서면서 장마 전선이 형성되고, 전선을 따라 오랜 기간에 걸쳐 비가 내려.

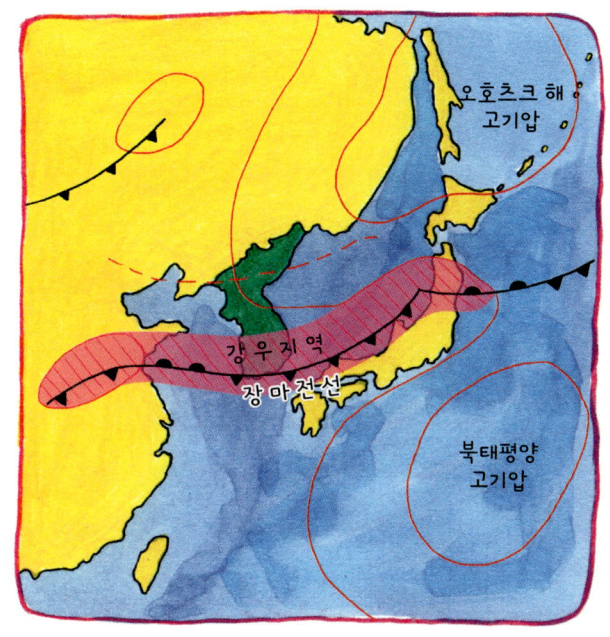

장마철 일기도 한반도 북쪽의 차가운 공기와 남쪽의 따뜻한 공기가 서로 맞서면서 장마 전선이 형성돼.

장마철에는 습도가 높아 음식물이 쉽게 상하고 불쾌지수가 높아져. 비가 잦아 생활에 불편함도 따르지. 장마철에 발생하는 큰 피해는 주로 집중 호우 때문에 생겨. 짧은 시간에 집중적으로 내리는 큰 비를 집중 호우라고 하지. 집중 호우가 내리면 저지대의 농경지, 주택, 도로 등이 침수되고, 사람과 가축이 갑자기 불어난 강물에 휩쓸려 목숨을 잃기도 해.

한편 가뭄에 의한 피해는 봄과 여름에 잘 발생해. 봄에는 원래 저기압이 한반도를 통과하면서 봄비가 내리거나 이동성 고기압이 통과하면서 맑은 날씨가 나타나는 날이 반복되는 것이 정상이야. 그런데 대륙 쪽에서 저기압이 발생하지 않으면, 맑은 날씨가 지속되면서 봄 가뭄이 찾아와.

5 엄청난 자연재해의 위력

오호츠크 해 기단이 발달하는 초여름에 가뭄이 찾아오기도 해. 오호츠크 해 기단에서 불어오는 북동풍, 즉 높새바람이 태백산맥을 넘을 때 푄 현상이 발생하거든. 푄 현상이란 습기를 머금은 바람이 산을 넘은 뒤 고온 건조해지는 현상을 말해. 오호츠크 해 기단이 발달하면 높새바람이 불면서 태백산맥 동쪽 지역에 비를 뿌리고, 산을 넘으면 태백산맥 서쪽 지역이 건조해져 가뭄이 발생하기도 하지. 이즈음 하얀 찔레꽃이 피기 때문에 이 시기의 가뭄을 '찔레꽃 가뭄'이라고 불러.

가뭄은 호우보다 서서히 진행돼. 그리고 호우가 좁은 지역에 피해를 발생시키는 데 반해, 가뭄은 넓은 지역에 피해를 줘. 그렇기 때문에 가뭄의 경우 피해 규모가 매우 커질 수 있어. 비가 내리지 않으면 논바닥이 말라 갈라지고, 시간이 지나면 저수지와 강바닥도 말라붙어. 지하수를 퍼내서 사용해 보지만, 물이 닿지 않는 지역에서는 한 해 농사를 망치고 말지. 옛말에 "홍수 끝에 남는 것은 있어도, 가뭄 끝에 남는 것은 없다."는 말이 있어. 그만큼 가뭄은 무서운 존재야.

비가 많이 오는 것도 문제지만 눈이 많이 오는 것도 문제야. 짧은 시간에 많은 양의 눈이 오는 것을 대설이라고 해. 대설은 당연히 겨울철에 발생해. 우리나라에서 눈이 많이 내리는 지역은 울릉도, 강원도 산간 지역, 충청남도와 전라북도의 서해안 지역 등지야. 추운 날 수증기

높새바람과 영서 지방의 가뭄

를 머금은 바람이 산지를 만나면 눈이 내리는데, 강설량이 많아지면 대설이 되지. 대설이 발생하면 도시에서는 자동차가 다니기 어려워지고, 산간 지역에서는 마을이 아예 고립되기도 해. 가장 큰 피해 중 하나는 비닐하우스 붕괴야. 눈으로 인해 집이 무너지는 일은 적지만, 비닐하우스는 무거운 눈을 견디지 못하고 무너져 버리지.

태풍이 휩쓸고 간 자리

태풍은 필리핀 동부 해상에서 발생하여 우리나라를 비롯해 중국과 일본 등지에 피해를 주지. 필리핀 동부 해상에서는 수많은 태풍이 발생하지만, 그중 우리나라에 영향을 미치는 것은 1년에 2~3개 정도야. 태풍이 우리나라에 주로 영향을 미치는 시기는 7~9월이지.

겨울이나 봄에는 태풍이 해상에서 발생해도 우리나라까지 올라오지 못해. 태풍은 더운 바다로부터 에너지를 공급받으면서 힘을 발휘하기 때문에 우리나라에서는 주변 바다의 수온이 가장 높은 여름과 초가을에 영향을 미치지.

태풍은 강한 바람과 비 피해를 가져온단다. 비가 많이 내리면 저지대가 침수되고, 강물이 불어 다

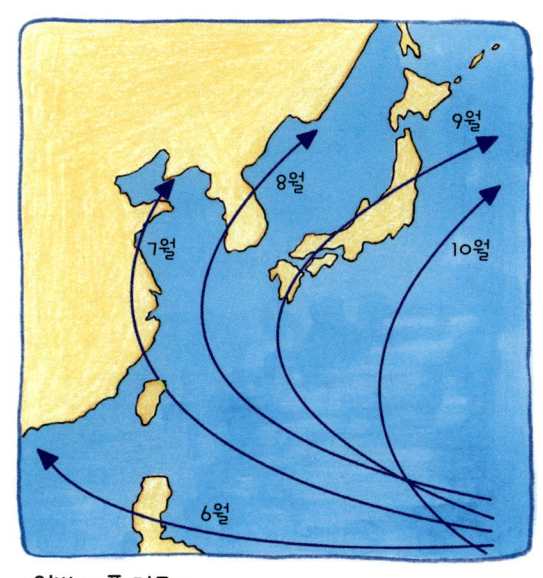

월별 태풍 진로도

태풍 볼라벤이 휩쓸고 간 자리 2012년 8월, 한반도를 휩쓸고 간 태풍 볼라벤은 수많은 인명 피해와 재산 피해를 냈어.

볼라벤의 위성 사진

리가 끊기고 도로가 무너져 내려. 산비탈에서는 토사가 흘러내리기도 해. 도시에서는 가로수가 꺾이고 간판이 날아가며, 농촌에서는 과수원의 영근 과일들이 떨어지기도 해. 항구에 정박 중인 배들이 서로 부딪쳐 파손되고, 미처 항구로 대피하지 못한 배들이 조난을 당하기도 하지.

태풍의 높은 파도와 밀물이 만나면 바닷물이 육지를 덮치는 해일이 발생하기도 해. 집채만 한 파도가 바닷가를 덮치기도 하고, 해안에 위치한 건물의 지하층이 순식간에 침수되기도 하지. 그래서 태풍이 불 때는 바닷가에 나가면 안 돼.

그런데 태풍이 우리에게 고통만 주는 것은 아니야. 효자 태풍도 있단다. 오랜 가뭄에 시달리고 있을 때 태풍이 통과하여 비를 뿌리면 가뭄을 해소시켜 주지.

태풍은 무더위를 식히는 역할도 해. 한여름 더위에 지쳐 있던 사람들은 태풍이 통과할 때 잠시나마 더위를 잊을 수 있어. 도시의 혼탁한 공기를 짧은 시간에 맑은 공기로 바꾸는 역할도 하지.

태풍은 한여름 남해에서 발생하는 적조 현상을 해결하기도 해. 적조 현상이란 붉은색을 띠는 플랑크톤 등의 조류가 수온이 높아지면서 크게 번식하는 것을 말해. 적조 현상이 지속되면 물고기들이 산소 부족으로 인해 떼죽음을 당하는데, 이때 태풍이 불어오면 바닷물이 뒤집히면서 물속으로 산소가 들어가게 돼. 그렇게 되면 적조 현상이 사라지고, 어업 활동도 활성화된단다.

 # 봄의 불청객, 황사

 아빠, 밖에 나갔다 오니 눈하고 목이 너무 아파요.

오늘 황사가 심하다고 하던데, 그 때문인가 보구나. 먼저 손이랑 얼굴을 씻으렴.

 황사요?

그래, 봄의 불청객이라 불리는 황사 말이야. 황사는 하늘에 떠다니는 누 런 색깔의 먼지나 모래 알갱이를 말해.

 황사는 어디에서 만들어지는 거예요?

황사는 중국이나 몽골 등 아시아 대륙 중심부에서 발생해 우리나라까지 온단다.

 다른 나라에서 발생한 황사가 어떻게 우리나라까지 와요?

중국 내륙과 몽골 지역은 사막과 초원 등이 펼쳐진 건조 지역이야. 이곳에서 봄이 되면 기온이 높아지면서 모래 먼지가 상승하게 되지. 상승한 이 모래 먼지가 하늘 높은 곳에서 부는 서풍을 타고 우리나라로 이동해 오는 거란다.

황사는 우리에게 어떤 피해를 주나요?

황사에는 석영, 카드뮴, 납, 알루미늄 등 우리의 건강을 위협하는 물질이 많이 들어 있어. 이 물질들은 호흡기 질환, 알레르기, 눈병 등을 일으키지. 황사는 산업 활동에도 지장을 줘. 황사가 발생하면 정밀 기계, 반도체 공장에서 불량률이 높아진단다. 또한 볼 수 있는 거리가 짧아져 비행기의 이착륙에도 지장을 줘.

 그렇군요. 황사는 참 위험한 거네요. 없앨 수 있는 방법은 없나요?

 황사를 근본적으로 없앨 수는 없어. 어느 정도는 감수해야 해. 하지만 최근 황사가 더 자주 더 강하게 발생하고 있다는 건 심각한 문제야.

 왜 황사가 더 심해지는 거예요?

중국 내륙 지역의 사막화 때문이야. 초원은 줄고 사막이 늘면서 모래가 많아지고 있는 거지. 최근엔 사막화 현상을 줄이기 위해 우리나라 사람들까지 가서 나무를 심고 있어. 나무를 심는 사람들의 정성이 언젠가는 효과를 볼 수 있지 않을까?

6 지구를 위한 우리의 자세

한정된 자원, 끝없는 소비
몸살을 앓는 지구
자연과 손잡고 함께 살아가는 법

한정된 자원, 끝없는 소비

자원의 특성과 석유 전쟁

오스트레일리아 북동쪽에는 '나우루'라는 작은 섬나라가 있어. 우리나라 울릉도의 3분의 1밖에 안 되는 크기지만, 산호와 조개껍질로 이루어진 멋진 해변을 가지고 있고, 1980년 당시에는 미국보다 두 배나 잘살았던 나라야.

부자 나라였던 나우루의 국민들은 세금을 내지 않아도 되었고, 학교를 무상으로 다닐 수 있었으며, 병원도 무료로 이용할 수 있었어. 심지어 외국 유학을 가고 싶은 사람에게는 나라에서 모든 비용을 지원했고, 결혼을 하면 신혼부부에게 집을 주기도 했어. 해마다 국민들에게 거액의 돈을 연금으로 지급하기도 했단다.

나우루가 부자 나라가 될 수 있었던 건 새똥의 덕이 커. 그게 무슨 말이냐고? 나우루 섬은 앨버트로스와 갈매기의 똥이 수천 년 동안 쌓여 만들어진 인광석으로 덮여 있었어. 인광석은 비료를 만드는 데 필요한 원료야. 세계 각국은 나우루의 인광석을 구입하는 데 혈안이 되었고, 나우루 국민들은 박을 터뜨린 흥부처럼 갑자기 부자가 되었어.

　여유로운 삶을 누리게 된 나우루 사람들은 비싼 자동차를 내키는 대로 사고, 맛있는 음식을 원 없이 먹고, 외국 여행도 자주 다녔어. 청소나 빨래, 육아 같은 집안의 힘든 일은 모두 외국인을 고용해서 해결했어. 일할 필요가 없으니까 먹고 노는 일로만 시간을 보냈지. 그러다 보니 나우루 사람들은 뚱뚱보가 되었어. 1990년대 초반의 통계를 보면, 나우루 성인의 무려 94%가 비만이었어. 비만은 당뇨 같은 각종 성인병을 불러왔지.

　나우루의 영화로움은 그리 오래가지 않았어. 1990년대에 이르면서 인광석이 바닥났거든. 부족한 인광석을 끌어모으려다 나우루의 토양은 황폐화되었어. 국가 재정이 바닥나면서 국제 테러리스트들에게

나우루의 황폐한 땅 인광석은 다 채취해 가서 석회암만이 남아 있어.

은신처를 제공하고, 마피아의 돈세탁을 돕기도 했어. 그러다가 미국이 국제 테러에 강경하게 대응하면서 나우루는 파산 국가가 되었지. 현재 나우루는 지구 온난화로 인해 국토가 물에 잠길 위험에 처해 있기까지 해.

나우루의 비극은 비단 나우루 사람들만의 이야기가 아니야. 무분별하게 자원을 개발하고 이용하는 전 세계 사람들의 이야기이기도 해. 지구촌 곳곳에도 나우루처럼 위기가 다가오고 있단다.

자원의 개발 가능성과 경제성

자원이란 사람의 생활이나 경제 생산에 이용되는 원료로 광물, 삼림, 수산물 등을 말해. 자원은 여러 분야에서 다양하게 사용돼. 나우루는 인광석이란 자원으로 한때 부를 누렸지만, 인광석이 고갈되자 다시 가난한 나라로 전락했지. 이처럼 자원은 그 양이 한정되어 있어.

지구촌의 석유도 나우루의 인광석처럼 언젠가는 고갈될 거야. 석유가 없다면 우리 생활에 어떤 변화가 생길까? 우선 옷, 가방, 신발, 안경 등이 사라지게 돼. 이들 물건의 재료가 되는 합성 섬유와 플라스틱 등이 모두 석유로 만들어졌기 때문이지.

플라스틱을 만들 수 없으니 컴퓨터, 텔레비전, 전화기 등도 뼈대만 앙상하게 남을 거야. 석유는 전기를 만드는 데도 사용하고, 자동차를 운행하는 데도 사용해. 전기가 없는 세상, 자동차의 연료가 없는 세상을 생각해 봐. 온 세계가 캄캄한 채 정지되고 말겠지.

석유는 우리가 사용하는 철광석, 구리, 금, 석탄, 천연가스 등 수많은 자원 중 한 가지에 불과해. 석유 하나만 사라져도 생활에 엄청난 변화가 일어날 텐데, 자원이 모두 사라지고 나면 더 이상 우리의 문명은 유지될 수 없을 거야.

자원이라면 개발이 가능하면서 경제성이 있어야 해. 은하계에 황금으로 된 별이 있다 하더라도 그 황금은 자원이 될 수 없어. 아직까진 우리의 기술로 외계의 황금을 가져올 수 없기 때문이지. 또한 무언가를 시장에서 내다 팔 때 누군가 사 가는 사람이 있어야 자원이라고 할 수 있어. 습지나 갯벌에는 석탄의 일종인 이탄이 나오는데, 이탄은 경제성이 없기 때문에 자원이라고 할 수 없어.

자원은 어느 지역에나 고루 분포하지 않아. 우리나라에서는 석유가 거의 생산되지 않지만, 서남아시아의 아랍 에미리트는 우리나라보다

국토가 좁은 데도 석유가 많이 생산되지. 이처럼 자원이 고루 분포하지 않고 특정 국가나 지역에 집중적으로 분포하는 것을 자원의 '편재성'이라고 해. 자원 중 천연자원은 사용할수록 그 양이 줄어드는데, 자원의 이러한 특성을 '고갈성'이라고 하지. 자원의 편재성과 고갈성은 국가 간에 자원 분쟁을 불러일으킨단다.

석유 문명의 역사

인류의 역사를 도구의 종류에 따라 석기 시대와 청동기 시대, 철기 시대로 나눈다면, 우리는 철기 시대를 살아가고 있어. 하지만 오늘날 인류 문명에 영향을 미치는 자원은 철보다는 석유가 아닐까 생각해. 그래서 오늘날을 '석유 시대'라고 부르는 학자도 있어. 석유 문명에서 사는 우리를 호모오일리쿠스, 곧 '석유 인간'이라고 부르기도 해.

지난 2008년 국제 유가가 갑자기 크게 오른 적이 있어. 1980년대 배럴당 10~20달러를 오르내리던 유가가 2000년대 중반 50달러를 넘어섰고, 2007년 이후 꾸준히 상승해 2008년 8월에는 배럴당 140달러 가까이 올라갔어. 골드만삭스 같은 투자 회사에서는 석유 가격이 곧 200달러를 넘을 것이라는 예측을 내놓았고, 이에 전 세계 사람들은 공포에 사로잡혔어. 이후 유가는 다시 내렸지만, 사람들은 석유 문명의 한계가 곧 오리라 생각했어.

이때를 즈음해서 '피크 오일(Peak Oil)'이라는 용어가 사용되기 시작했어. 피크 오일이란 석유 생산 정점을 말해. 전체 매장량의 절반을

써 버려 석유 생산이 줄어드는 시점이지. 석유 사용 역사를 그래프로 그리면 하나의 산이 만들어지는데, 그 산의 꼭대기 지점이 피크 오일이지.

피크 오일의 시점은 지구에 있던 석유 중 절반 정도를 사용한 시기와 일치해. 예를 들어 냉장고에 있는 콜라 10병 중 5병을 마시고 5병이 남은 시점인 거야.

피크 오일 이후의 상황은 심각해. 석유 매장량이 줄어든 상황에서 석유 값이 오르는 것은 불을 보듯 뻔해. 지금까지보다 채굴 상황이 나빠지기 때문이야. 지금까지 개발해서 사용한 석유는 채굴하기 쉬운 곳에 있었지만, 앞으로 사용하게 될 석유는 바닷속같이 개발과 채굴이 어려운 곳에 있거든.

최근 미국에서 셰일 가스가 대규모로 개발되면서 피크 오일 가설은 조금씩 힘을 잃고 있어. 바위나 흙에 들어 있는 셰일 가스를 사용하면 석유를 대체할 수 있기 때문이야. 밥 대신 빵으로 필요한 열량을 채우는 것과 같은 이치지. 석유 고갈을 우려했던 우리로서는 다행스러운 일이야. 하지만 석유의 매장량이 한정되어 있고, 우리가 지속적으로 석유를 소비하고 있다는 사실은 달라지지 않아.

누가 석유를 주무를까?

석유가 전 세계에 골고루 매장되어 있다면 얼마나 좋을까? 하지만 안타깝게도 석유는 특정 지역에만 매장되어 있어. 사우디아라비아, 이라크, 쿠웨이트, 이란, 아랍 에미리트 등 서남아시아와 미국, 러시아,

해저 유전 굴착 장치 우리나라의 공기업이나 민간 기업은 석유를 안정적으로 확보하기 위해 해외 석유 개발에 힘쓰고 있어.

국가별 석유 매장량을 땅의 크기로 비유한 지도 석유는 사우디아라비아를 비롯한 일부 국가에 편재되어 있어.

베네수엘라, 리비아, 나이지리아를 중심으로 매장되어 있지.

우리나라에서는 석유가 거의 생산되지 않아. 동해에서 천연가스를 생산하는 과정에서 석유가 나오긴 하지만, 그 양은 극히 적지. 앞으로도 오랫동안 사우디아라비아는 열심히 석유를 팔고, 우리나라는 열심히 석유를 살 수밖에 없다는 이야기야.

석유를 생산하는 주요 국가들은 석유 수출국 기구(OPEC)라는 단체를 만들었어. 석유 수출국 기구는 국제 석유 가격을 일정 수준 이상으로 유지하기 위해 생산량을 조절하고 있어. 하지만 석유 시장을 실제로 주무르는 것은 '7자매(Seven Sisters)'라 불리는 국제 석유 자본들이야. 거대 자본을 배경으로 석유 개발부터 판매에 이르기까지 모든 단계를 장악한 석유 회사들이지. 엑슨, 브리티시 페트롤리엄이 대표적이야. 우리나라와 같은 석유 수입국은 석유 수출국 기구에 치이고, 국제 석유 자본에 치일 수밖에 없는 구조란다.

세계적인 투자 회사들은 종종 석유 가격을 조작하기도 해. 2008년에 있었던 석유 가격 폭등도 석유 생산량 자체의 문제라기보다 석유에 대한 투자를 통해 국제 석유 가격을 조작하는 과정에서 나타난 문제라고 보고 있어.

석유를 확보하라!

우리나라도 석유를 확보하기 위해 노력하고 있어. 석유 개발 사업을 위해 설립한 한국석유공사에서는 2012년 말을 기준으로 하루에 24만 배럴의 원유를 생산하고 있어. 어떻게 그 많은 원유를 생산하냐고? 한국석유공사가 해외 유전 개발에 참여했기 때문이지. 2007년 말에는 하루 생산량이 5만 배럴이었는데, 5년 사이에 5배 정도 증가했어. 정부가 해외 석유 자원을 안정적으로 확보하기 위해 노력한 성과란다.

한국석유공사는 전 세계 24개국에서 탐사, 생산, 개발 사업을 펼치고 있어. 앞으로 하루 30만 배럴 생산, 보유 매장량 20억 배럴을 달성하기 위해 세계 각지의 유전 개발에 참여하고 있고, 필요에 따라 기존의 유전을 사들이고 있어.

민간 차원에서도 해외 에너지 개발이 활발하게 이루어지고 있어. 국내 기업들은 카자흐스탄, 미얀마, 페루, 베트남, 오만 등지에서 석유 및 천연가스를 개발하고 있지. 앞으로 해외 자원을 개발하는 데 있어 기업의 역할이 더욱 확대될 거야.

우리나라는 석유가 거의 생산되지 않는데도, 석유 제품의 수출량은 지속적으로 증가하고 있어. 원유를 끓여서 휘발유, 등유, 경유 등을 만드는 공업을 정유 공업이라고 해. 그렇게 해서 나온 휘발유, 등유, 경유, 나프타 등의 생산물을 석유 제품이라고 하지.

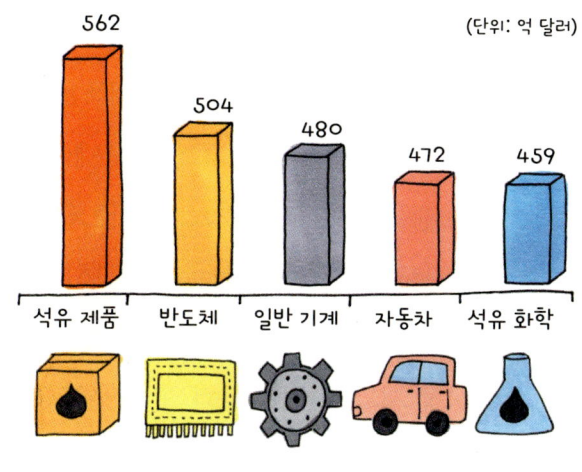

우리나라의 주요 수출품 자료: 지식경제부, 2012

2012년 말 우리나라 수출 통계에 따르면, 수출품 중 석유 제품이 전체 1위를 차지했어. 반도체나 자동차보다도 많이 팔린 거야. 우리나라의 정유 회사는 정유를 하여 석유 제품을 국내 시장에 공급해 왔지만, 최근에는 석유 제품을 생산하여 외국으로 수출하고 있어. 우리나라의 정유 기술이 뛰어난 덕분이지. 우리나라는 석유 자원이 거의 나지 않기 때문에 오히려 그것을 가공하는 기술력을 높이게 된 셈이야. 덕분에 양질의 석유 제품을 수출할 수 있게 되었지.

강대국의 석유 장악 전쟁

석유는 검은 황금이라고 불릴 정도로 값진 자원이야. 미국의 어느 정치가는 "석유를 장악하면 세계를 지배한다."라고 말했어. 그 정도로 세계는 지금 '석유 전쟁'에 돌입했다고 해도 과언이 아니야. 강대국인 미국과 중국을 비롯해 세계 여러 나라가 각각 석유 자원을 확보하기 위해 다양한 방식으로 경쟁하고 있어.

미국은 정치적·군사적으로 세계에서 가장 강한 나라야. 경제적으로도 가장 부유하지. 석유 문명을 주도한 국가인 미국은 에너지 소비량이 어느 나라보다 많아. 그래서 미국은 세계 석유 시장을 장악하기 위해 서남아시아 지역의 다양한 전쟁에 개입했어. 석유 채굴권을 외국 석유 투자 기업에 팔곤 했던 이란이 석유 자원을 국가 소유로 하고 다국적 기업의 석유 채굴권을 금지하자, 미국은 이란과 갈등을 빚고

미국 국회의사당 앞에서
전쟁 반대 시위를 하는 사람들

있는 이라크를 부추겨 전쟁을 일으키도록 했어. 이후 미국은 이란과 오랫동안 관계가 좋지 않았지.

한편 이란과의 오랜 전쟁 끝에 피폐해진 이라크가 석유 자원이 풍부한 쿠웨이트를 침공하자, 미국은 영국 등 다국적군을 앞세워 이라크에 대규모 폭격을 가하면서 걸프 전쟁을 일으켰어. 그러고는 마침내 이라크의 대통령인 사담 후세인을 제거하면서 정권을 무너뜨리고 말았지.

미국이 오랫동안 이란 및 이라크와 갈등을 일으키면서 서남아시아 지역에 개입하는 이유는 이 지역에 풍부하게 매장되어 있는 석유 자원 때문이야. 세계의 석유 자원을 장악하는 데 장애가 되는 국가나 세력은 발도 붙이지 못하도록 하기 위함이지.

러시아 남부에서 이란 북부 사이에는 세계에서 가장 큰 호수인 카스피 해가 있어. 카스피 해는 세계 석유의 5분의 1 이상이 매장되어 있지. 이 사실이 밝혀지면서 카스피 해는 '제2의 페르시아 만'이라 불리고 있어. 세계의 강대국들은 이곳의 석유를 둘러싸고 경쟁하는 중이야. 이 지역은 러시아 및 중국과는 가까운 곳이지만, 미국에서는 먼 곳이야. 그래서 미국은 카스피 해 인근에 위치한 국가들 중 미국에 우호적인 정치 세력을 적극적으로 지원하고 있지.

한편 중국은 산업화 과정에서 석유를 많이 사용하기 시작했어. 중국은 산유국이기는 하지만, 소비량이 생산량을 따라잡지는 못하고 있지. 게다가 중산층이 자동차를 갖게 되면서 석유 소비량은 더욱더 빠르게 증가하고 있어.

중국으로 들어오는 석유의 경로는 크게 두 가지야. 카자흐스탄과 러시아의 송유관을 거쳐서 들어오는 경로가 있고, 서남아시아와 아프리카 등에서 유조선을 통해 들어오는 경로가 있어. 중국은 석유를 안정적으로 확보하기 위해 카자흐스탄과 러시아에서 중국으로 이어지는 송유관 루트를 확대하고 있어.

또한 중국은 남중국해를 장악하는 데 힘쓰고 있어. 남중국해에 위치한 섬들인 난사 군도와 시사 군도의 영유권을 둘러싸고 인접국들과 갈등을 벌이고 있단다. 이 해역에 매장된 막대한 양의 석유 자원 때문이지. 게다가 이 지역의 해상을 장악하면 서남아시아에서 들여오는 석유를 더욱 안전하게 운반할 수 있기 때문에 중국은 남중국해의 섬을 더 많이 차지하려 하고 있어.

셰일 가스가 석유를 대체한다고?

국제 에너지 기구(IEA)의 '세계 에너지 전망' 보고서에 따르면, 앞으로 미국은 석유 생산량이 증가해서 2017년에는 사우디아라비아를 앞서게 될 거야. 미국이 세계 1위의 원유 생산국이 된다는 이야기지. 이러한 추세가 지속되면 2030년에 미국은 에너지 자급국이 될 거야.

이러한 변화는 셰일 가스로 대표되는 '비전통 화석 에너지'의 부상에서 비롯해. 셰일 가스는 퇴적암층(셰일층)에서 뽑아낸 천연가스로, 지금까지 사용한 천연가스에 비해 훨씬 깊은 땅속 암석의 미세한 틈새에 넓게 퍼져 있어. 그런데 셰일 가스를 채굴하는 새로운 방법이 개발되면서 미국의 셰일 가스 생산량이 급격히 증가했고, 미국은 이제 세계에서 천연가스를 가장 많이 생산하고 있는 나라가 된 거야. 최근에는 셰일 가스를 개발하는 기술을 원유 생산에도 적용하고 있어. 이러한 방법으로 생산된 석유를 '타이트 오일(tight oil)'이라고 해. 암석층 사이에 있어 채굴하기 어렵던 원유를 국제 유가가 상승하면서 생산하게 된 거지.

미국에서 셰일 가스와 타이트 오일을 많이 생산하는 지역은 네브래스카 주와 텍사스 주야. 네브래스카 주는 미국에서 오지로 여겨지는 곳인데, 타이트 오일 때문에 외부에서 사람들이 몰려들고 있어. 사람들은 이곳에서 검은 황금의 꿈을 꾸고 있지.

그런데 놀라운 사실은 셰일 가스와 타이트 오일이 미국뿐 아니라 세계 각지에 매장되어 있다는 점이야. 셰일 가스 개발에는 아직 변수

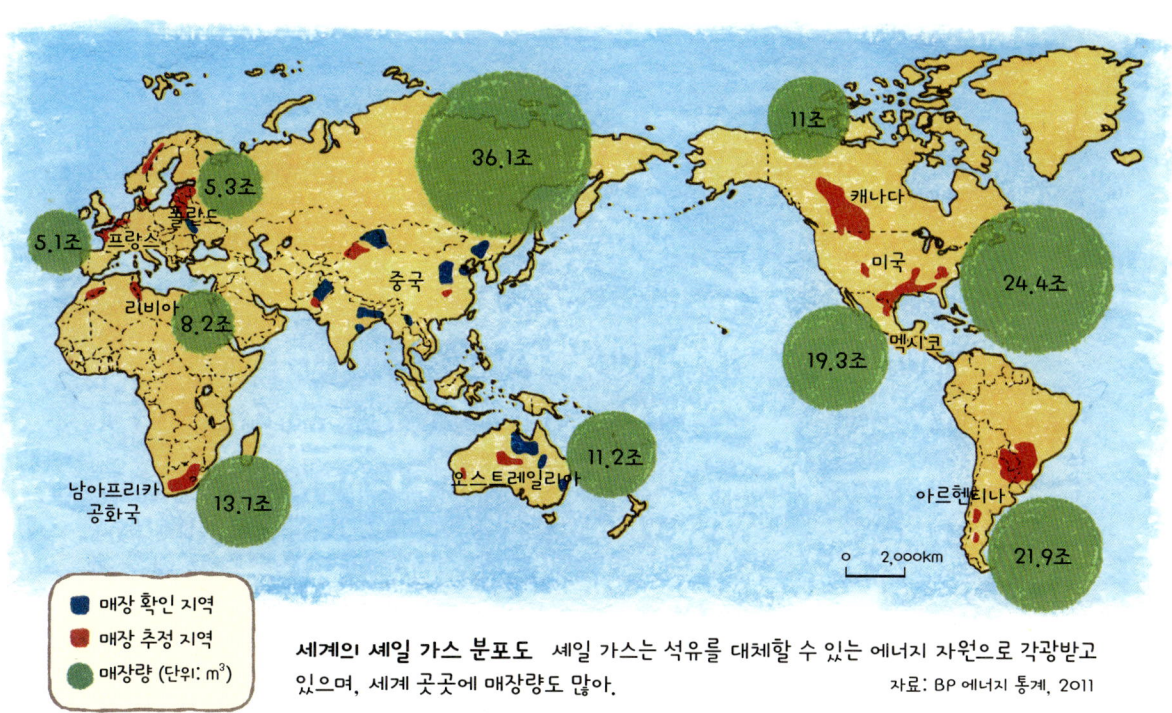

세계의 셰일 가스 분포도 셰일 가스는 석유를 대체할 수 있는 에너지 자원으로 각광받고 있으며, 세계 곳곳에 매장량도 많아.

자료: BP 에너지 통계, 2011

6 지구를 위한 우리의 자세 **259**

가 많아. 중국, 폴란드 등에서는 이미 광구 개발이 이루어지고 있지만, 인구 밀도가 높은 지역에서는 개발이 수월하지 않지. 환경 오염, 교통 장애, 진동과 소음 등의 문제가 뒤따르기 때문이야. 또한 지질 구조가 미국의 광구처럼 채굴이 쉬운 구조인가도 문제라고 해.

무엇보다도 가장 큰 문제는 수질 오염이야. 셰일 가스 개발로 인해 지하수가 오염될 수 있고, 폐수 처리 등의 문제도 발생할 수 있거든. 그래서 미국에서는 셰일 가스에 대한 환경 단체의 반발이 만만치 않았어.

앞으로 셰일 가스와 타이트 오일이 세계 에너지 시장과 에너지를 둘러싼 경쟁에 어떤 영향을 미치게 될지는 알 수 없어. 하지만 미국에서 에너지 자급이 이루어진다면, 그래서 서남아시아 지역을 둘러싼 갈등이 줄어든다면, 세계의 경제뿐 아니라 정치에도 큰 변화가 생길 거야.

유럽의 난방이 러시아 손에 달렸다고?

러시아는 확인된 매장량을 기준으로 천연가스 세계 1위, 석유 7위의 세계적인 자원 부국이다. 생산량을 기준으로 보면, 2009년 말 현재 천연가스와 석유 모두 세계 1위를 기록하고 있다. 러시아는 사회주의 붕괴 과정에서 경제난을 겪었으나 최근 풍부한 자원을 바탕으로 경제 재건에 나서고 있다.

유럽 사람들은 겨울 난방을 가스에 많이 의존하는데, 유럽에서 사용하는 가스의 절반 정도는 러시아로부터 온다. 러시아에서 유럽 각 나라로 수많은 가스 파이프라인이 연결되어 있다.

유럽으로 연결된 러시아의 가스관 2009년 1월, 러시아의 가스관 담당 직원이 유럽행 밸브를 점검하는 모습

러시아에서 유럽으로 향하는 가스관 중 일부는 우크라이나를 통과한다. 2008년 말 러시아와 우크라이나 사이에 가스 공급 가격을 두고 갈등이 발생했다. 두 국가 간 협상이 결렬되면서 2009년 1월 1일 러시아는 우크라이나로 향하는 가스관의 밸브를 모두 잠가 버렸다.

이 사건으로 동유럽 국가의 주민들이 겨울철 추위에 떨었으며, 일부 서유럽 국가에서도 난방에 어려움을 겪었다. 러시아와 우크라이나 간의 갈등은 시간이 지나면서 해소되었지만, 유럽 국가들이 러시아의 가스에 의존하는 한 언제 다시 추운 겨울을 보내야 할지 알 수 없다.

몸살을 앓는 지구

지구 환경 문제

지구 환경의 위기 수준을 나타내는 시계가 있어. 두 시곗바늘이 12에 닿으면 지구가 멸망하는 거야. 이 시계를 '환경 위기 시계'라고 해. 1992년부터 해마다 전 세계 90여 개국의 정부와 지방 자치 단체, NGO, 학계, 기업 등의 환경 전문가를 대상으로 설문 조사를 실시해서 전문가들이 느끼는 인류 생존의 위기감을 시간으로 표현한 거야.

환경 위기 시계의 바늘은 지금 어디에 있을까? 2012년 기준으로 세계의 환경 위기 시계는 밤 9시 23분을 가리키고 있어. 지구가 아예 멸망할 수도 있는 날이 3시간도 남지 않았다는 이야기지. 환경 위기 시계를 보면 현재의 지구 환경이 얼마나 불안한 상태인지 알 수 있어.

우리나라 환경 위기 시계는 2013년 기준으로 9시 31분이야. 2011년 9시 59분까지 갔었는데, 다행히 조금 늦춰졌어. 하지만 여전히 '극도로 불안함'의 단계에서 벗어나지는 못하고 있단다.

아프리카, 라틴아메리카, 오세아니아 지역의 환경 위기 시계는 이

세계의 환경 위기 시계 자료: 아사히글라스재단, 2012

이미 밤 10시를 넘어섰다고 해. 남반구에 위치한 대륙은 지구 온난화로 인한 침수 위험에 있기 때문일 거야.

지구의 환경은 회복되기엔 이미 늦은 걸까, 아니면 아직 희망이 있는 걸까? 환경 위기 시계의 두 바늘이 12를 향해 질주하도록 내버려 두느냐, 아니면 시곗바늘이 거꾸로 돌도록 하느냐는 우리 모두의 판단과 노력에 달려 있어. '나 하나가 달라진다고 세상이 바뀔까?' 하는 식으로 생각하는 사람이 많지만, '나 하나부터 달라져야 세상이 바뀐다.'라고 생각해야 해. 우리의 생각이 세상을 바꾸고, 우리의 노력이 환경 위기 시계의 바늘을 거꾸로 돌릴 수 있어.

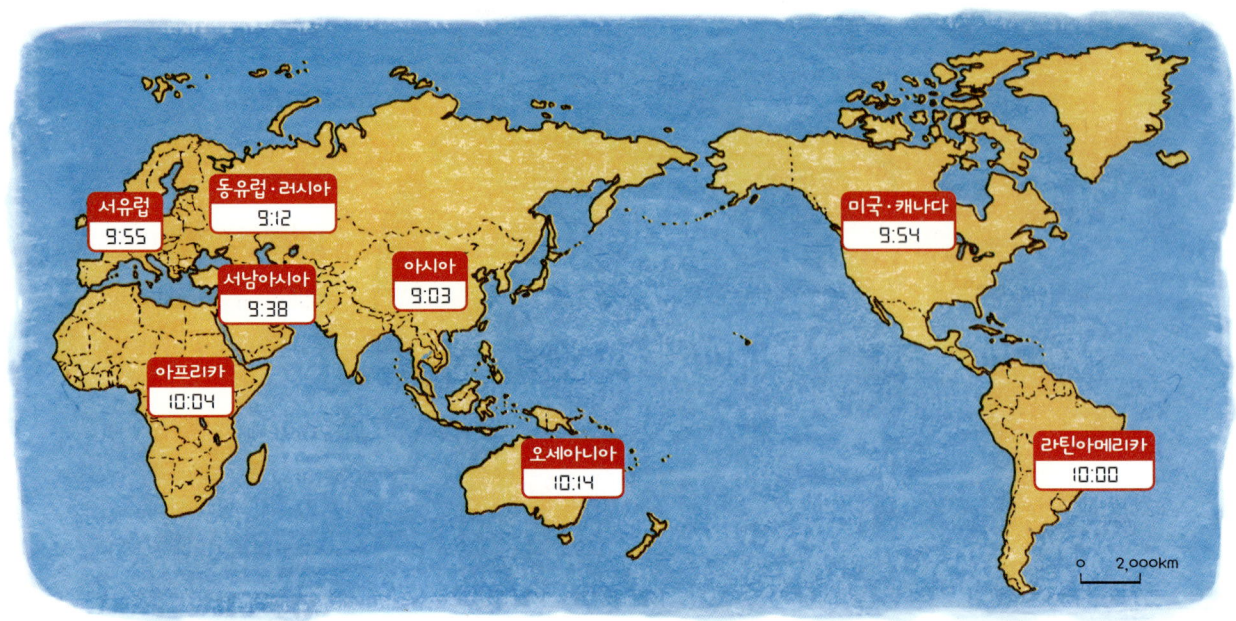

세계의 지역별 환경 위기 시계   자료: 환경재단, 2012

점점 뜨거워지는 지구

아프리카 대륙의 최고봉은 킬리만자로 산이야. 아프리카 대륙에 높이 솟아 있는 킬리만자로와 그 위에 쌓여 있는 만년설은 많은 사람의 발길을 이끌지. 하지만 킬리만자로 산의 만년설은 앞으로 10여 년이 지나면 모두 녹아 버릴 거라고 해.

히말라야 산맥의 만년설은 녹아서 중국의 양쯔 강, 인도의 갠지스 강, 인도차이나 반도의 메콩 강으로 흐르고 있어. 아시아 대륙 남쪽에 위치한 히말라야 산맥은 북으로는 중국, 남으로는 인도와 인도차이나 반도에 있는 나라들의 물탱크 역할을 하고 있단다. 그런데 히말라야 산맥의 만년설도 점차 줄어들면서, 지난 30년 간 약 2% 정도가 사라졌다고 해.

산지 빙하와 극 빙하가 녹으면 바닷물의 양이 증가하기 때문에 세계의 해수면이 상승하지. 해수면이 높아져 땅이 점점 침수되고 있는 지역은 여러 곳이야. 지상 낙원이자 인도양의 꽃으로 알려진 몰디브도 해수면 상승으로 사라지고 있어. 모래 해변이 침식되고, 바닷가의

몰디브 장관들의 수중 회의 2009년 10월, 지구 온난화를 경고하는 의미로 몰디브는 물속에서 장관급 회의를 열었어.

야자수들은 뿌리가 패여 열매를 맺지 못하고 있으며, 바닷가의 집들은 폐가로 바뀌고 있지. 몰디브의 환경부는 국민들에게 해발 고도 2m 이상이 되는 곳에 집을 짓도록 하고 있지만, 열대 해상에서는 해수면이 빠르게 상승하기 때문에 결코 안전하지 않아. 이대로 가다간 몰디브는 국가 전체가 바닷물 속에 잠기고 말 거야.

지구 온난화의 영향으로 지구의 대기 온도는 10년마다 0.3℃ 정도 높아지고 있어. 지구 온난화는 왜 발생하는 걸까? 지구의 대기 온도는 대기 중 온실 기체의 양과 관련이 있어. 온실 기체에는 이산화탄소, 메탄, 프레온가스, 수증기 등이 있는데, 가장 대표적인 온실 기체는 이산화탄소야.

화석 연료를 많이 사용하면 대기 중에 이산화탄소가 많아져. 석유, 석탄 등 화석 연료는 대개 탄소 성분으로 되어 있는데, 화석 연료를 연소시키는 과정에서 탄소가 산소와 결합하면 이산화탄소가 발생해.

여름철의 자동차를 통해 본 지구 온난화 현상

대기 중의 이산화탄소가 많아지면 지구에서 우주로 나가야 하는 지구 복사 에너지가 이산화탄소의 농도가 높은 대기를 통과하지 못하고 지구로 다시 돌아오게 돼. 그래서 지구의 기온이 높아지는 거야.

   지구 온난화 과정은 '창이 닫힌 자동차'에 비유할 수 있어. 햇빛이 창을 통과해 안으로 들어오면, 자동차 안으로 들어온 햇빛은 빛에서 열로 바뀌어. 이때 열은 밖으로 나가지 못해 차 안의 기온을 높이는데, 대기 중의 이산화탄소가 바로 자동차의 유리창 역할을 하는 거야. 여름날 자동차의 유리창이 모두 닫혀 있고 자동차 안에 커다란 얼음 덩어리가 있다면 어떤 일이 발생할까? 차 안의 얼음이 녹고, 얼음이 녹으면 생겨난 물은 자동차의 바닥부터 차오르겠지.

국경을 넘는 산성비

아빠가 어릴 땐 비가 내리면 맞으며 신 나게 뛰어놀았는데, 요즘 내리는 비는 산성비라 우산을 쓰는 게 좋다고들 해.

산성비는 대기 오염 때문에 발생하지. 산성과 염기성을 나타내는 단위에는 pH 값이라는 것이 있어. pH 값이 낮을수록 산성에 가까워. 비는 원래 pH 5.6 정도로 약산성에 해당하지만 두려워할 정도는 아니야.

그러나 점점 심각해져 가는 대기 오염 탓에 요즘은 pH 값이 낮은 산성비가 자주 내리고 있어. 산성비는 건물을 부식시키고, 토양을 오염시켜. 그래서 이런 땅에서는 식물이 잘 자랄 수 없게 되지. 산성비는 호수도 산성화시켜 물고기가 살 수 없도록 만들어. 이러한 산성비의 영향으로 세계 곳곳에서는 삼림이 황폐화되고 하천이나 호수의 물고

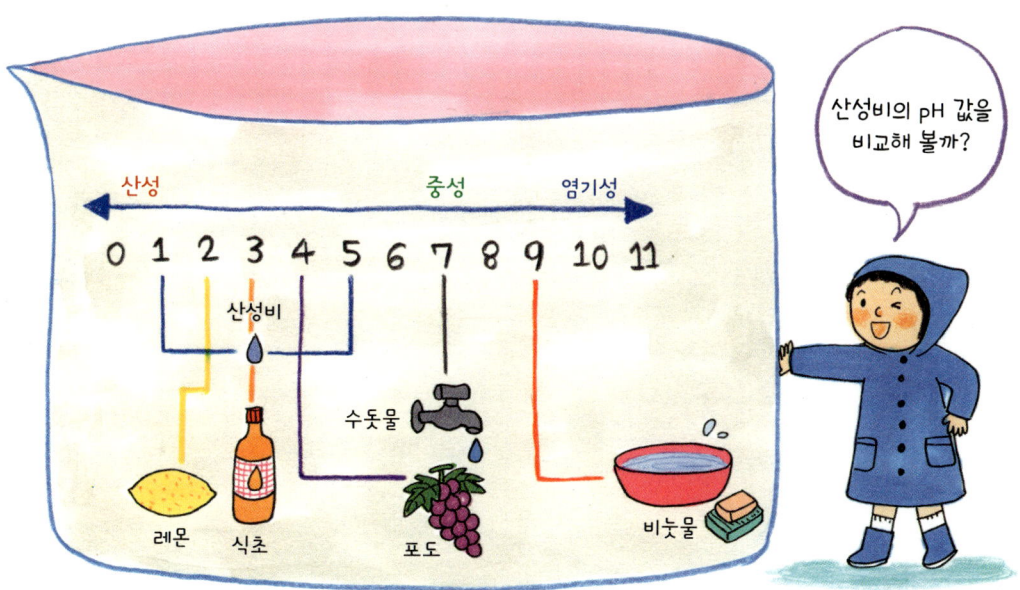

산성비와 pH 값 비교

산성비로 황폐해진 폴란드의 숲

기가 떼죽음을 당하고 있단다.

산성비 발생의 주된 원인은 자동차에서 배출되는 질소산화물과 화석 연료를 사용할 때 발생하는 황산화물이야. 자동차나 공장에서 배출되는 질소산화물과 황산화물이 빗물과 만나면 강한 산성을 띠게 돼. 식초와 같은 새콤한 비가 내리는 거지.

유럽에서는 산성비를 '초록색 흑사병'이라고 불러. 흑사병은 14세기에 퍼져 유럽인들을 죽음으로 몰아넣었던 전염병인데, 이 병에 걸려 죽으면 몸이 검게 변했다고 해서 흑사병이라고 불리게 된 거야. 산성비도 흑사병만큼 위험하다는 뜻이지.

산성비의 피해는 국경을 넘어 주변 국가로 확산돼. 대기는 가만히 멈추어 있지 않고 이동하거든. 영국, 프랑스, 독일 등 공장이 많은 나라에서 발생한 질소산화물과 황산화물도 편서풍을 타고 동유럽과 북유럽 지역으로 움직여. 오염 물질이 대기를 타고 이동해 대기 오염이 발생한 지역이 아닌 엉뚱한 곳에서 산성비가 내리는 거지. 북유럽의 노르웨이, 스웨덴, 핀란드 등은 비교적 청정한 지역이지만 이웃 나라의 영향으로 산성비 피해를 입고 있어.

북유럽 지역에는 빙하의 침식 작용을 받아 형성된 빙하호가 많은데, 이들 빙하호의 대부분은 산성비 피해를 입었어. 그래서 호수에 살던 어류의 종류와 개체수가 많이 줄었지. 일부 호수는 아예 생물이 살지 않는 무생물 호수로 바뀌어 버렸단다.

남극 상공의 커다란 구멍

오스트레일리아는 세계에서 자외선 지수가 가장 높은 나라야. 오스트레일리아의 자외선은 매우 강해서 여름철 햇볕이 강한 날에는 야외에서 10여 분만 있어도 화상을 입곤 해.

우리의 피부는 자외선에 무척 약해서 자외선에 노출되면 그 영향이 피부에 그대로 축적되지. 자외선에 지나치게 많이 노출된 사람은 피부암에 걸릴 수 있어. 그래서 오스트레일리아 사람들은 자외선에 노출되지 않으려고 모자를 쓰거나 긴 옷을 입어. 아이들까지도 선글라스를 쓰는 경우가 많단다. 그런데 왜 오스트레일리아에 유독 자외선

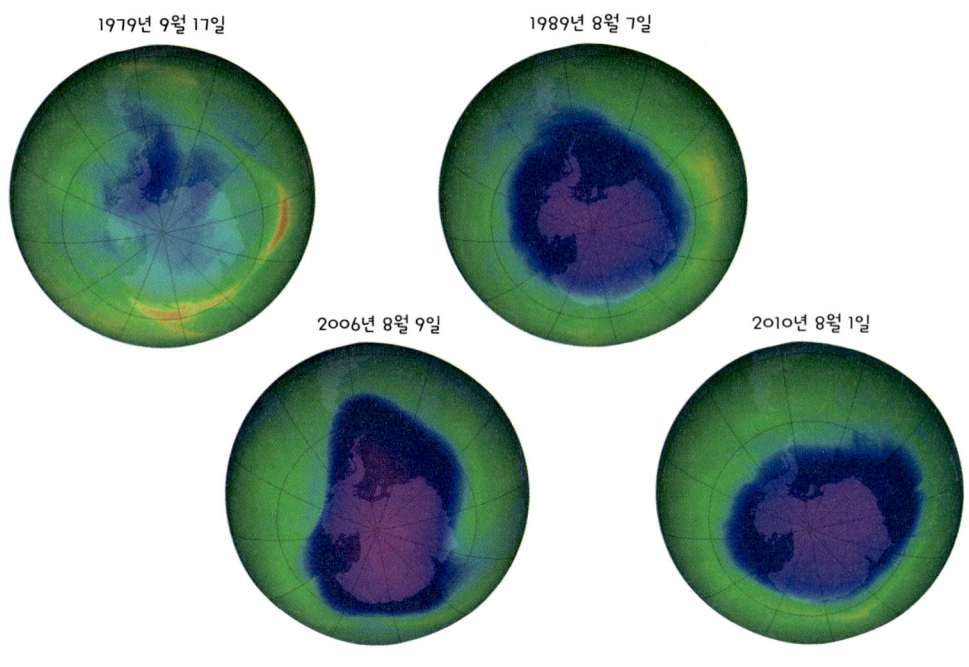

오존 홀의 변화 자료: 미국항공우주국(NASA), 2011

이 강하게 내리쬐는 걸까?

 지상으로부터 25~30km 상공에는 오존층이 있어. 오존층은 태양으로부터 들어오는 자외선을 흡수하여 지구의 생명체를 보호하는 역할을 하지. 그런데 냉장고의 냉매나 헤어 스프레이 분사제에서 나오는 염화불화탄소는 오존층으로 올라가 오존을 파괴해. 오존이 점차 줄면서 오존층에 구멍이 뚫리게 되는데, 이를 '오존 홀'이라고 해. 오존 홀은 남극 상공에 있어. 그래서 남극 가까이에 위치한 오스트레일리아, 뉴질랜드, 칠레 남단 등지에서는 자외선이 유독 강하게 내리쬔단다.

 자외선은 동식물과 물고기의 먹이가 되는 플랑크톤에도 영향을 미쳐. 오존층 파괴로 농작물의 생산량이 줄고, 플랑크톤이 파괴되어 어류도 줄고 말지.

물을 물 쓰듯 하던 시대는 지나고

우리나라에서 만든 냉장고 중에서 서남아시아 지역으로 수출되는 제품에는 자물쇠가 달려 있는 경우가 많아. 손님이나 어린이들이 냉장고 문을 마음대로 열지 못하도록 자물쇠를 단 거지. 냉장고 안에 보물을 보관하는 것은 아니야. 서남아시아에서는 물이 귀하기 때문에 자물쇠 달린 냉장고가 필요한 거지.

석유가 많이 나는 서남아시아 지역에서는 맑은 물이 검은 황금인 석유보다 더 귀한 대접을 받곤 해. 그렇기 때문에 여러 국가가 유전을 둘러싸고 다투는 것처럼 하천의 물길을 둘러싸고 다투기도 한단다. 티그리스 강, 유프라테스 강과 같은 국제 하천은 하천수의 이용과 관련하여 국가들 간에 긴장 상황이 발생할 때가 많아.

세계에서 물이 부족한 지역은 주로 강수량이 부족한 건조 기후 지역이야. 아프리카의 사막 지역, 아시아의 내륙 사막 지역, 오스트레일리아의 사막 지역 등이 대표적이지. 하지만 아프리카의 경우 연 강수량이 많은 열대 우림 기후나 사바나 기후 지역에서도 물 부족 현상이 나타나. 비는 많이 내리지만 마실 물이 부족한 거지. 깨끗한 물을 구하기 어렵기 때문이야.

남아메리카의 볼리비아에서는 한때 웃지 못할 일이 있었어. 코차밤바라는 지역의 주민들은 원래 만년설이 녹아서 흐르는 물을 마시며

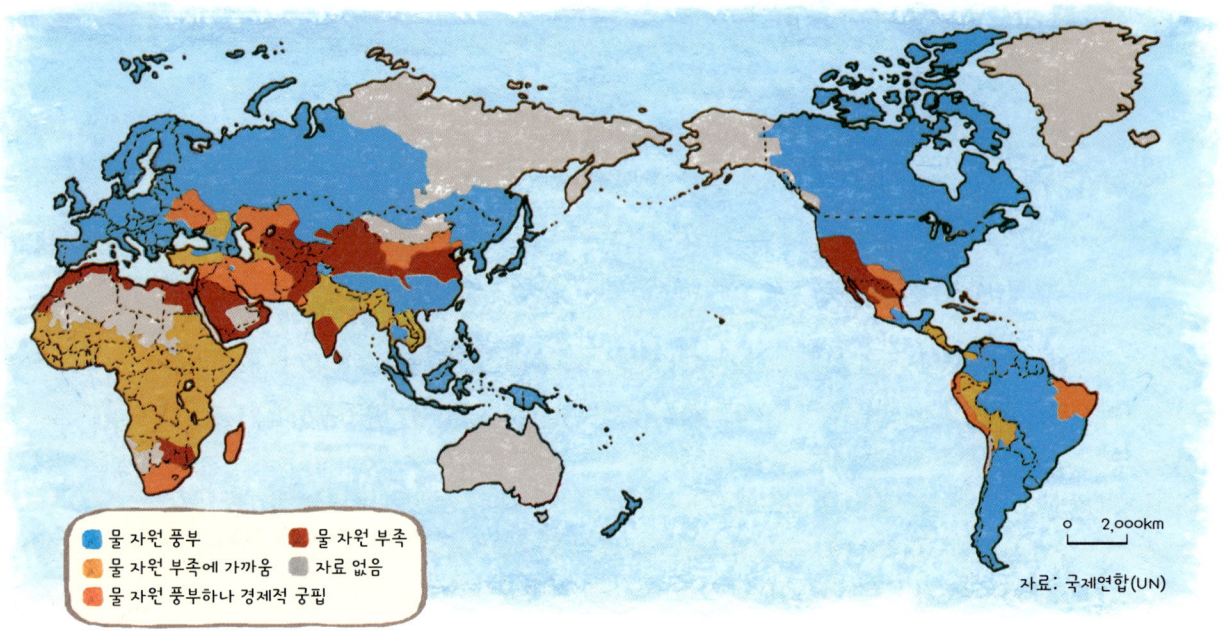

세계의 물 부족 국가

살았는데, 미국의 다국적 기업이 이 물을 모두 사 버린 거야. 그러고는 물에 높은 가격을 매겨서 주민들에게 팔기 시작했어. 주민들은 미국의 다국적 기업에 대항했고, 결국 눈 녹은 물을 다시 예전처럼 마실 수 있게 되었지.

앞으로는 물과 관련한 산업이 계속 발달할 가능성이 높아. 전 세계적으로 물이 부족해지면서 안전하고 깨끗한 물에 대한 욕구가 늘어나기 때문이지. 농업에 필요한 농업용수와 제조업에 필요한 공업용수도 점차 증가하고 있어서 물에 대한 수요는 지속적으로 늘어날 거야. 이제 물을 물 쓰듯 하던 시대는 지나갔단다.

하딘이 전하는 공유지의 비극

안녕? 나는 개럿 하딘이야. '공유지의 비극'을 주장한 미국의 생태학자란다.

어느 지역에 풀밭이 있다고 생각해 보자. 누구나 사용할 수 있는 풀밭이야. 사람들은 풀밭에서 소를 기르기 시작했어. 처음에는 넓은 풀밭에 비해 사육하는 소의 숫자가 적었어. 그래서 한 사람이 생각했어.

'내가 한 마리 더 길러도 괜찮겠지?'

그 사람은 소를 한 마리 더 기르면서 이익을 더 많이 가질 수 있었어.

그런데 이를 본 이웃도 생각한 거야.

'나도 한 마리 더 길러야지. 풀밭은 누구나 사용할 수 있으니까 말이야.'

시간이 흐르면서 풀밭에는 소가 점점 많아졌어. 풀밭은 황폐해지고, 소들은 뜯어먹을 풀이 줄어들면서 굶어죽게 되었어. 결국 초록색 풀밭은 황무지로 바뀌고 말았지. 그런 사례가 실제로 있냐고? 그럼, 당연하지. 공공 화장실을 봐. 사람들은 함부로 화장지를 뜯어서 버리고, 쉽게 더럽혀. 대중목욕탕에서는 수도꼭지를 잠그지 않고 물을 흘려보내기도 해. 컵라면을 먹고 국물이 담긴 컵을 공원에 버리기도 하지. 이렇게 '나 하나쯤 괜찮겠지?' 하는 생각으로 질서를 깨는 행동도 공유지의 비극에 해당해.

넓게 보면 지구 온난화와 오존층 파괴 등의 환경 문제 역시 공유지의 비극에 해당해. 한 사람의 소유물이 아니니까 내 마음대로 지구를 더럽히는 거야.

'공유지의 비극'이라는 우화가 주는 교훈은 무엇일까? 그래, 지구는 누구의 것도 아닌 게 아니라, 우리 모두의 것이라는 사실을 깨달아야 한다는 점이야. 지구는 우리 모두의 것이기 때문에 다 같이 지켜 내야 할 공간이란다.

자연과 손잡고 함께 살아가는 법

지구를 살리는 에너지 사용법

아빠가 1년에 용돈으로 24만 원을 준다고 생각해 봐. 한 달에 2만 원인 셈이지. 24만 원을 받은 너는 1년 동안 돈을 적절히 나누어 쓸 수 있을 거야. 돈이 많이 필요한 달에는 조금 더 쓰고, 조금 덜 필요한 달에는 적게 쓰면서 용돈을 관리하겠지. 그런데 갑자기 한 달에 20만 원을 써 버린다면 어떤 일이 발생할까? 남은 돈이 별로 없어서 아마 계속해서 힘들게 생활해야 할 거야.

우리가 살고 있는 지구도 마찬가지야. 지구에서 사용할 수 있는 자원의 양은 정해져 있기 때문에 무분별하게 쓰다가는 언젠가 한계에 도달하게 돼.

우리는 그동안 얼마만큼의 지구를 소비해 왔고, 얼마나 더 지구를 사용할 수 있을까? 사람이 지구에서 살아가는 데 필요한 비용을 토지로 계산한 숫자를 '생태 발자국 지수'라고 해.

캐나다의 경제학자 마티스 웨커네이걸과 윌리엄 리스는 지구가 기본적으로 감당해 낼 수 있는 면적이 1인당 1.8ha(헥타르 : 면적을 나타내는 단위로, 1ha는 10,000㎡)라고 했어. 1인당 1.8ha만을 사용한다고 했을 때 생태 발자국 지수는 1.0이 돼. 이는 지구촌 사람들이 하나의 지구를 사용한다는 의미로 딱 지구 환경 보전에 적정한 수준이야. 하지만 세계 각국의 생태 발자국 지수를 보면 매우 놀라워. 카타르, 쿠웨이트, 아랍 에미리트 같은 서남아시아 산유국들의 경우 2007년을 기준으로 이미 10.0이 넘었어. 지구가 10개라도 모자를 정도로 자원을 지나치게 이용하고 있다는 이야기야. 일부 산유국은 소득이 많은 만큼 소비도 많이 해. 생태 발자국이 1.0 이하인 나라는 아프리카와 아시아의 가난한 나라들이야. 이로써 오히려 부유한 나라 사람들이 지구 환경을 심각하게 해치고 있다는 것을 알 수 있지.

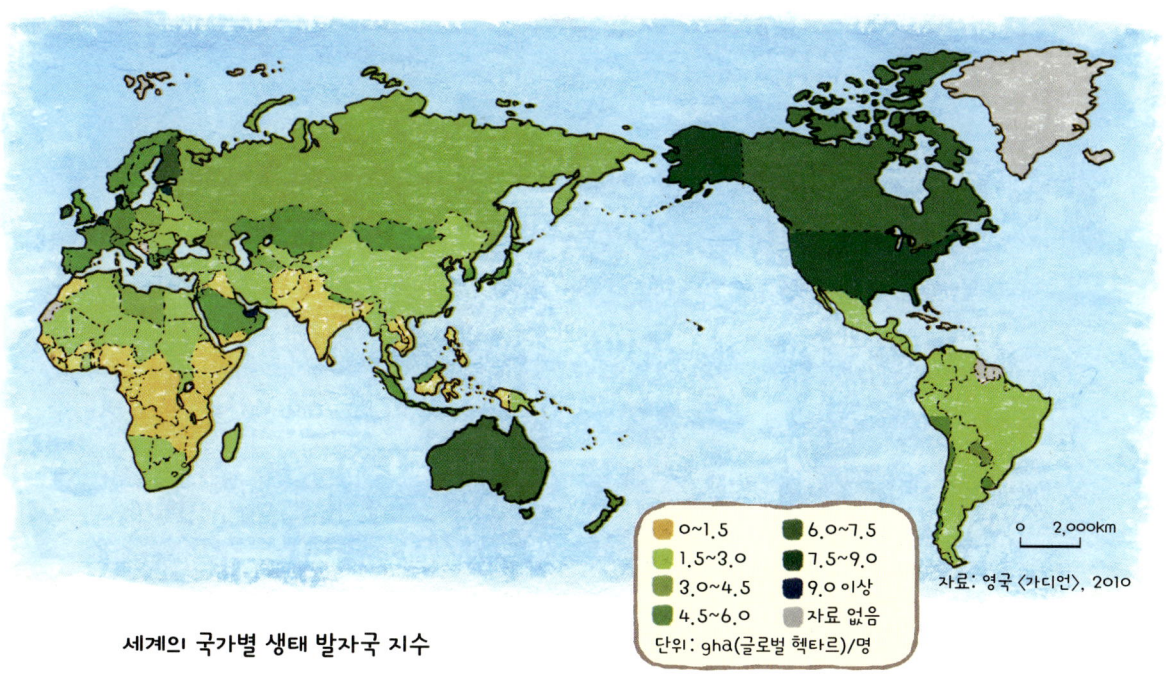

세계의 국가별 생태 발자국 지수

세계의 에너지 소비 구조

지구에 매장된 화석 연료의 양은 정해져 있어. 그런데 한정된 양에 비해 소비가 급격히 늘면서 세계는 지금 에너지 위기를 맞고 있어.

세계에서 사용하고 있는 전체 에너지 중에는 고갈 자원에 해당하는 석유, 석탄, 가스 등 화석 연료의 비율이 80%를 넘어. 화석 연료는 한 번 사용하고 나면 다시 사용할 수 없어. 먼 옛날 지구 상에 살았던 생물의 잔해에 의해 만들어진 화석 연료는 새롭게 만들어지기까지 수천만 년 이상의 시간이 걸린단다. 반면 우리는 오랜 시간 동안 만들어지는 화석 연료를 아주 짧은 시간에 사용해 버리고 있지.

그래서 최근에는 고갈되지 않고, 사용해도 다시 만들어지는 신재생 에너지가 주목받고 있어. 신재생 에너지의 상당 부분은 폐기물을 연소시키는 과정에서 얻는 에너지와 인류가 오래전부터 사용해 온 수력 에너지에 해당해. 지열, 풍력, 태양열과 태양광, 조력 등을 이용하지만 신재생 에너지는 전체 에너지 소비량의 15%를 넘지 않아.

선진국 중에는 원자력 발전소를 갖고 있는 나라가 많아. 원자력은 우라늄이라는 물질이 핵분열할 때 발생하는 열을 이용한 에너지야. 원자력 발전은 화석 연료를 사용하는

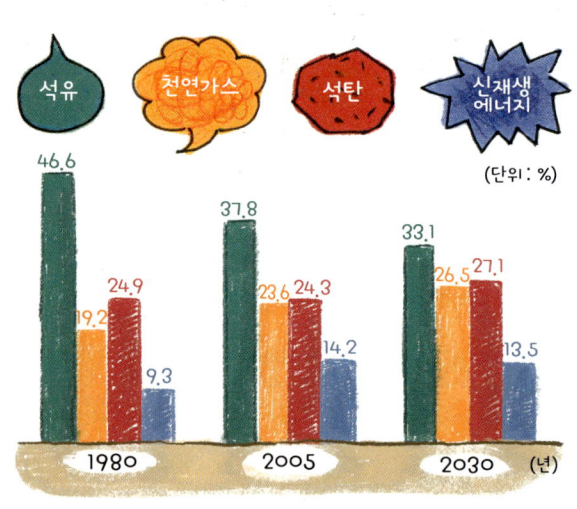

세계의 에너지 소비 구조 변화   자료: LG 경제연구원

화력 발전에 비해 전력을 생산하는 데 드는 비용이 적고 많은 양의 전력을 생산할 수 있다는 이점이 있어. 하지만 방사능이 누출될 위험이 있고 폐기물 처리에도 많은 비용이 들어. 게다가 원자력 발전에 사용되는 우라늄도 화석 연료처럼 양이 정해져 있지.

에너지를 스스로 만들어 사용한다고?

세계 여러 도시에서는 화석 연료를 대신할 에너지를 이용해서 에너지 자립 도시를 구축하려는 노력을 펼치고 있어.

독일 중부 지역에는 '윤데'라고 불리는 마을이 있어. 이 마을은 독일 정부가 '미래를 준비하는 마을'로 공인한 곳이야. 윤데 마을에서는 농가에서 사들인 옥수수, 보리, 해바라기 건초 등을 돔형 시설물 안에 넣고 가축 분뇨와 섞어서 발효시켜. 발효 과정에서 메탄가스가 발생하는데, 이것을 메탄가스 발전소로 옮겨 열과 전기를 만들어. 현재 마을 전체 가구의 4분의 3인 150가구 정도가 마을에서 자체 생산한 열과 전기를 공급받고 있어.

열과 전기를 생산하고 남은 부산물은 농가에 무료로 제공돼. 부산물을 유기질 비료로 활용하는 거지. 유기질 비료의 사용이 늘면서 화학 비료의 사용량이 줄었고, 윤데 마을에서 생산된 농산물은 친환경 농산물로 인정받아 다른 마을의 것보다 더 비싸게 팔리고 있어.

덴마크의 삼쇠 섬은 우리나라 안면도 정도의 면적에 인구 4,000명 정도가 거주하는 작은 섬이야. 삼쇠 섬 주민들은 필요한 에너지를 모두 자체적으로 만들어 쓰고 있어. 생활에 필요한 전기 에너지는 모두 바다에 설치된 풍력 발전기에서 얻은 전력으로 충당하고 있지. 그 밖에도 삼쇠 섬에서는 농업 부산물을 태워서 얻은 열을 가정에 공급하고 있어. 삼쇠 섬은 필요한 에너지를 자급자족하고 있는 거야.

우리나라에도 에너지를 자체적으로 만들어 쓰는 마을이 있어. 전라북도 부안에 위치한 화정 마을은 태양광, 태양열, 지열, 소형 풍력 등의 신재생 에너지를 활용해서 전기를 생산하고 있어. 마을에는 35가구가 있는데, 모든 가구는 집의 특성에 맞는 발전 시설을 설치했어. 태양광 30개, 태양열 9개, 지열 3개 등 총 42개의 발전 시설을 갖췄단다. 이 마을은 2004년부터 유채를 재배해 바이오 연료를 생산했고, 이렇게 생산한 기름을 경운기 등 농기계의 연료로 사용했어. 앞으로 신재생 에너지 테마파크도 들어설 예정이니, 이 지역을 찾는 관광객도 늘겠지.

정부의 지원을 바탕으로 한 탄소 제로 마을도 생겨났어. 울산시 온산읍의 LS니꼬 사택의 240가구는 인근 석유화학 공장에서 발생하는 수소 가스를 사용해서 전기를 생산하고 난방을 하고 있어.

광주시 행암동에 있는 신효천 마을은 전기 요금으로 매달 200원을 낸다고 해. 64가구가 거주하는 이 마을은 가구마다 2.1kW 규모의 태양광 발전기를 설치해서 태양광으로 에너지를 만들어 쓰고 있지. 그 덕분에 전기 요금을 연간 30~40만 원 정도 줄인 거야. 제주도 남쪽에 있는 가파도에서도 태양광과 풍력을 이용하여 가구당 전기 요금을

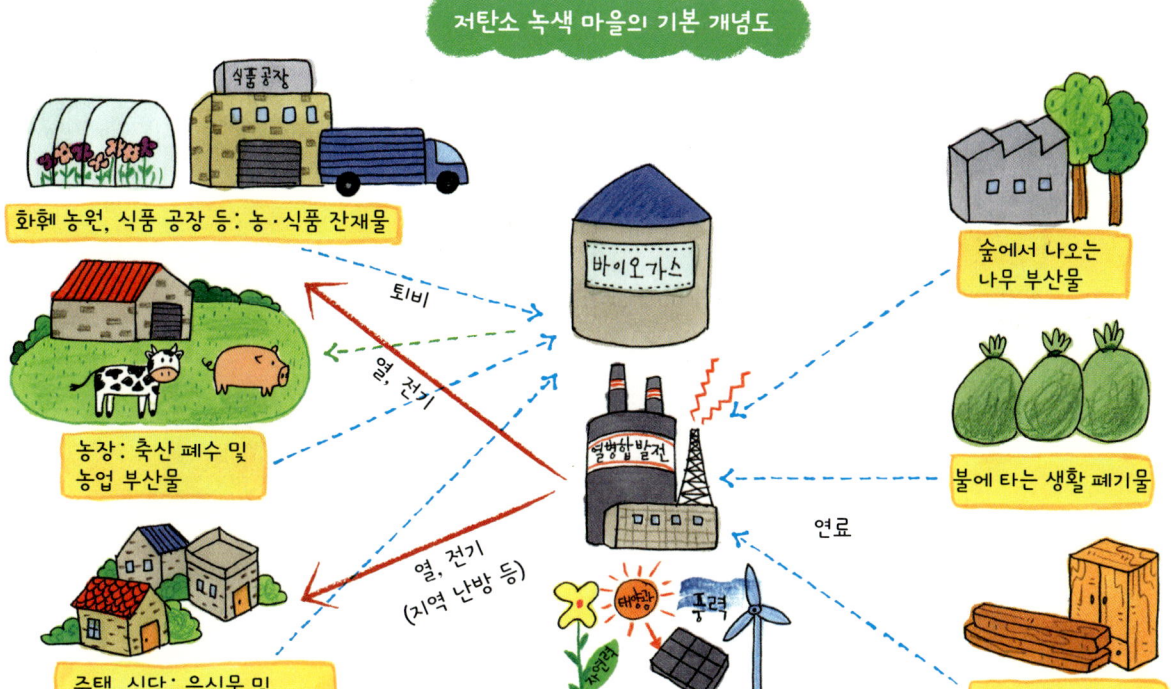

5,000원으로 줄였어.

 이처럼 에너지 자립에 대한 욕구가 점점 커지면서 각 지역에서는 시민들이 비용을 대고 전력 생산 시설을 관리하는 시민 발전소가 증가하고 있어. 시민 발전소 건설을 늘리면 장기적으로 화석 연료 고갈에 대비할 수 있단다.

우리나라의 신재생 에너지 생산은?

우리가 살면서 쓰고 버리는 쓰레기의 양은 얼마나 될까? 쓰레기 중 일부는 분리수거를 통해 재활용하고, 재활용이 어려운 것은 땅에 묻거

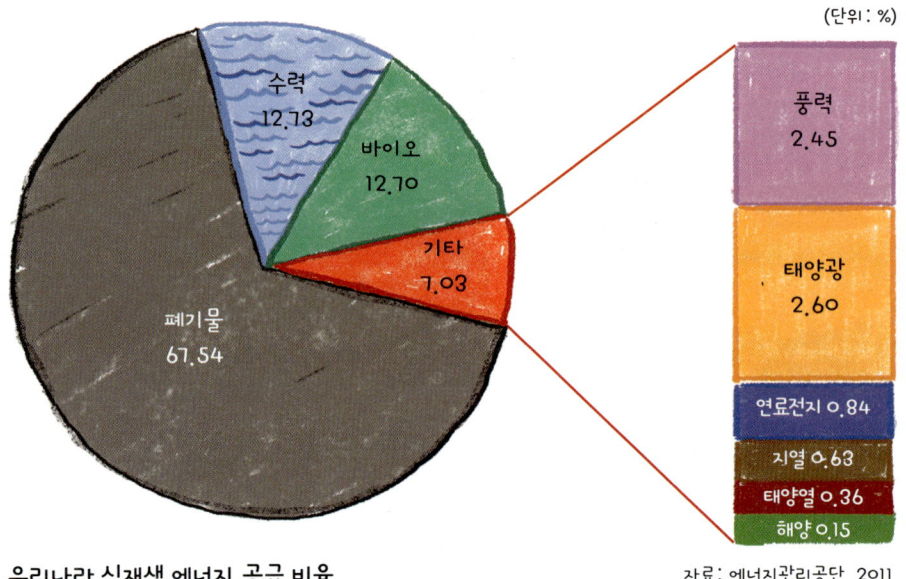

우리나라 신재생 에너지 공급 비율   자료: 에너지관리공단, 2011

나 태워서 폐기하지. 그런데 쓰레기에서도 에너지를 얻을 수 있어.

쓰레기를 태우는 과정에서 열과 증기를 얻는데, 이렇게 얻은 열과 증기를 관을 통해 아파트 단지 등에 공급해. 쓰레기를 태우는 곳을 열 병합 발전소라고 하고, 열 병합 발전소로부터 난방 에너지를 공급하는 것을 지역 난방이라고 해. 열 병합 발전은 우리나라 전체 신재생 에너지 공급원의 3분의 2 정도를 차지하고 있어. 열 병합 발전소는 대도시나 대규모 아파트 단지로 이루어진 신도시 지역에 많이 설치되어 있어.

수력은 물이 떨어지는 힘을 이용하여 전기를 얻는 방법이야. 신재생 에너지에서 수력 에너지가 차지하는 비중은 12% 정도야. 강원도나 충청북도의 하천 상류 지역에서 수력 발전을 많이 하는데, 이는 산간 지역의 하천에서 물의 낙차가 크게 나타나기 때문이지.

바이오 에너지는 동물이나 식물에서 얻는 에너지야. 전라북도 부안의 화정 마을에서 유채의 기름을 바이오 연료로 사용하는 것도 바이오 에너지에 해당하고, 윤데 마을에서 농업 폐기물과 돼지의 똥을 섞어서 만든 메탄가스도 바이오 에너지에 해당해. 우리나라에서 바이오 에너지는 수력 에너지와 비슷한 정도의 비중을 차지하지.

풍력은 바람을 이용해서 전기를 생산하는 거야. 강원도 대관령에 갔을 때 하얀 기둥에 하얀 날개를 단 풍력 발전기들이 줄지어 서 있는 것을 보았을 거야. 우리나라에서는 바람이 강한 바닷가나 높은 산지 위에 풍력 발전기들이 설치되어 있어. 바람이 불 때마다 바람개비가 돌아가고, 그에 따라 전기가 생산되는 거지. 풍력 에너지가 전체 신재생 에너지에서 차지하는 비중은 2%를 조금 넘는 수준이야.

조력은 바닷가에서 조수 간만의 차이를 이용하여 전력을 얻는 거야. 우리나라 서해안은 밀물 때와 썰물 때 바닷물의 높이 차이가 큰 편이야. 이 점을 활용해서 인천 시화 방조제에서는 조력 발전기를 설치해 전력을 생산하고 있어.

강원도 춘천의 춘천 수력 발전소

대구 염색 특구의 열 병합 발전소

탄소 발자국과 푸드 마일리지를 줄이자!

탄소 발자국은 생활 속에서 배출하는 이산화탄소의 양을 말해. 교통 수단을 이용할 때, 가전 기구를 이용할 때, 물건을 소비할 때 탄소를 얼마나 발생시키는가를 수치로 나타낸 거야. 환경부가 운영하는 그린스타트 홈페이지(www.greenstart.kr)에 들어가서 우리 집의 소비 항목을 입력하면 이산화탄소 배출량을 계산할 수 있어. 또한 배출한 만큼의 이산화탄소를 없애기 위해 우리 가족이 심어야 할 나무가 몇 그루인지도 알 수 있지.

탄소 발자국 표시 상품 탄소 발자국 수치가 작은 상품을 구입해야 해.

어떻게 하면 탄소 발자국을 줄일 수 있을까? 일상생활 속 작은 습관을 바꾸는 것부터 시작할 수 있어. 평상시에 대중교통을 이용하고, 안 쓰는 전기 제품은 반드시 코드를 뽑아 놓는 게 좋아. 그뿐 아니라 물건을 아껴 쓰는 습관도 탄소 발자국을 줄이는 데 도움이 돼. 어떠한 물건이든 생산되는 과정에서 화석 연료를 이용해 기계를 움직이고, 제품을 배달하는 과정에서도 석유 같은 화석 연료가 사용되기 때문이야.

겨울철 과일이 귀할 땐 어떤 과일을 사 먹는 게 좋을까? 이때쯤 마트에 가면 제주산 귤과 한라봉, 미국 켈리포니아산 오렌지, 칠레산 포도, 뉴질랜드산 키위 등이 눈에 띌 거야. 푸드 마일리지를 고려한다면 수입산 과일보다는 국내산 과일을 사 먹어야 해. 푸드 마일리지는 식품이 생산돼서 소비자가 먹을 수 있게 되는 과정까지 소요된 거리를 말해. 식품의 수송량에 수송 거리를 곱하면 그 식품의 푸드 마일리지를 구할 수 있어.

같은 양의 귤과 오렌지라면, 귤은 제주도에서 온 것이고 오렌지는 미국에서 온 것이기 때문에 오렌지가 귤보다 푸드 마일리지의 수치가 커. 푸드 마일리지가 높은 외국산 과일 대신 국내산 과일을 먹으면 수송시 사용되는 화석 연료 배출을 줄이는 데 도움이 돼.

우리나라의 1인당 식품 수입량은 일본, 영국, 프랑스 등과 비슷한

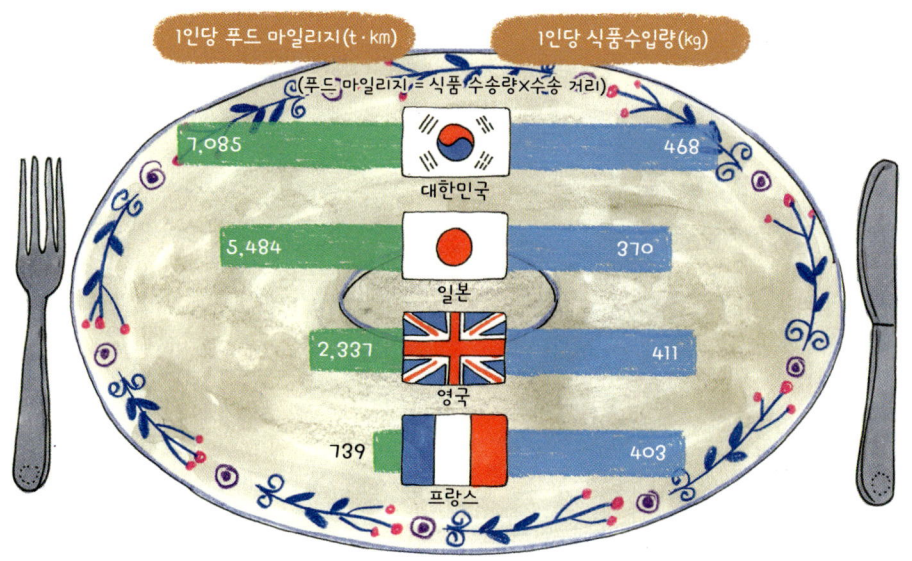

우리나라의 식품 수입량과 국가 간 푸드 마일리지의 비교   자료: 국립환경과학원, 2010

수준이야. 그런데 푸드 마일리지는 우리나라가 프랑스보다 10배나 높고, 지리적 위치가 비슷한 일본보다도 높아.

최근엔 로컬 푸드라는 개념이 등장했어. 로컬 푸드란 집 가까이에서 생산된 농산물을 소비하자는 운동이야. 장거리 운송을 거치지 않은 지역 농산물은 푸드 마일리지가 낮을 뿐 아니라 오랫동안 보관하지 않아도 되기 때문에 농약이나 방부제를 적게 쓴 건강한 먹을거리란다.

생활 속의 에너지 절약법

전기 에너지는 딱 필요한 만큼만 생산하는 것이 아니라 여유로 쓸 수 있는 양을 더 두고 생산해. 이를 전력 예비율이라고 해. 전력 소비가 많아서 정전이 발생하면 그 피해가 커질 수 있기 때문에 예비로 더 생산해 두는 거지. 준비해 뒀던 전기를 다 써서 아파트 승강기가 멈추고 공장의 기계들이 멈추며 거리가 모두 캄캄해진다고 생각해 봐. 활동하기 무척 불편할 뿐 아니라, 사회 전체가 막대한 피해를 입게 될 거야. 병원이나 소방서 같은 곳이 정전되면 사람의 목숨까지 위험하지.

전력 예비율을 높이려면 전기를 만들어 내는 발전소를 더 만들어야 해. 하지만 발전소를 만드는 것도 어려울 뿐 아니라 발전소를 너무 많이 만드는 것 역시 지구 환경에 해로워. 이때 우리가 할 수 있는 일은 전기를 절약하는 거야. 우리가 전기 절약을 생활화하면 '국민 발전소'의 역할을 할 수 있다는 이야기지.

겨울철의 '아싸, 가자' 운동

최근 국민들의 에너지 절약 운동으로 '아싸, 가자'라는 운동이 활발히 이루어지고 있어. 일회용품 사용하지 않기 운동, 휴지 대신 손수건 사용하기 운동, 가까운 거리는 걷거나 자전거를 타자는 운동, 옷가지나 생활용품의 재활용 운동 등 우리가 일상생활에서 어렵지 않게 실천할 수 있는 것들이야. 아빠는 종종 쓰던 일회용 종이컵 대신 개인용 컵을 사용해야겠다고 다짐했어.

너는 지구 환경을 살리기 위해 어떤 운동에 동참하겠니?

 ## 생수는 안전한 물일까?

물을 마시려고 편의점에 갔더니 생수 값이 꽤 비싼 거예요. 돈을 주고 물을 사 먹어야 한다는 게 좀 안타까운 거 있죠.

맞아. 1990년대까지만 해도 물을 사 먹는다는 건 상상할 수 없었어. 하지만 이제는 누구나 생수를 사 먹게 되었지. 수돗물을 마시는 사람들이 오히려 드물 정도야. 사람들은 생수를 '안전한 물', '깨끗한 물'이라고 생각하기 때문에 돈을 주고도 흔쾌히 사서 마셔.

 비싼 외국산 생수만 마시는 사람들도 있다고 해요.

부유한 사람들은 외국산 생수를 마신다고 하던데, 물맛보다도 자신이 계층적으로 우월하다는 것을 과시하기 위해서일 거야.

그럼, 우린 앞으로도 계속해서 생수를 사 먹어야 하나요?

사실 우리가 생수를 마실수록 지하수가 감소하고 물이 오염될 가능성이 높아져. 플라스틱 병을 만들고 폐기하는 과정에서 지구 환경이 파괴되는 것은 더 말할 나위도 없지. 또한 플라스틱 병에서는 환경 호르몬 같은 유해 물질이 나올 수 있어.

 정말요? 그럼 수돗물을 먹는 게 더 나은 거 아닌가요?

한 조사 기관에 따르면, 우리나라 수돗물의 질은 시중에 판매되고 있는 생수 품질의 평균 정도에 달해. 비싼 생수라고 해서 더 좋은 물이라고 볼 수도 없는 거야.

그렇다면 생수 대신 수돗물을 마셔도 되지 않을까요?

아빠도 그렇게 생각해. 특히 생수를 생산하고 소비하는 데 드는 비용을 조금만이라도 수돗물의 질을 향상시키는 데 사용한다면, 모든 국민이 안심하고 수돗물을 마실 수 있게 될 거야.

 생각해 보니 우리 집도 생수보다는 수돗물을 많이 소비하고 있네요.

그래, 수돗물은 먹어도 되는 물이야. 좀 꺼려진다면 마시는 물 정도는 살짝 끓여서 먹어도 좋겠지!

가게에 진열되어 있는 다양한 브랜드의 생수

찾아보기

ㄱ

감입 곡류 하천 192, 193
개선문 89
건기 81, 156~159
건조 기후 64~68, 128, 137, 271
게르 137
경도 18~22, 39, 40
계절풍 69, 78~83, 211
고산 기후 65~68, 155
고산 도시 69, 159, 160
고상 가옥 120, 145
공간 정보 45, 46
공유지의 비극 273
관계 정보 45, 46
구드 도법 43
구릉지 64, 86
그랜드캐니언 176, 177, 192
그리니치 천문대 20, 39, 40
극야 141, 142
기압 79

ㄴ

나미브 사막 130~132
나우루 146~148
나일 강 72, 213, 214
낙타 131, 135, 139
날짜 변경선 21, 39, 40
남회귀선 38, 130
내비게이션 51
냉대 기후 64~68, 155, 164, 165
네네츠족 143, 146

ㄷ

뉴욕 15, 16, 24, 25, 73, 74
뉴질랜드 110, 111, 205, 214, 270

다니족 36
다산 과학 기지 75
다카 77
대류 작용 78, 170
대륙 내부 사막 130, 131
대축척 지도 24, 25
덴마크 105~107, 278
도쿄 22, 73, 74
동강 192, 193
둥팅 호 179, 180
등고선 26, 27

ㄹ

랜드마크 15~17
런던 브리지 92
레바논 103
로컬 푸드 284
로토루아 214
루트 사막 128

ㅁ

마라도 22, 46
마요르카 162, 163
마추픽추 160
마터호른 181
메르카토르 도법 43
메소포타미아 문명 72
모아이 상 104, 105

몬순 80, 212
몰디브 265
몰바이데 도법 43
몰운대 186, 187
몰타 163, 164

ㅂ

방글라데시 76, 77, 80, 211, 212
배로 141, 150, 151
백야 141
버섯 바위 129
베사키 사원 202, 203
벵겔라 해류 131
보고타 69, 160
본초 자오선 19~21, 39
북극곰 34, 35, 143, 144
북대서양 해류 87
북태평양 기단 235, 237
북한산 183, 187, 188
북회귀선 38, 130
불의 고리 174
블랭킷 토스 150, 151
블루슈머 52, 53
빗물 배수 펌프장 224, 225

ㅅ

사막화 현상 223, 224, 243
사바나 기후 155, 156, 271
사이클론 212
사파리 155~158
사하라 사막 95~97, 130, 135, 136, 222

사향소 143, 144
사헬 지대 102, 222, 223
산성비 267~269
산토리니 163, 164
생태 발자국 지수 274, 275
서안 해양성 기후 86, 93, 162, 164
석유 수출국 기구(OPEC) 253
석회 동굴 198
설악산 183, 184, 187
성산 일출봉 190
세렝게티 국립공원 157
셀바스 117
셰일 가스 252, 258~260
소축척 지도 24
속성 정보 45, 46
송끄란 축제 81
쇼와신 산 175
수력 발전소 280
수리적 위치 21, 22, 46
수운 92, 93
수코타이 94, 95
순록 141~149
스콜 81, 116
스키타이 문명 36
스텝 65, 138, 222
스텝 기후 36, 37, 128, 137
시계 방위법 14
시칠리아 163, 164
신기 습곡 산지 173
신두리 사구 195, 197
신생대 97, 98, 173
신재생 에너지 276~281

싼샤 178~180
쓰나미 175, 207

ㅇ

아궁 산 202, 203
아뇌쿠메네 63
아랄 해 138
아열대 사막 137
아웃백 166, 167
안데스 29, 69, 160, 161, 173
알래스카 45, 149, 150
야노마미족 124
양쯔 강 71, 72, 178~180, 264
애버리지니 166, 167
에베레스트 산 173
에스키모 150
에펠탑 15, 16
에콰도르 28, 29, 69, 160
열 병합 발전소 280, 281
열대 기후 35, 64~68, 155, 159
열대 우림 32, 33, 37, 114~126, 155, 156, 271
열섬 현상 219, 231
영구 동토층 145, 148
영산강 183, 184
오름 189~191
오아시스 134, 135
오존 홀 270
오페라하우스 15, 16
오호츠크 해 기단 237, 238
온대 기후 64~69, 86, 164
와인 벨트 34, 35
외쿠메네 63

우기 81, 156, 157
우포늪 199
원격 탐사 53~55
위도 18~22, 33~36, 38
유수지 224, 225, 239
이누이트족 36, 143, 150
이스터 섬 103~105
이집트 문명 72, 213
인공위성 50, 51, 54, 55, 61
인더스 문명 72
인디카종 84

ㅈ

자유의 여신상 15, 16, 20
자포니카종 84
장자제 168, 169
적도 18, 19, 28, 29, 32~38, 62, 65, 81, 114, 116, 131
적도 기념비 28, 29
적도면 19
적조 현상 241
정글 29, 117
제주도 189~191
조에족 121
주상절리 191
중국 문명 72
지구 온난화 100, 101, 125, 144, 149, 212, 248, 263~266, 273
지리 정보 체계(GIS) 49~53
지리산 183, 188
지리학 44, 45, 50
지중해성 기후 155, 161~166
지진 174, 175, 203~209,

227~229, 234
지진 해일 207, 208
지질 시대 97

ㅊ
차드 호 102
채석강 195, 196
청계천 215
축척 23~25

ㅋ
카나트 136
카레즈 136
카르스트 지형 197, 198
칸 163
칸얼징 108, 109, 136
커피 벨트 34, 35
콜로세움 89
쾨펜 64, 65
쾰른 대성당 89
쿠스코 160, 161
크라이스트처치 205, 206
크리크 178, 179
키토 28, 69, 160
킬리만자로 산 264

ㅌ
타실리 나제르 고원 95~97
타이트 오일 259, 260
탄소 발자국 282
태풍 203, 204, 207, 234, 239~241
템스 강 92

투루판 분지 107, 108, 136
투발루 100, 101
툰드라 65, 140~149

ㅍ
판테온 89
팜유 농장 126, 127
편마암 188, 192
페니키아 103
포가라 136
폼페이 209, 210
푄 현상 238
표준 경선 40
표준시 39~41
푸드 마일리지 282~284
피오르 해안 182
피크 오일 250~252
피피 섬 158, 159

ㅎ
한대 기후 64~68, 140
해발 고도 28, 30, 35, 64, 65, 69, 159
햄버거 커넥션 123, 124
호남평야 183~185
혼합 농업 87, 88
홋카이도 174, 175
화강암 187, 188, 192
화산 170~175, 189, 202~210, 214, 227, 228, 234
화전 농업 121, 122
환경 위기 시계 262~264
환태평양 조산대 174, 175

황사 234, 242, 243
황허 강 71, 72, 178, 179
히말라야 71, 172, 173, 206, 264

사진 자료 제공

셔터스톡
15 서울타워, 오페라하우스, 에펠탑, 자유의 여신상 20 그리니치 천문대, 본초 자오선 29 적도 기념비
32 열대 우림, 남극 대륙 62 우주에서 본 지구 야경 66 고산 기후, 건조 기후, 한대 기후 67 냉대 기후, 온대 기후, 열대 기후 69 키토, 보고타 73 뉴욕, 로테르담, 도쿄, 상하이 77 다카 81 송끄란 축제
83 포, 나시고렝, 팟타이 84 인디카종, 자포니카종 89 판테온, 개선문, 쾰른 대성당, 콜로세움
92 런던 브리지, 템스 강 93 라인 강 항구 95 수코타이의 유적 96 타실리 나제르 고원 97 타실리 나제르 고원의 암벽화 101 투발루 102 덴마크의 농장 110~111 뉴질랜드의 초원 118 아마존 분지의 열대 우림
119 열대 우림의 앵무새 120 열대의 고상 가옥 123 다양한 열대 과일 124 파괴된 열대 우림
127 보르네오 섬의 팜유 농장, 팜유 130 버섯 바위, 모래사막 132 나미브 사막 133 사막의 진흙집
134 이집트의 시장, 오아시스 지역의 대추야자 농장 137 게르 138 아랄 해 위성 사진 142 툰드라의 이끼와 물웅덩이, 툰드라의 극야 142~143 툰드라의 동물들 144~145 툰드라의 여름 145 알래스카의 집
148~149 알래스카의 송유관 160~161 열대 초원의 모습 161 세렝게티 국립공원의 사파리 관광
162 피피 섬 164 마추픽추 165 쿠스코 원주민들의 전통 의상과 전통 음식 쿠이 167 마요르카, 칸, 몰타, 시칠리아, 산토리니 170 애버리지니 170~171 아웃백 171 에뮤, 딩고 173 장자제 177 에베레스트 산
179 쇼와신 산 180 그랜드캐니언 181 그랜드캐니언 내부의 지층 184 싼샤 185 마터호른
186 피오르 해안 194 한라산, 성산 일출봉 195 체오름, 돌하르방 207 아궁 산 213 폼페이 유적
217 나일 강과 범람원 218 로토루아 간헐천 232 교토의 목조 가옥 234 라인 강 256 해저 유전 굴착 장치
260 미국 국회의사당 앞에서 전쟁 반대 시위를 하는 사람들 265 유럽으로 연결된 러시아의 가스관
272 산성비로 황폐해진 폴란드의 숲

연합포토
46 마라도 56 침수된 올림픽대로 75 다산 과학 기지 224 폭우로 잠긴 광화문 일대
235 SOS, 불타는 서울 시민을 구하라! 269 몰디브 장관들의 수중 회의

위키피디아
36 이누이트족 109 투루판의 지하 관개 수로인 칸얼징, 투루판 칸얼징 물 박물관의 모형
138 아랄 해 위성 사진 179 쇼와신 산 187 설악산, 영산강 192 지리산 244 볼라벤의 위성 사진

지오포토
189 화성시 궁평리 갯벌 203 우포늪 229 광명시 빗물 배수 펌프장 246~247 황사
285 춘천 수력 발전소, 대구 열 병합 발전소

※ 이 책에 쓰인 사진과 도판 자료는 정해진 절차에 따라 저작권자의 허락을 받아 사용하였습니다.
  저작권자를 찾지 못한 자료는 확인되는 대로 저작권 상의를 하고 다음 쇄에 반영하겠습니다.

똑똑한 지리책
1 자연지리-자연과 사람이 어우러져 살아요

1판 1쇄 발행일 2014년 1월 13일
1판 7쇄 발행일 2022년 10월 24일

지은이 김진수
그린이 이주희 임근선

발행인 김학원
발행처 휴먼어린이
출판등록 제313-2006-000161호(2006년 7월 31일)
주소 (03991) 서울시 마포구 동교로23길 76(연남동)
전화 02-335-4422 **팩스** 02-334-3427
저자·독자 서비스 humanist@humanistbooks.com
홈페이지 www.humanistbooks.com
유튜브 youtube.com/user/humanistma **포스트** post.naver.com/hmcv
페이스북 facebook.com/hmcv2001 **인스타그램** @human_kids
기획 정미영 **편집** 윤홍 정은미 이슬아 **디자인** 유주현 AGI society 이소영
용지 화인페이퍼 **인쇄** 청아디앤피 **제본** 민성사

ⓒ 김진수, 2014

ISBN 978-89-6591-233-0 74980
ISBN 978-89-6591-232-3 (세트)

- 이 책은 저작권법에 따라 보호받는 저작물이므로 무단 전재와 무단 복제를 금합니다.
- 이 책의 전부 또는 일부를 이용하려면 반드시 저작권자와 휴먼어린이 출판사의 동의를 받아야 합니다.
- **사용 연령 8세 이상** 종이에 베이거나 긁히지 않도록 조심하세요. 책 모서리가 날카로우니 던지거나 떨어뜨리지 마세요.